鎌倉仏教展開論

末木文美士

トランスビュー

鎌倉仏教展開論＊目次

装幀　高麗隆彦

凡例

一、本書は既発表の論文をまとめて、一書として通読できるようにしたものである。各論文は、前後のつながりをよくしたり、形式を統一するために手を加えた他、最近の動向を反映するために加筆や修正を行った。

二、引用に関しては、必ずしも善本によらず、手に入りやすい普及版を用いた場合もある。原文が和文のものはそのまま、漢文のものは書き下しにした。書き下しは、原則として現代仮名遣いによったが、すでに刊行されているテキストによった場合など、旧仮名遣いを用いたところもある。また、引用の際に、読みやすさを考えて、送り仮名を増したり、カタカナ表記をひらがなに直すなどの工夫をしたところがある。

三、『大正新脩大蔵経』は「大正」、『大日本仏教全書』は「仏全」、『日本大蔵経』は「日蔵」と略した。「仏全」「日蔵」は鈴木学術財団版を用いた。

四、研究者の敬称は略した。

五、註と参考文献は各章末にまとめて掲載した。

六、巻末索引は、本文中に現われた主要な人名・書名のみを採録した。

鎌倉仏教展開論

序章　鎌倉仏教をどう見るか

本書は『鎌倉仏教形成論』（法藏館、一九九八）に続くものである。前著は鎌倉仏教の形成に重点を置き、方法論的には顕密体制論の問題を批判的に検討するとともに、法然・明恵・本覚思想に関する諸問題を取り上げた。それに対して、本書は鎌倉仏教の形成期の問題をさらに深めるとともに、併せて十三世紀後半以後の展開に力点をおいて論じた。ただし、本書は単に前著の続編というわけではない。前著では、鎌倉初・中期の動向を扱うので手がいっぱいで、鎌倉期の仏教思想展開の全体像を描くことができなかったが、本書において鎌倉後期の問題にまで説き及ぶことにより、不十分ながらも鎌倉期の仏教思想の流れを全体として展望することができるようになった。

鎌倉仏教に関しては、新仏教中心論（新仏教中心史観）が崩れ、顕密体制論が提唱されてから、従来無視されてきた密教や神仏習合、あるいは諸宗兼学・諸行並修の動向が注目されるようになってきた。このような新たな動向は、とりわけ一九九〇年代から二〇〇〇年代に入って顕著な成果を挙げるようになってきた。新仏教中心論の時代には、親鸞・道元・日蓮のような、今日有力な宗派のもとを作った思想家だけに光が当てられ、彼らの一行専修や神祇不拝的な態度が高く評価された。それに対して、諸行兼修や神仏習合的な傾向は批判的にしかみられなかった。それが近年になって一変し、これまで彼らの陰に隠れ、否定的にしか見られなかった思想や思想家の見直しが、ようやくなされるようになってきたのである。

本書もこのような動向を受けて、親鸞や道元にはほとんど触れることをせず、むしろ栄西・頼瑜《らいゆ》・無住《むじゅう》・慈遍《じへん》など、従来の仏教史で取り上げられることの少なかった思想家に着目して、諸行兼修や神仏習合的な面に光を当て、これまでと異なった鎌倉仏教像を提示しようと試みた。取り上げた問題は鎌倉仏教の広範な展開の中のごく一部に過ぎないが、それでも、禅や浄土など一つの流派に限定されないように心掛け、真言・天台・禅・浄土・日蓮・神仏関係など、可能な限り広い範囲にわたるようにした。ここで取り上げた問題は、いわば鎌倉仏教の諸動向のサンプルと言ってもよい。それによって、鎌倉仏教の思想的遺産の豊かな広がりの一端を見ることができるであろう。

前著には「思想史の立場から」と副題を付したが、今回は略した。前著と同じく、仏教学の立場からする思想史的な研究であるが、方法論的には前著を踏襲するので、あえて副題を付するまでもないと考えたからである。前著の「はじめに」に、「従来、仏教研究は仏教学・宗学・歴史学のそれぞれが縄張りを作って棲み分け、仏教学は主としてインド・中国の仏教を扱い、日本仏教の研究は、宗学と歴史学に委ねられてきた。しかし、それでは思想文献を宗派的偏見なしに適切に処理することはできない。その棲み分け体制を打ち壊し、日本の仏教思想の流れをきちんと歴史的に位置づけたいというのが、一貫して私の求めてきたところである」と記したが、その方針はまったく変わっていない。

なお、近年の歴史研究においては、京と鎌倉の二つの政治権力の対峙という観点から、鎌倉時代・鎌倉期という呼称を避け、中世前期と呼ぶことが多い。その点から考えると、鎌倉仏教という言い方は問題があるが、その呼称がある程度普及していることを考え、本書では中世前期の仏教を漠然と鎌倉仏教と呼ぶことにしたい。

＊

本書は全体を三部に分け、Ⅰで全体的な問題を論じ、Ⅱで十三世紀半ば頃までの問題を、Ⅲで十三世紀後半から南北朝期にかけての仏教思想の問題を扱う。

Ⅰ「方法と概観」では、第一章で近代の鎌倉仏教研究を総体的に振り返り、常識となっている鎌倉仏教観がじつは近代以後の仮構であることを明らかにして、もう一度思想史全体の流れの中に中世仏教を位置づけることの必要性を示した。続く第二章では、このような立場から、従来の鎌倉新仏教中心論や顕密体制論のような固定的な図式に捉われることなく、鎌倉仏教の思想史的な流れを展望しようと試みた。本書の総論に当たるところである。Ⅱ・Ⅲでは個別的な問題をとびとびにしか扱うことができなかったので、第二章では、以下で触れられなかった問題も含め、できるだけ幅広く諸動向を取り上げた。

Ⅱ「鎌倉仏教の形成」では、鎌倉仏教の全体に関わる本覚思想の問題、並びに法然の浄土教と栄西の禅について検討を加えた。はじめに第三章では、本覚思想を取り上げた。本覚思想は、しばしば誤解されるようにただちに密教思想ではないが、密教とも深い関係を持っている。まずその点を解明しようとした。その過程でも明らかになるが、従来「本覚思想」という語はかなりルーズに用いられており、そのために混乱が生ずることが少なくない。その点を明確化するために、本覚思想Aと本覚思想Bの区別を提案した。

第四章では浄土教の問題を取り上げた。浄土教は法然による浄土宗開宗に至るまで、インド以来の長い歴史を有する。その歴史的な思想展開を概観した上で、法然の主著『選択《せんちゃく》本願念仏集』の思想体系を解明し、その中核となる念仏《ねんぶつ》勝行《しょうぎょう》説の思想史的な位置づけを明らかにした。従来の新仏教中心論が崩れても、法然の衝撃は中世以後の仏教にとって決定的な意味を持つと考えられる。

法然が『選択本願念仏集』を著わした建久九年（一一九八）に『興禅護国論』を著わして、禅宗を標榜した栄西は、しばしば密教と禅とが混淆した不純な兼修禅として軽視されがちである。しかし、近年、そのような兼修禅が新たに注目されつつある。第五章では、栄西における密教と禅の問題を取り上げ、両者が単に混淆していたわけではなく、密から禅・律への思想の転換があることを明らかにした。

Ⅲ「鎌倉仏教の展開」では、十三世紀後半から十四世紀にかけての仏教思想の問題を論じた。まず第六章では日蓮の真偽未決遺文を取り上げた。今日の日蓮研究は、真蹟の存する遺文を中心に日蓮の思想を再構成しようとする方法が主流であるが、真偽未決とされる遺文には、真蹟の残っている遺文とはいささか思想傾向を異にするものがある。これまで避けてこられたそのような真偽未決遺文を取り上げ、それらを加えることで、日蓮像がどう違ってくるかを検討した。

第七章では、新義真言宗の祖とされる頼瑜の教学を知る一端として、その諸宗観を取り上げた。真言密教というと、空海と覚鑁《かくばん》で事足れりとする風潮が今でもないわけではないが、じつは中世密教はさまざまな新しい思想動向を含む宝庫とも言える。本章で取り上げた頼瑜の著作でも、禅を顕密の体系の中にいかに収めうるかというような、きわめて注目される思想が展開されている。

第八章では無住一円（道暁）の『聖財集』を取り上げた。無住は『沙石集』の著者として知られ、その諸行併修の立場が近年注目されている。しかし、その仏教思想に関する主著『聖財集《しょうざいしゅう》』の全体像を解明した研究はいまだ出ていない。本章では同書を貫く四句の体系を追いながら、本覚思想のような居直りに陥らず、しかもきわめて現実主義的な修行の道を探求するその実践思想を解明した。

第九章では南北朝期に活躍した夢窓疎石を取り上げた。夢窓もしばしば純粋禅に徹底しない妥協性や兼修性が批判的に扱われてきた。しかし、その著『夢中問答』を読み込んでみると、世俗法をも含めた多様な行《ぎょう》を認めながらも、仏法の筋を通そうとする姿勢が知られる。今日再評価が必要な思想家のひとりである。

第十章では十三世紀前半の『愚管抄』と十四世紀の北畠親房の『神皇正統記』、並びに同時期の慈遍の著作を比較し、特に天皇論の相違を明らかにしようとした。とりわけ天台僧でありながら独自の神道説を展開した慈遍は、神代と人世の断絶と連続という観点から天皇を意味づけようとする独創的な説を提出した。中世の神仏関係は多様な面を持ち、今日注目されている問題である。

従来もっとも価値のない愚説のように思われてきた中世神仏論の再評価から出発して、日本思想史を再構築できないか、中世を新たな目で見直すことは、そのまま日本思想史全体を捉え直すことになるのではないか。そのことに結章で触れて、今後の課題とした。

以上、本書は必ずしも鎌倉仏教の問題を十分に論じたとはいえないが、従来無視されたり、軽視されてきた思想動向に光を当てて再評価を試み、新しい鎌倉仏教観構築のためにいささかの方向を示した。

＊

このように、本書はもともとは個別に発表された論文を集積したものであるが、全体として、顕密体制論の提唱以後大きく変わってきた中世仏教研究を、思想史の立場からどう受け止めるかという問題意識で一貫している。いま、本書の最終的な編集を行いながら、私なりに見えてきた鎌倉仏教の推移を、「宗」の展開という点から整理してみると、以下のようになる（以下、詳細は拙稿「顕密体制論以後の仏教研究」、『日本仏教綜合研究』六、二〇〇八参照）。

平安期には顕密を基盤とした仏教のシステムが形成された。比叡山天台宗がそれ自体の中に顕教と密教を含むのに対して、南都六宗の顕教の学問仏教は、東密（真言宗）の密教の実践と結びついた。その総体が南都六宗プラス天台・真言の八宗の体制であり、それは年分度者を確保するという制度によって、国家的な承認を得て、安定構造を作ることになった。これらを顕密仏教と総称することができる。

ただし、八宗体制といいながらも、すでに円珍『諸家教相同異略集』や安然『教時諍』『教時諍論』には、禅宗（仏心宗）を八宗の枠に収まらないものとする見方が示されており、安然は明白に九宗論を立てている。その場合、禅宗には年分度者の割り当てはなく、また、比叡山が禅・天台・真言を備えていると言っているところから、ここで言われる「宗」は国家制度としての「宗」とは異なることが明白である。

平安中期頃から聖や持経者らの活動が活発になる。それはもちろん顕密仏教の枠の中でのものであり、顕密に吸収される面を持つと同時に、その周辺に位置し、顕密から拡散していくという、両面的な方向性を持つと考えられる。その延長上に、十二世紀末には法然が『選択本願念仏集』（一一九八）を著わして浄土宗の自立を宣言し、栄西も同年に『興禅護国論』で禅宗を宣言した。ただし、禅宗はすでに安然によって承認されていて、顕密の枠に収まりうるのに対し、浄土宗の自立はこれまでなかったことである。そこで、法然は立宗のために非常に苦労して、聖道門・浄土門という新たな教判を示すとともに、浄土宗の相承系譜をあげて、それが従来の八宗と同じように「宗」となりうることを証明しようとした。それに対して、貞慶《じょうけい》『興福寺奏状』（一二〇五）や明恵『摧邪輪《ざいじゃりん》』（一二一二）では、そもそも「宗」とは何であり、その条件を浄土

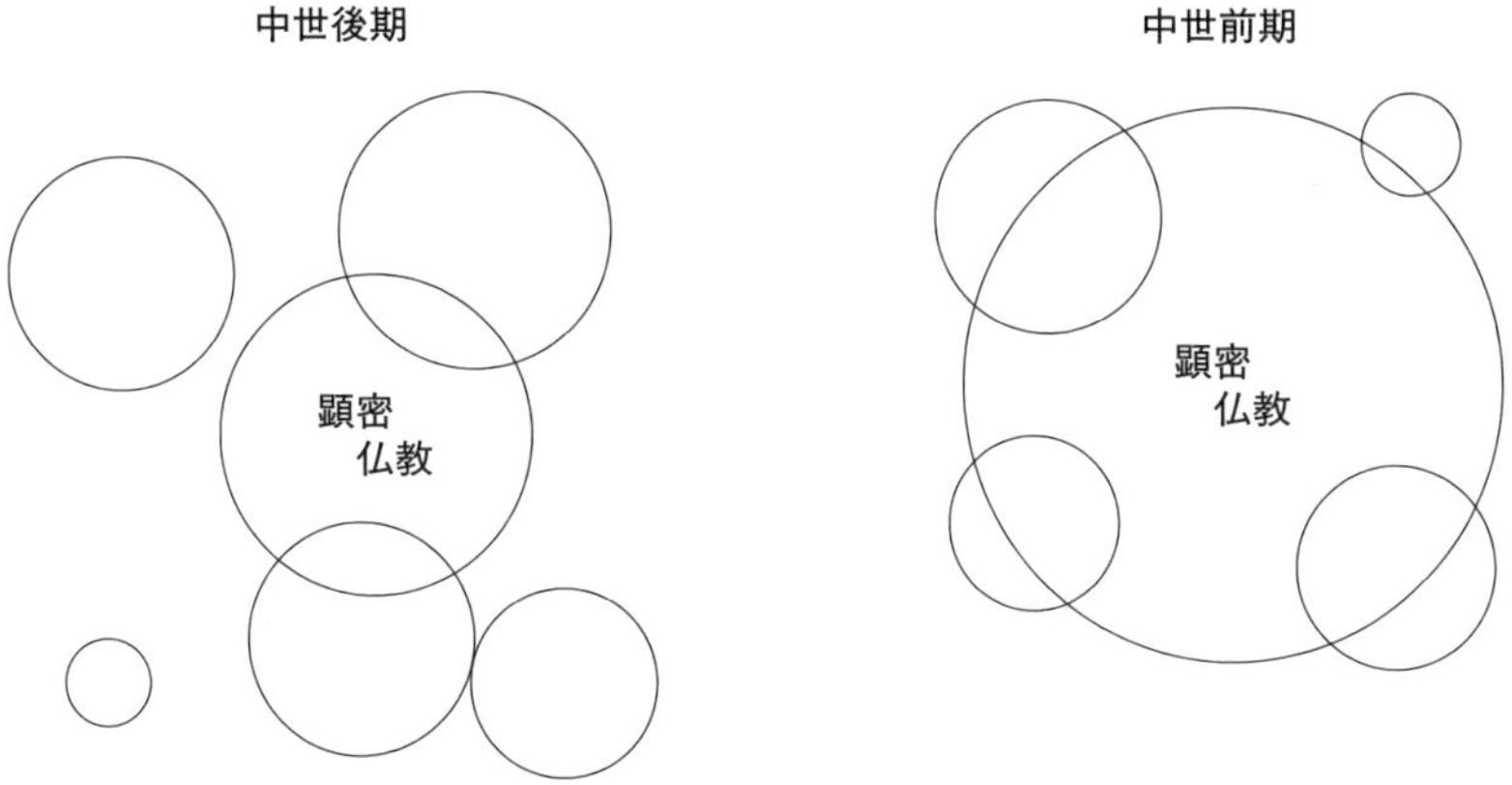

宗は満たしているか、という疑問が提示された。

貞慶や明恵における「宗」の反省は、顕密の八宗をモデルとするものであり、実際に栄西や法然も顕密諸宗をモデルとして、新宗を基礎づけようとしている。このように、十二世紀終わりから十三世紀には、顕密仏教を中核としながら、その周縁に禅・浄土などの新しい運動が形成されていくと考えられる。

下って十三世紀後半になると、すでに禅・浄土などが実質的な社会勢力となり、否応なくそれらを認めた形で、従来の八宗に禅・浄土を加えた十宗論が盛んになる。凝然《ぎょうねん》は、『八宗綱要』（一二六八）では八宗をうたいながら、禅・浄土を付録として加えているが、『内典十宗秀句』（一二九三）では、はっきりと十宗ということを表に出している。その他、円爾《えんに》『十宗要道記』のように、十宗を立てるものは他にもあり、このことは当時、もはや顕密八宗だけで仏教を統合することができず、その周縁にあった禅や浄土も新しい宗として認めなければならなくなったことを意味する。このようにして周縁が自立し、顕密の中核性は成り立たなくなる。顕密仏教がなくなるわけではないが、それもさまざまな仏教のあり方の一つとなり、禅・浄土・顕密など、いくつかの主要な仏教の流れが並存する状況が生まれる。それが中世後期の仏教のあり方ではないだろうか。このような変化は、上のように図示できよう。

こう見てくると、中世全体を顕密仏教の時代と見る顕密体制論は、修正されなければならなくなる。顕密仏教がすべての仏教を統合していたのは平安期であり、鎌倉期にはその周縁に新しい運動が生じ、やがてそれらの勢力が大きくなると、顕密の中核性が揺らぎ、顕密をも含めて諸傾向の並存の時代に至ると考えられるのである。それらの諸動向は次第に思想的に成熟し、禅の心の原理や、浄土の信の原理など、原理追究が進められる。それらの動向は、神道理論の発展とともに、やがてキリシタンを受け入れる基盤となり、さらにそこから近世の新しい思想動向が生まれることになるのではないだろうか。

これはなはだ粗い見通しに過ぎず、しかも本書で扱った範囲は、その中でもごくわずかの時期に過ぎない。しかし、それは日本仏教史の展開上、非常に重要な時期である。即ち、顕密仏教を中核としながら、その周縁に新しい動向が生じ、それらが相互に関連しつつ、次第に自立していく時期であり、中世前期から中世後期へと展開していく過渡期と考えられる。

このような見方は、もちろん顕密体制論から新仏教中心論に戻るということではない。新仏教中心論の宗祖中心主義や宗派中心主義はもはや成り立たない。顕密体制論によってようやく垣間見られるようになった中世仏教の多様な動向に、さらに光を当ててゆくことが今後必要である。本書が明らかにしえた成果はささやかではあるが、新たな日本仏教史研究に多少なりとも資することがあるならば、著者の喜びとするところである。

I　方法と概観

第一章　日本宗教史の中の仏教

一　鎌倉新仏教中心史観から顕密体制論へ

鎌倉新仏教と顕密体制論

日本仏教史の見方が、かつての鎌倉新仏教中心史観（新仏教中心論）から顕密体制論を経て、今日では大きく転換していることはよく知られている〔末木、一九九八、第I部参照〕。鎌倉新仏教中心史観というのは、日本の仏教のもっとも良質の成果を鎌倉新仏教と見るものである。その際、鎌倉新仏教がどの範囲を含むかということが問題になるが、法然・親鸞の浄土教がもっとも典型と考えられるのがふつうであり、それに道元・日蓮などを加えて考えるのが一般的な理解である。

鎌倉新仏教中心史観論者の典型として、第二次大戦後の日本史研究をリードした井上光貞は、その著『日本古代の国家と仏教』において、鎌倉時代の仏教こそ「日本特有の仏教」であり、「仏教はなぜ、中世、しかも鎌倉時代という短い期間に集中して、かくも多元的な、かつ生き生きとした創造性を発揮したのであろうか」という問いを発している〔井上、一九七一、二―三頁〕。井上の見るところでは、鎌倉時代という「短い期間」のみが、仏教が「創造性を発揮した」ときであり、それ以外の時代の仏教は「創造性」を欠くということになる。しかもそのとき、鎌倉時代の仏教として考えられているのは、いわゆる新仏教に限られる。このような理解は井上のみならず、研究者に広く共通する理解であった。

このような観点からみるとき、鎌倉新仏教こそ日本仏教の頂点であり、それ以前の仏教は鎌倉新仏教を生むための前提、あるいは鎌倉新仏教によって批判・克服されるべき対象と見られ、また、それ以後の仏教は鎌倉新仏教の継承であり、次第に新仏教の清新さを失っていく過程と見られた。例えば、江戸時代の仏教は「堕落仏教」のレッテルを貼られ、ほとんど研究に値しないものであるかのように見られた。鎌倉新仏教と同時代のいわゆる旧仏教は、新仏教に理解を示さず、旧弊を墨守するだけで、新仏教の運動を阻止しようとした反動的な仏教と見られるのがふつうであった。

ほとんど常識となっていた鎌倉仏教中心史観に大きな転換をもたらしたのは、一九七五年に黒田俊雄によって提示された顕密体制論であった〔黒田、一九七五〕。顕密体制論によれば、中世に大きな勢力を持っていたのは鎌倉新仏教ではなく、いわゆる旧仏教に属する天台宗・真言宗や南都の大寺院であった。これらの大寺院は巨大な荘園を有し、政治的・経済的に大きな勢力を持っていた。黒田はこれらの旧仏教を顕教と密教の総合という意味で、顕密仏教と呼び、顕密仏教を中心とする中世仏教界の体制を顕密体制と呼んだ。それに対して、新仏教は当時は小さな勢力に過ぎず、顕密仏教を正統とする社会の中で、それに対する異端派としての位置を占めるに過ぎなかった。こうして中世は新仏教の時代ではなく、顕密体制の時代として見直すべきことを、黒田は提案した。

社会的な勢力関係に関して、当時、黒田の言う顕密仏教が中心であったことは、歴史的な史料に照らしてほぼ正しいことが認められ、顕密体制論は当時の若手研究者を中心に支持を受け、仏教史研究の主流を占めるに至った。しかし、黒田は、異端派（＝新仏教）こそ進歩的で優れた仏教であり、それに対して正統的な顕密仏教（＝旧仏教）は体制化した仏教であるとして、批判的に見た。それ故、その価値観に関しては、黒田はそれ以前の新仏教中心史観と同じであった。

黒田以後、顕密体制論を支持する研究者と、それに対して批判的な克服を目指す研究者が現われ、ポスト顕密体制論ともいうべき状況を呈した〔菊地、二〇〇〇〕。しかし、基本的なパラダイムの問題はともかくとして、一九八〇年代以後、従来の鎌倉新仏教中心史観において背景に追いやられ、研究の遅れていた分野の研究が急速に進められるようになって、顕密諸寺院の調査や密教・天台本覚思想・南都教学などの研究が多く発展した。

顕密体制に関しては、すでに広く知られており、私自身かなり詳しく論じたことがあるので〔末木、一九九八、第一章〕、ここで改めて再説しない(1)。現在、私は次のように考えている。顕密体制論は、確かに従来の鎌倉新仏教中心史観をくつがえすだけの大きな意味を持っていた。しかし、その価値観において新仏教中心史観と変わっていない点、その通用する範囲が中世前期の仏教史に限られることなど、問題点があり、今日そのまま通用するものではない。それ故、顕密体制論が仏教史の見方に大きな転換をもたらしたことは間違いないが、その転換をより進めて、新仏教中心史観に代わる大きなパラダイムを形成することは今後の課題である。

もとよりただちにそのような新しいパラダイムを提示できるわけではないが、本章ではもう一度新仏教中心史観の検討に立ち戻り、それが単に戦後の日本仏教研究史のみに限らず、近代の日本の宗教観全体に関わる問題であることを指摘し[2]、中世仏教のみならず、日本宗教史全体を見直す必要性を論じたい。

近代的宗教観と鎌倉新仏教中心史観

なぜ鎌倉新仏教だけが高く評価されるようになったのであろうか。私はかつて三つの理由を挙げた〔末木、一九九五、八―九頁〕。

1、浄土宗・浄土真宗・曹洞宗・日蓮宗など、鎌倉新仏教に由来する宗派が近代においても教団として大きく、教団の近代化や学術研究にも力を入れ、影響も大きかった。（宗派的側面）

2、原勝郎によって唱えられて以来、殆ど常識化されたように、鎌倉新仏教、特に浄土教は西欧の宗教改革と較べられ、近代化を目指す社会の動向に合致していた。特にその民衆的性格は、進歩的な研究者から高く評価された。（歴史的側面）

3、親鸞・道元・日蓮等、新仏教の祖師たちの思想は、西欧の哲学・宗教を学んだその方面の専門の学者の評価に耐えうるだけの高度なものをもっており、西欧の哲学に飽きたりなかったり、ナショナリズムの立場から西欧に対抗しうる思想を日本に求めていた研究者の関心を引いた。また、『歎異抄』の悪人正機説などは、キリスト教との近似性もあり、近代的素養をもった知識人の関心を引いた。（思想的側面）

しかし、このような鎌倉新仏教中心史観は決して古くからあるものではなかった。そもそも、江戸時代には各宗門の教学はあるものの、「日本仏教史」という見方そのものがなかった。師蛮《しばん》の『本朝高僧伝』全七十五巻は、もっとも広範な日本の仏教者の伝記の集成であるが、その中には、親鸞・日蓮の名前は見えない。今日のような形で「日本仏教史」を総合的に見るのは、明治になって国民国家が成立してからのことであり〔ケテラー、二〇〇六〕、そこではじめて鎌倉新仏教に注目する見方が成立した〔石塚、一九九九〕。

鎌倉新仏教への着目に至るには、恐らくは明治初期における近代的な宗教観の確立ということが一つの理由になったと思われる。明治初期に宗教の自由が確立されたのは、浄土真宗の指導者、島地黙雷《しまじもくらい》の力が大きい〔末木、二〇〇四a〕。一八七二年に教部省は大教院を設置し、職業的な宗教家を教導職として国家で養成しようとした。教導職は仏教の僧侶も神道の神官も含むが、その指導原理として「敬神愛国」などの国家主義的な立場を強制した。それに対して、当時ヨーロッパの宗教事情を視察中であった島地黙雷は、ヨーロッパにおける政教分離と宗教の自由の実態に触れて共感し、その立場から、国家が宗教者を養成する大教院制度を批判した。島地の指導で浄土真宗諸派は大教院から分離することを表明し、ついに一八七五年に大教院は解散されるに至った。これによって日本の宗教の自由が確立し、それは一八八九年に成立した大日本帝国憲法において正式に認められることになった。

この島地の宗教の自由論の基礎となるのは、宗教を個人の心の問題とするところにある。個人の心の問題に、国家は関与してはならないというのが、宗教の自由のもっとも根幹となる思想である。そこでモデルになったのは、近代のキリスト教、とりわけプロテスタンティズムであったが、プロティスタンティズムにおいては、宗教の核心はあくまで個人の信仰と見られた。島地はその見方を日本の仏教にも適用したが、そのような宗教観は、従来の日本の仏教の実態とかなり異なるものであった。

江戸時代の仏教は、個人の信仰であるよりは、制度的なものであり、家を単位とするものであった。個人の信仰としてのキリスト教は禁止され、人々は家単位で仏教寺院の檀家となって、寺院にキリスト教信者ではないことを確認される宗門改《しゅうもんあらため》が義務であった。そのために寺院によって作られた宗門改帳は、戸籍として、住民を把握する役割をも果たすものであった。それ故、人は仏教信者になるのではなく、生まれたときから仏教的制度の中にいるのであった。寺院は同時に葬儀と死後の法要においても大きな役割を果たし、墓地の管理とともに、死者の名簿である過去帳を作成して、生者のみならず、死者をも管理する権限を持っていた。そのような死者儀礼と死者管理の役割が大きかったため、葬式仏教と呼ばれ、近代になってからは軽蔑的に見られるようになった。

明治になって、江戸時代の制度は崩壊し、寺院と檀家との関係は国家によって強制されるものではなくなった。しかし、寺院と檀家の関係は多くの場合そのまま持続し、大多数の寺院の経済的基盤は、依然として葬式を中心とする死者儀礼と墓の管理に依存し、一般の民衆と仏教との関わりは、死者儀礼と墓を媒介とするものが圧倒的であった。ところが、島地によって確立した新しい宗教観から見たとき、このような死者儀礼は宗教の範疇に入ってこない。現実に仏教を支える基盤でありながら、葬式仏教は近代の仏教者によって正面から取り上げられることはなかった。これはきわめて奇妙なことであり、知識人の言説の場における仏教と、現実に民衆の間で機能している仏教との間に、大きな断絶が生ずることになった。

もうひとつ注目されるのは、島地の宗教観からは神仏習合が排除されるということである。神仏習合は江戸時代まで長い間、人々に当然のこととして受容されてきたが、明治維新の際（一八六八）に神仏分離令が出され、両者の分離が強制された。島地の宗教観はこの神仏分離の上に立っており、個人が二つの宗教を信ずるのはおかしいとして、神仏習合に対し否定的であった。また、ヨーロッパで学んだ宗教進化論の立場から、神道の多神教は原始的であるとして、神道に対して批判的であった。ただし、神道は宗教としては原始的であるが、皇室の祖先に敬意を表するという意味では重要なものであると認め、宗教ではなく、政治の領域に属するものとした。これは後に、神道を宗教でないという理由で国民に強制する、国家神道に道を開くことになった。

島地による新しい宗教観の確立によって、長く続いてきた神仏習合もまた、宗教の言説の場から追い払われることになった。しかし、制度上は神仏分離しながらも、実際には仏教と神道とは深く関係しており、互いに役割を分けながらひとりの人が両方に関係するという形態は、今日に至るまで続いている。これを私は「神仏補完」と呼ぶ。しかし、近代の研究において、仏教と神道は切り離され、神仏習合は不純なものとみなされるようになった。

島地と同じような宗教観は、明治初期の啓蒙主義者たちに共通するものであった。例えば、福沢諭吉は『文明論之概略』（一八七五）において、「宗教は人心の内部に働くものにて、最も自由、最も独立して、毫も他の制御を受けず、毫も他の力に依頼せずして、世に存すべきはずなるに、我日本に於ては則ち然らず」〔福沢、一八七五、岩波文庫版、二二三頁〕として、日本の宗教が政治権力に従属するばかりで、独立する気概のないことを指摘し、「日本国中に既に宗教なしというも可なり」〔福沢、一八七五、岩波文庫版、二二六頁〕とまで批判している。

島地らの示した方向を進めながら、こうした批判に応え、仏教を近代的な宗教として甦らせることが、その後の仏教界の大きな課題となった。浄土真宗の清沢満之《きよざわまんし》、日蓮主義の田中智学《ちがく》の活動などが、十九世紀の終わりから二十世紀のはじめにかけて展開される〔末木、二〇〇四ａ〕。ほぼ同じ時期に、村上専精《せんしょう》による『日本仏教史綱』（一八九八）など、「日本仏教史」という立場が確立し、その中で、鎌倉新仏教を重視する傾向が生まれてくる[3]。

このような事情から、新たに見直された新仏教の祖師たちは、きわめて近代的な宗教の確立者とみなされた。旧仏教が制度的に硬直化し、権力と癒着したのに対して、彼らは「人心の内部に働く」宗教本来の立場に立って改革を志し、権力に左右されない宗教の自立をはたしたと考えられた。新仏教がヨーロッパの宗教改革と比較されるようになったのも当然のことであり、むしろそのようなものとして鎌倉新仏教観を形成したということができる。新仏教の合理性、非密教性（＝非呪術性）、神祇不拝などが高く評価されることになった。このように、鎌倉新仏教中心史観は近代的な宗教解釈に対応するものとして、明治以来生まれたものであり、それが一九七〇年代まで継承されたのである。

一九七〇年代は日本の近代主義が行き詰まったときであり、そのような時期に鎌倉新仏教中心史観が行き詰まったのは、単に学術研究の発展の結果というだけでなく、まさしく時代の状況に対応するものであった。一九八〇年代頃から、従来は非合理的として否定的に見られていた密教の研究が盛んになり、神仏習合の研究もその頃からようやく発展するようになった。顕密体制論はちょうどその転機に現われ、発想の転換を促すことになった。

それでは、新仏教中心史観が崩壊したあと、どのような仏教史観が可能であろうか。先に述べたように、顕密体制論は必ずしも十分なものではない。それゆえ、ただちに決定的な史観が可能とは思われないが、かつての中世前期に集中した仏教研究から、今後は時代的にも幅を広げるとともに、内容的にも、これまで陰に隠れていた神仏習合や葬式仏教の再評価などを含めて、より多様な問題を、多様な視点から取り出していくことが要求される。そのためには、歴史学・仏教学のほかにも、民俗学・文学など、さまざまな方面からの研究が総合され、日本宗教史全体の中での仏教の位置づけが明らかにされることが必要となってこよう(4)。

二　日本宗教史における仏教の位置づけ

神仏関係と「古層」の問題

仏教を日本宗教史の中に位置づけようとするとき、いちばん大きな問題は、仏教以前の宗教とはどのようなものであったかということである。仏教以前に土着の日本の神信仰があり、仏教はその中に入ってきたため、異国の神として受け入れられた、というのが、かつて常識的に考えられてきた仏教受容の見方であった。戦前の神道研究者によれば、仏教以前に純粋な日本独自の神信仰があったのが、仏教の導入によって神仏習合という不純な形に変容したため、近代の神仏分離によって再び純粋な形に戻されたという三段階説が取られた。例えば、戦前の神道研究の指導者のひとり宮地直一の『神祇史大系』では、次のような三段階に分けられている(5)〔宮地、一九四一〕。

1、固有の敬神思想を持続せし時代――太古以来およそ奈良時代の初期まで
2、仏教その他の外来思想を混淆せし時代――その後を承けて明治維新の際まで

3、神仏の分離の行なわれたる時代――明治維新の後引き続き現代に及ぶ

今日、このように仏教以前に純粋な神信仰があったという見方は、大きく揺らいでいる。仏教伝来記事は、『日本書紀』や『元興寺縁起』に見られるが、古い史実がそのまま残されているとは認められない。『日本書紀』の伝来記事の中にある百済聖明王の上表文が、七〇三年に漢訳された『金光明最勝王経』に基づいているという事実によって、その記事が捏造であることは明白である。日本の神が自覚的に捉えられるようになるのは恐らく仏教伝来以後、仏教の影響によるものと思われ、そうとすれば、仏が異国の神として受け入れられたというほど、はっきりした神の観念は、日本ではいまだ発展していなかったのではないかと思われる。仏教伝来後、崇仏派の蘇我氏と排仏派の物部氏が争ったという記事もまた、疑問とされる。

そうなると、日本の神についてかなりはっきりした理解が得られるのは、『日本書紀』が形成される時代、すなわち七世紀末から八世紀にかけてのことではないかと思われる。もちろんそれ以前に神信仰はあり、また、大陸から伝わったさまざまな宗教的な観念もすでに影響を及ぼしていたであろうが、いまだ十分に自覚的に整理されるまでには至っていなかったのではないかと思われる。したがって、仏教以前の神信仰といっても、その実状は捉えがたく、そこに日本古来の神信仰の源流があったとしても、仏教以前の純粋な神信仰というのはほとんど把握不可能といわなければならない。そうとすれば、日本の宗教史は、はじめから仏教の導入以後、神仏関係から出発しているといわなければならない。このように仏教以前に純粋に日本的な発想の原型が見られるという説は成り立たない。

ところで、古代に純粋な神信仰の時代があったという仮説と関連して、歴史的なさまざまな思想や宗教の

変容を通して、何か不変の「日本的」な発想法が底流に流れているという見方がある。例えば、宮地直一は次のように言う。

我等の祖先は、固有の神々に対する信仰の外、頗る早い時代より外来の仏教を信じ、仏教・道教・陰陽道を容れ、又後に西洋の基督教を採用して、いつしか是等のものゝ（但し、基教は例外で、主として儒教〔仏カ〕の二教に就いていふのである。）渾然融和したる上に、日本人の宗教心を作り上ぐるに至つたのであるが、そこに立至らしめた本質的な存在は何ものであつたかといへば、日本人の本来持つて居た宗教心、即ち此に問題とせんとする「神道の信仰」そのものであつたといふの外ない。〔宮地、一九五七、二一―三頁〕

このように、「日本人の本来持つて居た宗教心」が、最古代から一貫して日本文化の根源に流れ続けているというのは、日本主義者によって常に主張されることである。また、研究者においても、例えば、石田一良の「神道着せ替え人形説」〔石田、一九八三〕に典型的に見られるように、衣裳となる外観は変わっても、その内実は変わらないという説がかなり広く見られる。

興味深いことに、同じような説が丸山眞男の「古層」論にも見られる。丸山は、第二次世界大戦後、日本の近代思想の分析に優れた成果を挙げるとともに、進歩的な知識人の代表として言論界で活躍した。しかし、一九六〇年の日米安保条約改訂反対闘争に敗れてからは、ジャーナリズムの表面からは姿を消し、アカデミズムにおける日本思想史研究に沈潜した。その丸山が一九七二年に発表した論文が、「日本思想史における

「古層」の問題」であり、一九九二年に論文集『忠誠と反逆』に収録された。(6)

この論文で丸山は、『古事記』冒頭の世界生成神話を分析し、「なる」「つぎ」「いきほひ」という三つの範疇を取り出し、三つを組み合わせた「つぎつぎになりゆくいきほひ」という言葉で、日本人の歴史意識の「古層」を定式化した。「古層」というのは、それを明晰に自覚して概念化されたというのではなく、自覚されないままに、日本の思想の底流を執拗低音 basso ostinato として流れ続け、外来のさまざまな思想を受容するとき、それを共通したパターンで修正してしまうような、そのような発想法であるという。

「つぎつぎになりゆくいきほひ」として定式化された日本の歴史意識の「古層」は、「いま」の肯定が、生の積極的価値の肯定ではなくて、不断に移ろいゆくものとしての現在の肯定」になるというものである。すなわち、今現在に責任を持つというのではなく、無常に変化してゆく現象にそのまま流されてゆくことを肯定するのであり、そこには責任をもって何かを築いていくという発想は生まれにくい、というのである。日本人の発想がそのような「古層」によって引きずられるかぎり、日本の近代化、民主化も限界を持つというのが、第二次大戦後の民主化運動の中から得た丸山の苦い結論であったようである。

一九九〇年代になって刊行された『丸山眞男講義録』全七巻は、丸山の東京大学における講義録をまとめたもので、これまで論文だけでは分からなかった丸山の思想史観の全貌をうかがうことができるようになった。そのうち、第四巻は一九六四年の講義を収め、古代からはじまり、中世の仏教まで扱っている〔丸山、一九九八〕。そこでは、後の論文で「古層」と呼ばれるものは「原型」と呼ばれているが、「古層」論とほぼ同じような見方が示されている。

注目されるのは、丸山が他でほとんど扱うことがなかった仏教について、同書ではかなり詳細に論じていることである。それによると、仏教は一方では「原型」と妥協し、変形していったにもかかわらず、すべてがそうなったわけではなく、世界宗教の立場から、特殊の場に制約された「原型」を突破する可能性をも示したと見ている。それが、聖徳太子から鎌倉新仏教へとつながる系譜である。丸山は当時の新仏教中心史観をそのまま受け入れているが、そこでは福沢の『文明論之概略』の仏教批判の箇所を引いており、福沢の批判を乗り超える可能性をもった運動として鎌倉仏教を捉えようとしている。明治初めの福沢の問題意識が、はるかに時代を下って丸山にまで及んでいることが明らかである。

「古層」論に対しては、「古層」が、日本人の思惟の形態を決定論的に性格づけるような、一種の日本人の本質のようなものを意味するのではないか、という批判が当然考えられる。それに対して丸山は、「古層」が固定的、決定論的なものでないことを主張しているが、しかし、やはりそれでも疑問は残る。実際、すでに紀平正美のような戦前の日本主義者は、丸山と同じように「なる」という言葉をキーワードに、日本独自の哲学を形成しようとしている〔紀平、一九四二〕。日本人の発想の中に、古代から一貫して流れているものがあるという主張は、今日に至るまで、日本主義的な論者が常になすところである。

丸山が「古層」を抽出する材料にした『古事記』の冒頭部は、『古事記』編纂時に形成されたものであり、それより遡るものではない。それによって「古層」を抽出することには無理がある。まして、その発想が、その後も一貫して日本人の発想に流れているといっても、それに該当する思想をピックアップしているからそうなるのであって、別の見方をすれば、別の解釈が出てくることになる。「古層」の一貫論の背景には、「われわれの「くに」が領域・民族・言語・水稲生産様式およびそれと結びついた聚落と祭儀の形態などの点で、世界の「文明国」のなかで比較すればまったく例外的といえるほどの等質性《ホモジエニテイ》を、遅くも後期古墳時代から千数百年にわたって引き続き保持して来た、というあの重たい歴史的現実が横たわっている」〔丸山、一九九二、ちくま学芸文庫版、三五九頁〕という民族文化の一貫論が前提とされているが、今日このような一貫論が成り立たないことは明らかである。

しかし、それでは丸山の「古層」論は完全に否定し去るべきものかというと、それはあまりに単純である。「古層」論の重要なところは、思想を表層だけで考えるべきでなく、それを深く掘り下げた深層の構造にまで至らなければならないことを主張したところである。我々の発想は決して白紙状態で自由に形成できるものではない。我々の現在は過去に制約されている。しかも、我々を制約する過去は必ずしも表層に現われているとは限らない。それは、言説化された思想の奥に潜むものである。そうであれば、それを「古層」と呼ぶことは可能である。しかし、それはアプリオリに歴史全体を通じて同じ発想様式として不変であるとはいえない。

そうとすれば、アプリオリでなく、しかも我々の現在を制約するような「古層」は、それ自体が歴史的に形成されてきたと考えるのが、もっとも適当ではあるまいか。それはちょうど我々が立っている地面が、実は長い地球の歴史の中で形成されてきた地層の積み重ねの上にあるようなものである。思想史／宗教史の最大の課題は、表層から隠れて蓄積されてきた「古層」を掘り起こして顕在化させ、その「古層」がいかにして形成されてきたかを検証することではないだろうか。それによって、我々は「古層」の何を継承し、何を改めていくべきかを見通してゆくことができる。もちろん、複雑に入り組んだ過去を、それほど単純化して解明できるとは思われないが、少なくともその方向への見当をつけることは可能であろう。恐らくそれが、「古層」と格闘した丸山の問題提起を、我々が継承してゆくことのできる道ではないだろうか。

民俗と仏教

先に述べたように、神仏関係とともに、葬式仏教などの儀礼的要素もまた、近代の仏教思想家、仏教研究者たちによって隠蔽され、それを論ずることはタブー視されてきた。これは必ずしも明治以降だけでなく、すでに江戸時代にその傾向が見られた。近世に死者や葬儀のことを真剣に考え、論じてきたのは、むしろ神道のほうであった。神道は、一方では神道式の葬儀である神葬祭の儀礼を定めると同時に、他方で平田篤胤らによって来世観の思索が深められた。死者が遠くに行くのでなく、身近に留まるという篤胤の『霊能真柱《たまのみはしら》』の論は、神道から見た死者観のひとつの大きな帰結としてきわめて注目されるものである。

明治以降、仏教が近代的な宗教として確立を図り、神道が国家神道として自由な宗教であることをやめた中で、そのような表層の言説に出てこない、民衆の生活の中に根ざした宗教観を解明しようとしたのが、柳田国男の創設した日本民俗学であった。柳田の民俗学が彼の強いナショナリズムの意識に支えられていたことは、よく知られている〔子安、一九九六〕。柳田は仏教伝来以前の日本人の生活と宗教を、各地に残存する民俗行事などを手がかりに探ろうとした。その点で、仏教伝来以前の純粋な神信仰を認める説と合致する。それを歴史的に求めようとする限り、史料の限界にぶつかるので、方法を変えて、現存する民俗の中に証拠を見出そうとしたのである。

葬式仏教の問題ともっとも深く関係しながら、仏教以前の日本人の死後の霊魂観を探ったのが、『先祖の話』（一九四五）である。そこでは、「日本人の死後の観念、即ち霊は永久にこの国土のうちに留まつて、さう遠方へは行つてしまはないといふ信仰が、恐らくは世の始めから、少なくとも今日まで、可なり根強くまだ持ち続けられて居る」〔柳田、一九四五、筑摩叢書版、五五頁〕と主張する。

その立場から、柳田は仏教の来世観を批判する。本来身近にいるべき死者を、仏教では成仏させたり、遠くの浄土に送り出してしまう。柳田によれば、それは死者が身近にいるという日本人の観念に反するという。

日本人の志としては、たとへ肉体は朽ちて跡なくなつてしまはうとも、なほ此国土との縁は断たず、毎年日を定めて子孫の家と行き通ひ、幼い者の段々に世に出て働く様子を見たいと思つて居たらうのに、最後は成仏であり、出て来るのは心得ちがひでゝもあるかの如く、頻りに遠い処へ送り付けようとする態度を僧たちが示したのは、余りにも一つの民族の感情に反した話であつた。〔柳田、一九四五、筑摩叢書版、六五―六六頁〕

柳田はまた、仏教の来世観の矛盾を指摘する。

一方に念仏供養の功徳によつて、必ず極楽に行くといふことを請合つて置きながら、なほ毎年々々この世に戻つて来て、棚経を読んでもらはぬと浮ばれぬやうに、思はせようとしたのは自信のないことだつた。〔柳田、一九四五、筑摩叢書版、五四頁〕

実際これは日本の仏教の大きな矛盾であり、理論的には説明しきれない。しかし、それでは、死者が身近にいるという信仰が、本当に「世の始めから」あるものかというと、そうは言えない。柳田の言う「世の始め」は、いわば昔話の「むかしむかし」というのと同じで、現実的な時間軸の中に位置づけられるものではない。しかし、それを時間軸の中に位置づけようとするならば、少なくとも中世頃までは死のケガレは強く忌まれたのであり、死者はできるだけ生者の領域から遠ざけたいと考えられていた。そうであれば、死者が身近にいるという観念は、死のケガレがそれほど恐れられなくなった時代になって、はじめて成り立ったものと考えられる。それがはっきりと自覚されるのは近世になってからであり、平田篤胤によってはじめて、死者が遠くに去らないという観念が表明されたのである〔末木、二〇〇七、第九章〕。

しかも、死者のケガレを恐れる必要はないというのは、仏教によって普及された観念である。中世の聖や律僧は死者の埋葬供養に積極的に関与したが、これは彼らが死のケガレを超える力を持つと信じられたからであった。そして葬式仏教の普及によって、死者は恐れるべき存在から、次第に子孫を見守る存在へと転じたのである。

また、成仏や極楽往生の観念は、死者を単に遠くに追いやったというだけではない。逆に死者を恐るべき存在から恩恵を施す存在へと変える上で、大きな役割を果したと考えられる。このように考えるならば、柳田の主張するような霊魂観がもともと日本にあって、そのあとに仏教が入ってきたというわけではない。むしろ、仏教が死後の観念を自覚的に理論化したのであって、それが変容し、定着していく中で、民俗的な霊魂観も形成されたと見るほうが、適切ではないかと考えられる。

日本宗教史の展開と仏教

最後に、日本仏教史の時代区分をどのように理解したらよいかを考えてみよう。黒田俊雄は次のように時代を分ける〔黒田、一九九〇、三〇七頁〕。

上代　　　　六―九世紀　　　仏教が伝来しつつあった段階
中世　　　　十―十六世紀　　顕密仏教の時代
近世・近代　十七―二十世紀　「いえ」仏教が体制化する時代

吉田一彦はそれを一部修正して、新しい時代区分を提起した〔吉田、二〇〇三〕。

第I期　六世紀中期―九世紀前期　文明としての仏教受容の時代
第II期　九世紀前期―十五世紀後期　古典仏教の時代
第III期　十五世紀後期―現代　　新仏教の時代

黒田が従来の政治・経済史を考慮しながら、その中での仏教の時代区分を考えたのに対して、吉田の説は仏教史自体の展開を内在的に見ようとしている。そのもっとも大きな違いは、吉田が第II期の終わりを、一般に言われる中世の終わりよりも、約一世紀早く見ているところにある。吉田は第III期を、鎌倉時代に出発した新仏教が中心勢力となる時代と見ている。

これらの諸説に対して、仏教史だけでなく、日本宗教史という視点から見るならば、もっと単純な時代区分で間に合うのではないかと考えられる。

第一期　十六世紀まで　　　神仏の時代
第二期　十七―十九世紀中期　神仏儒の時代
第三期　十九世紀中期以後　神道・仏教・キリスト教の時代

十六世紀までは、日本の宗教史は神仏関係を中心として展開する。これを日本宗教史の第一期と考えることができる。その中でさらに時代を分けるとすると、十二世紀までと十三世紀以後で前期と後期を分けることができる。前期は神仏習合が発展しながらも、それはいまだ理論的に十分に体系化されなかった。この時代にはまだ「神道」という独立した宗教は成立しておらず、神祇信仰が神社と儀礼システムを具えて発展した。後期になると、山王神道や両部神道などの仏教系神道、及び仏教から距離を取ろうとする伊勢神道などが理論的に発展する。「神道」という言葉が、はじめて理論体系を含めて理解されるようになった。それゆえ、宗教としての神道の成立はこの時代に見ることができる。

次に、十六世紀にキリスト教がはいり、一時期大きな影響を与えるが、十七世紀前半には弾圧によって衰退する。十七世紀には儒教が武士を中心に大きな影響を与えるようになり、従来の神仏関係から、神仏儒三教の相互関係を中心とする時代へと転換する。これを第二期とすることができる。江戸時代はかつては儒教の時代と考えられてきたが、近年は儒教だけが優越したわけではなく、仏教も重要な役割を果たしたことが認められるようになってきている〔末木、二〇〇六c〕。上述のように、葬式仏教が確立したのは江戸時代の寺檀制度のもとにおいてであり、仏教はある意味で国教としての役割を果たしていたとも言える。それゆえ、江戸時代を簡単に仏教の堕落時代と見ることはできない。

次に、十九世紀後半になって開国から明治維新を経てヨーロッパ文明が流れ込み、新たにキリスト教が大きな影響を与えるようになる。他方、神道は国家神道として、一般の宗教とは異なる特別の位置に立つと同時に、幕末に起こった新宗教が、教派神道として民衆の間に広まることになる。それ故、近代は仏教・キリスト教・神道の三教の交渉の時代ということができる。第二次世界大戦後、国家神道は解体したが、基本的にはその三教と新宗教を中心とする時代といってよい。

このように、仏教だけでなく、日本の宗教を総体としてその歴史を捉え、その中に仏教を位置づけていくことが今後の課題となろう。拙著『日本宗教史』〔末木、二〇〇六a〕は、そのような方向へ向けての一つの試論であり、本章では、同書の基本となる日本仏教史、日本宗教史の方法論的な問題を概観した。それ故、すでに個別的な論文で論じた問題を概括的にまとめることに終始し、特に新しい成果があるわけではない。しかし、同書の「はじめに」で論じた問題をいささか詳しく展開し、多少なりとも同書の問題意識を明確にできたのではないかと考える。

註

（1）中世史全体の見直しの中で、顕密体制論を批判的に検討した最近の論として、本郷〔二〇〇七〕が注目される。

（2）この点に配慮した研究史として菊地〔二〇〇七〕序章がある。

（3）村上専精に関しては、*The Eastern Buddhist* (NS), Vol. 37, No. 1 & 2, 2005 が特集を組んでおり、関連する七本の論文を収めている。末木〔二〇〇四a〕第四章の英訳も含まれている〔Sueki, 2005〕。

（4）筆者も加わって、一九九二―一九九八年まで開催された日本仏教研究会は、このような趣旨で、多分野の協力のもとに日本仏教研究を見直そうという試みであった。その成果は、日本仏教研究会編〔一九九四―二〇〇一〕、大久保他編〔二〇〇三〕などにまとめられた。現在、日本仏教綜合研究学会がその精神を継承している。

（5）宮地説など、日本宗教史の三段階説の問題点については、末木〔二〇〇六b〕参照。

（6）以下、丸山眞男の思想史の問題については、末木〔二〇〇四b〕所収の論文「丸山眞男の仏教論」に詳しく論じた。

参考文献

石田一良〔一九八三〕『カミと日本人』（ぺりかん社）
石塚純一〔一九九九〕「「鎌倉新仏教」という名辞」（高木豊・小松邦彰『鎌倉仏教の様相』、吉川弘文館）
井上光貞〔一九七一〕『日本古代の国家と仏教』（岩波書店）
大久保良峻他編〔二〇〇三〕『日本仏教34の鍵』（春秋社）
菊地大樹〔二〇〇〇〕「ポスト顕密体制論」（日本仏教研究会編『日本仏教の研究法』、法藏館）
同〔二〇〇七〕『中世仏教の原形と展開』（吉川弘文館）
紀平正美〔一九四二〕『なるほどの哲学』（畝傍書房）
黒田俊雄〔一九七五〕『日本中世の国家と宗教』（岩波書店）
同〔一九九〇〕『日本中世の社会と宗教』（岩波書店）
ケテラー、ジェームス〔二〇〇六〕『邪教／殉教の明治』（岡田正彦訳、ぺりかん社。原著は一九九〇）
子安宣邦〔一九九六〕『近代知のアルケオロジー』（岩波書店）
末木文美士〔一九九五〕『平安初期仏教思想の研究』（春秋社）
同〔一九九八〕『鎌倉仏教形成論』（法藏館）
同〔二〇〇四a〕『明治思想家論』（トランスビュー）
同〔二〇〇四b〕『近代日本と仏教』（トランスビュー）
同〔二〇〇六a〕『日本宗教史』（岩波新書）
同〔二〇〇六b〕「戦前における神道史研究をめぐって」（速水侑編『日本社会における仏と神』、吉川弘文館）
同〔二〇〇六c〕「近世仏教の思想」（『近世の奈良・東大寺』、東大寺）

同　　　〔二〇〇七〕『他者／死者／私』（岩波書店）
日本仏教研究会編〔一九九四―二〇〇一〕『日本の仏教』第I期六巻、第II期三巻（法藏館）
福沢諭吉〔一八七五〕『文明論の概略』（岩波文庫版、一九九五）
本郷和人〔二〇〇七〕『武士から王へ』（ちくま新書）
丸山眞男〔一九九二〕『忠誠と反逆』（ちくま学芸文庫版、一九九八）
　同　〔一九九八〕『丸山眞男講義録』第四巻（東京大学出版会）
宮地直一〔一九四一〕『神祇史大系』（明治書院）
　同　〔一九五七〕『神道史序説』（理想社）
柳田国男〔一九四五〕『先祖の話』（筑摩叢書版、一九七五）
吉田一彦〔二〇〇三〕「日本仏教史の時期区分」（大隅和雄編『文化史の構想』、吉川弘文館）
Sueki, Fumihiko〔2005〕Building a Platform for Academic Buddhist Studies, *The Eastern Buddhist*, (NS), Vol. 37, No. 1 & 2.
同　〔2006〕Buddhism in the History of Japanese Religion, *Acta Asiatica*, Vol. 91.

＊本稿のもととなる論文は英訳発表された〔Sueki, 2006〕。

第二章　鎌倉仏教の形成と展開

一　方法をめぐって

仏教史観の転回

戦後の仏教史研究の主流が鎌倉新仏教中心論から顕密体制論に移行したことはほぼ学説史の常識として認められている。新仏教とは何かというと、実はなかなか難しいが、一般には、法然・親鸞・道元・日蓮ら、後の大きな宗派のもとを創った宗祖たちをさすのがふつうであろう。新仏教中心論は、そのような新仏教が鎌倉仏教の中心であったとするものである。それに対して、黒田俊雄によって提出された顕密体制論は、そのような新仏教は当時は勢力の小さな異端派であり、顕密仏教と呼ばれる在来の諸宗派の方こそが当時の主流であったとして、中世仏教観の転換を図った〔黒田、一九七五〕。

今日ではさらに、顕密体制論に対する疑問もさまざま提示され、ポスト顕密体制論が言われている〔菊地、二〇〇〇〕。もっともポスト顕密体制論というある特定の学説や運動があるわけではなく、顕密体制論以後のさまざまな模索を総称するに過ぎない。今日、顕密体制論がそのままの形で通用しないことは明らかであるが、しかし、だからと言って、単純に顕密体制論が過去のものになって、ポスト顕密体制論にとって代わられたというわけではない。顕密体制論、あるいはさらにそれ以前の新仏教中心論から継続してきている問題が何なのかを、検討しながら進んでいくことが必要で、単純に過去の研究史を切り捨てて、新しい理論を提示すればよいというわけではない。

私自身、先にこのような顕密体制論の再検討をかなり詳しく試みた〔末木、一九九八a〕。それについてここで改めて細かく論ずることはさけたい。ただ、本章の論述と関連して、一、二の問題点についてのみ指摘しておきたい。

第一に、新仏教中心論にしても、顕密体制論にしても、新仏教対旧仏教、あるいは顕密仏教対異端派という二項対立をその中心に置いている。しかも、前者の新仏教がほぼ後者の異端派に当たり、旧仏教が顕密仏教に当たる。しかし、このような二項対立が完遂できるかというときわめて疑問である。そもそも上述のように、新仏教の範疇自体が必ずしも確定したものではない。例えば、ひとつの行のみを専修《せんじゅ》することが新仏教の特徴としばしば言われるが、栄西などまで新仏教に含めると、そうは言えなくなる。そのことは顕密体制論における異端派についても言えることで、黒田俊雄はしばしば異端＝改革運動と呼び、異端派と顕密仏教の改革派の間に厳密な区別はなしがたいことを認めている〔黒田、一九七五〕。佐々木馨による体制仏教・反体制仏教・超体制仏教という三項分類〔佐々木、一九八八〕や、松尾剛次による遁世《とんせ》僧《そう》概念の提示による新仏教の再解釈〔松尾、一九八八〕などが可能であるのも、旧仏教・新仏教、顕密仏教・異端派という二項分類が、それほど一義的に定義できないことを示している。

このことは、第二の問題、即ち価値観・歴史観の問題と関わる。新仏教中心論は明治末から近代的国民国家の樹立への志向に対応して出てきたもので（第一章参照）、戦後にはそこに、民主化にともなう進歩派史観・民衆史観ともいうべきものが結びついてくる。そこでは、新仏教の合理的で明快な仏教観が高く評価され、また、権力からの弾圧に対してあくまで抗しぬいた新仏教の祖師たちの態度が、共感を呼ぶことになった。顕密体制論も、価値観の上からは異端派＝新仏教への共感を維持しているが、顕密仏教＝旧仏教が決して単純には侮りがたいことを示した点で、両義的な面を持っていた。顕密体制論の提示により、従来旧仏教として軽視されてきた南都北嶺の教学や密教に新たな光が当てられ、その研究が次第に注目されるようになってきた。また、顕密寺院の組織の研究や法会《ほうえ》・儀礼の研究などが急速に進むようになり、従来否定的にしか見られなかった神仏習合もまた、重要な思想潮流として注目を浴びるようになってきた。このように、顕密体制論の提示によって、その後の中世仏教研究は急速にその研究対象を広げることができるようになったのである。

新たな視座を求めて

しかし、それではそうした新しいさまざまな研究動向が全体としてどのような展望を開くかというと、必ずしも明確ではない。全体として、従来のような性急な近代主義的仏教観がそのままで通用しないことは明らかであり、むしろ近代に直接つながらない中世仏教の独自性を解明するという方向が主流を占めつつあるようである。もちろんきわめて多数残されている中世仏教の史料を解読し、そこから実態を解明してゆくことは歴史研究の基本であるが、しかし、ただ史料があるから、というだけであるならば、それはごく限られた専門家や好事家だけの、あえて言えば趣味的な研究の域を出ることができないであろう。

それは、服部之総・石母田正・家永三郎ら、錚々たる歴史思想家たちが情熱をこめて提示した戦後進歩派による新仏教中心史観の持つ問題提起に遠く及ばないことになろう。彼らの姿勢は、中世は中世のみで閉ざされた世界でなく、中世宗教の問題がそのまま現代につながる射程を持つことを示した。新仏教中心論の立場から見られた親鸞や道元や日蓮たちは、まさしく現代の問題に結びつく魅力を持った思想家であったが、近年の中世仏教研究はそれだけの魅力を示しえたであろうか。

確かに一九八〇年代以来の密教ブームは、合理主義的な近代主義に疲れた現代人に非合理の魅力を示したが、それは近代主義の裏返しに過ぎず、オウム真理教事件によって宗教そのものが懐疑の中に突き落とされた状況の中で、そのままでは批判に耐えうる理論構築をなしえていない。また、網野善彦らは近代にない独自の自由をもった中世の魅力を示したが、やはり近代への経路を示しえず、あえて言えば近代以前のユートピアとも見られかねない危険を伴っている。一方で、確かに中世は近代に失われた何物かを持つ点で、我々現代人にとって「他者」としての魅力を持つ。しかし、それだけではなく、もう一方では近代につながる流れを持つはずである。

この点で、顕密体制論に遅れて提示されながら、むしろ新仏教中心論に近い問題意識をもって、正面から価値観の問題を提示したものとして注目されるのが、批判仏教の運動であった〔末木、一九九八a〕。それまでの日本仏教研究が主として歴史学の領域で論じられてきたのに対して、仏教学の側から新たな視点を導入したという点でも、批判仏教の果たした役割はきわめて大きいものがある。顕密体制論が当時の歴史状況の中で正統と異端を切り分けたのに対して、批判仏教はインドの初期仏教以来の仏教史の流れの中で、「正しい仏教」とそうでないエセ仏教を判別しようとした。その主唱者である袴谷憲昭の論は、あまりに大まかであって、細部の批判に耐ええない弱さを持っているが、しかし、その本覚思想批判は、一見中世の遺物であるかに見える本覚思想が、じつは土着的な発想として現代にまで及ぶ日本の思想を規定する大きな要因となっていることを示した〔袴谷、一九八九〕。中世は「過ぎ去った過去」ではなく、われわれの無意識の中に深く蓄積され、「過ぎ去らない過去」として、我々自身の中に流れ込んでいるのである。中世が「他者」であるとしても、それは「我々自身の内なる他者」であり、記憶の彼方から我々を規定しているのである。

この問題は、その講義録が出版されたことにより、新たに再考を迫られている丸山眞男の思想史の問題とも関わる。丸山は、後に「古層」として論じるものを、六〇年代における講義では「原型」の名のもとに提示し、さまざまな思想が日本に流入しながら、常にそれが「原型」によって土着化してゆくものとして捉えた。新仏教は「原型」からの離脱を図る運動であったが、それも「屈折と妥協」により、原型に取り込まれてゆくというのである〔丸山、一九八四〕。

しかし、このような見方は、丸山がどのように注意しようとも「原型」の一種の固定化、実体化を招くものであり、古代から現代にいたるまで不変の、一種の本質論に陥る危険を強く持っている。「原型」なる実体がはじめからあるのではなく、「原型」自体が歴史の中で形成されてきたものではないのか。そうとすれば、中世こそは「原型」形成の時期として注目されなければならないのではないだろうか。このような立場から、中世思想の再検討が必要とされるのである。

鎌倉仏教の位置づけ

以上のような方法論的な問題を以下の論述で十分に扱うことはとてもできないし、またそのつもりもない。ただ、このような問題意識をもって中世仏教論を見ていくことが必要ではないか、という問題を提起したまでである。以下、本章では、顕密体制論や批判仏教の問題提起を受けて、思想史の立場から、さまざまな立場の間で交わされた論難や論争を手がかりに、鎌倉仏教の一端をうかがうことにしたい。

当時の仏教は、後の宗派に固定されないさまざまな立場が入り混じり、それぞれ模索を重ねていた。それらの模索は、一方では仏教を通しての普遍的な「真理」の探求であるとともに、他方ではいかにその「真理」を日本の現実に根付かせるかという土着化の探究でもあった。すなわち、それは一方で「原型＝古層」離脱の普遍の探求であるとともに、他方では同時に、普遍に解消しえない特殊な「場」における「原型＝古層」を次第に形成し、ロゴス化していく運動でもあった。この両義性の緊張関係こそ、鎌倉仏教のダイナミズムを形作るものと言える。

ところで、それでは鎌倉仏教が、他の時代に較べて、日本の仏教史の中で特別視される理由はあるのだろうか。確かに仏教が思想史・宗教史の主流を占めえた時代という意味では、特別の位置を与えられるかもしれない。しかし、鎌倉仏教だけが孤立してあるのではなく、思想史・宗教史の大きな流れの中にあるのであり、その全体の流れを見失うことは危険である。

とりあえずここで、平安仏教からの流れについて簡単に触れておくならば、何よりも平安期に日本仏教の理論的な基礎が築かれたという点に注意しなければならない〔末木、一九九五〕。平安初期には、一方で最澄が天台円教の理論を確立し、他方で空海が密教を理論づけた。特に最澄による一乗説の確立と大乗戒の採用は、後の日本の仏教の流れを規定する大きな基盤を提供することになった。その後の仏教の理論的な展開は、一方で密教化の頂点に立つ安然から、その後の本覚思想に流れる現実肯定的な思想の展開があり、他方でそれに対する抵抗として、浄土教に典型的に見られる二元的世界観が形成される。平安中期頃からは、それまでの貴族中心の仏教は、聖の進出によって次第に裾野を広げ、院政期には、鎌倉仏教の基礎となるさまざまな信仰形態が広く見られるようになった。鎌倉期には、このような流れを受けながら、実践をどのように基礎づけるかという点を中心に、いわば実践思想中心の思想史の展開となるのである。

二　実践と倫理

専修念仏の衝撃

鎌倉仏教の中で最も激しい論争を巻き起こしたのは、法然（一一三三―一二一二）の専修念仏であった。従来の仏教の常識では捉えられない新たな仏教――確かにその点で、法然教団の運動は新仏教と称してよいだけのものがある。すでに法然在世中に、その教団の活動はさまざまな批判を招き、一二〇五年（元久二）、貞慶（一一五五―一二一三）の筆になると言われる『興福寺奏状』が著わされ、ついには門下の死罪、法然自身の流罪を含む法難へと至る。法然滅後も、嘉禄の法難（一二二七）など法然教団への弾圧は続くが、注目されるのは明恵（一一七三―一二三二）の『摧邪輪《ざいじゃりん》』（一二一二）、日蓮（一二二二―一二八二）の『守護国家論』（一二五九）など、理論面でも厳しい批判が展開されたことである。なぜこれほどまでに厳しい批判が集中したのであろうか。

『興福寺奏状』は、九項目に分けて法然教団の過失を挙げる。

1　新宗を立つる失
2　新像を図《ず》する失
3　釈尊を軽んずる失
4　万善を妨ぐる失
5　霊神に背く失
6　浄土に暗き失
7　念仏を誤る失
8　釈衆《しゃくしゅ》を損ずる失
9　国土を乱す失

ここでまず注目されるのは、最初に「新宗を立つる失」が挙げられ、それがほとんど総論的な位置にあることである。即ち、法然教団が糾弾される理由は、新宗を立てたことに集約されるのである。この第一条の論難は、三点にまとめることができる。第一に、一宗を立てるためには、「義道の浅深を分ち、能く教門の権実《ごんじつ》を弁《わきま》へ、浅を引いて深に通じ、権を会《え》して実に帰す。大小前後、文理《もんり》繁しと雖も、其の一法に出でず、其の一門に超えず」ということが証明されなければならない。即ち、その教えが仏法を集約し、もっとも優れたものであることが論証されなければならない。第二に、「伝灯の大祖」であるか、そうでなければ相承がなければならない。その上で、第三に勅許を得なければならない。

このうち、第一点は理論的な教判に関するものであり、第三点は王法・仏法の問題に関わるものである。いずれも後に取り上げる。「宗」は言うまでもなく、南都六宗からはじまり、天台・真言が加わった八宗体制が長く続いてきた。南都六宗は教学中心で、天台・真言は行法を含むものであるが、これら八宗は確かに勅許に基づき、官僧を生み出す体制を築いてきた。それに対して、浄土宗は公的システムとしての僧侶産出機関ではなく、信仰に基づき、自由意志で参加する共同体であろうとするところが、まったく異なっている。

このような信仰に基づく集団は平安期に次第に形成されたもので、早い例として、平安中期に横川《よかわ》に二十《にじゅう》五三昧会《ござんまいえ》が結ばれたが、これはごく閉ざされた僧侶中心の集団であった。院政期には四天王寺に念仏宗が形成されたといわれ、次第に、「宗」を意識する集団が形成されてくる。達磨宗のような禅のグループが活動していたことも知られている。法然教団はそのような流れに立ちながら、きわめて大きな規模を誇るものであった。

当時、例えば東大寺復興をなしとげた重源のグループのような、大きな集金力と行動力を持ったグループの活動も見られるようになっていたが、法然の教団が強大化したひとつの理由は、法然が理論的な根拠をもっていたことにあろう。即ち、法然の教団は実践性と理論性の両方を兼ね備えた点で、従来にない魅力を持っていたのである。それ故、そこには既成の仏教に飽き足りない多数の優秀な聖たちが集まってきたのであり、それが、自然発生的に成立しまた解消してゆくほかのグループと相違して、法然教団が持続性を保ちうることになった理由のひとつと考えられるのである。その意味で、法然教団の成立は確かに新仏教と称してよいだけの内実を伴っている。その新しさが爆発的な教団の膨張と、それに対する既成各派の強い危機感・

反発を招くことになったのである。

その際、注意すべきは、このように新しい「宗」を自覚した教団が成立したにもかかわらず、必ずしもそれは閉じた集団ではなかったという点である。確かに法然は、主著『選択本願念仏集』の書写の許可という形で、少数の弟子を選別していたが、しかしその周辺に集まる僧俗に関しては、教団の構成員であるか否かはかなり曖昧であったと思われる。即ち、帰属意識がはっきりしないシンパ的な層がかなり重要な役割を果たし、それ故に教団自体が大きな流動性を持っていた。それがダイナミックな活動を可能にしたのである。

道元の教団のように、小さな閉鎖的な組織を作っていた場合がないわけではないが、基本的に、宗派が相互に信者を囲い込んで対抗するという構造は、かなり後になって一般化するものであり、鎌倉期には必ずしも当てはまらない。しばしば諸行並修など不純なことのように言われるが、むしろ宗派に縛られずに自由にさまざまな模索がなされたという面もあるのであり、単純な批判は的外れとなろう。

念仏批判の論点

ところで、『興福寺奏状』に戻って、専修念仏の何がそれほど大きな批判を浴びたのか、もう一度見てみよう。それは四つに分けることができよう。第一に、戒律無視の行業《ぎょうごう》が挙げられる（第八条）。即ち、「囲碁《いご》双六は専修に乖《そむ》かず。女犯肉食は往生を妨げず。末世の持戒は市中の虎なり。恐るべし、悪《にく》むべし。もし人、罪を怖れ悪を憚らば、是れ仏を憑《たの》まざるの人なり」と主張し、「破戒を宗とし、道俗の心に叶ふ」状態であったという。このように、どんな悪もなし放題という考え方を造悪無碍《ぞうあくむげ》という。これは倫理無視の立場である。鎌倉期には、このような破戒・無戒が常識化するが、その一方で戒律復興も積極的に主張されるようになる。当然、『奏状』もその立場に立つ。

第二に、行の問題がある。専修念仏が問題になるのは、念仏そのもののせいではない。念仏以外の行業を否定し、余行者《よぎょう》を誹謗することが大きな理由となる。即ち、摂取不捨曼荼羅を描いて、弥陀の光明は余行者を照らさないと主張し（第二条）、釈迦等の余仏を軽んじ（第三条）、「法華経を読む者は地獄に堕つ」と主張する（第四条）などの偏執的な態度が、しばしば問題にされるのである。また、第六、七条ではその浄土観・念仏観が問われる。逆に言えば、そのように多様な修行がなされていたのが、鎌倉期の仏教の実態であった。

第三に、理論的な問題がある。鎌倉期は決して教理の問題がなくなったわけではなく、「論義」（経論の要義に関する問答）などを通して、さまざまな問題が論じられた。また、論争を通してさまざまな立場の優劣を論じ、また、新たな教判論が形成された。これも鎌倉期の仏教の特徴とすべきところである。第一条の「義道の浅深を分ち、能く教門の権実を弁へ、浅を引いて深に通じ、権を会して実に帰す」というのは、まさにこのような理論の要請に他ならない。

第四に、すでに見たように、そこには勅許を求め、また「仏法と王道」の共存を求める（第九条）など、正面から政治と宗教の関係が問われた。さらに、第五条では、念仏者の神祇不拝が取り上げられ、固有信仰と神祇の関係が問題にされている。これらも鎌倉期におけるもっとも大きな問題であり、政治絡みになるだけに、激しい議論が戦わされることになる。

以上の四点は専修念仏が問題とされるとき、常に取り上げられる問題であるとともに、専修念仏だけでなく、さまざまな形で鎌倉仏教を通して問題とされた。それだけでなく、仏教という宗教、あるいは宗教一般にとっての本質的な問題と関わっている。以下、これらの問題点を取り上げながら、鎌倉仏教の特徴を考えてみたい。

悪と戒――倫理をめぐって

専修念仏の一派が造悪無礙の主張をしていたことは、『興福寺奏状』の第八条に見えるが、そのことは他の史料にも見え、必ずしも誇張とはいえない。『愚管抄』によると、法然の弟子の安楽らが「コノ行者ニ成ヌレバ、女犯ヲコノムモ魚鳥ヲ食モ、阿弥陀仏ハスコシモトガメ玉ハズ」と主張して、院の女房が彼らを「夜ルサヘトヾメナドスル事出デキタリ」という事態に至り、一二〇六年（建永元）から〇七年にかけての法難を招くことになったという。

法然自身、このような事態を受けて、『興福寺奏状』が出される前年、一二〇四年（元久元）に『七箇条制誡』を制し、門下の過激な言動を誡めている。その第四条には、「念仏門に於て戒行なしと号し、専ら婬酒食肉を勧め、適《たまたま》律儀を守る者を雑行の人と名づけ、弥陀の本願を憑《たの》む者は造悪《ぞうあく》を恐るることなかれと説くを停止《ちょうじ》すべきの事」として、造悪無礙を誡めている。

同様の問題は、親鸞門下においても生じている。親鸞（一一七三―一二六二）は関東の門人に宛てた消息の中で、「不可思議の放逸無慚のものどものなかに、悪はおもふさまにふるまふべしとおほせられさふろふなるこそ、かへすがへすあるべくもさぶらはず」（『末灯抄』）などと、繰り返し造悪無礙的な言動を誡めている。

もっとも、門下にこうした言動が出ることは、必ずしも法然や親鸞の思想自体と無縁とは言えない。浄土教における悪についての教説は、もともと『無量寿経』に説く阿弥陀仏の第十八願に「唯だ五逆と正法を誹謗するとを（救済から）除く」とあり、他方で『観無量寿経』では悪人の往生を説くところから問題にされ、唐の善導は第十八願の除外規定は「抑止《おくし》」のためであると説いた。即ち、悪を犯しても阿弥陀仏は救ってくれるのだが、悪を犯さないようにとの配慮からのものであり、もし犯してしまっても阿弥陀仏は救ってくれる、というのである。法然はこの善導説を採用し、第十八願を引用する際に、除外規定を省いている。それ故、法然の浄土教の思想体系からは、悪を禁止する原則が出てこない。それはあくまで世俗との妥協に過ぎない。したがって、造悪無礙を完全に否定し去る根拠が欠けている。

親鸞においては、そもそも親鸞本人が結婚し、子供を儲けているのであるから、すでに破戒を犯している。「煩悩にくるはされて、おもはざるほかにすまじきことをもふるまひ、いふまじきことをもいひ、おもふまじきことをもおもふ」（『末灯抄』）のは、どうしようもないことで、そのような凡夫のために弥陀の救いがあるのである。そのような煩悩のためにどうしようもなく悪を犯す凡夫と、「わざとすまじきことをも」する人とを、親鸞ははっきり分けて、後者を批判しようとするが、それほどうまくいくとは思われない。

その点、もっともはっきり造悪無礙を肯定しているのは『歎異抄』である。『歎異抄』第十三章では、「弥陀の本願不思議におはしませばとて悪をおそれざるは、また、本願ぼこりとて往生かなふべからずといふこと」という説が批判され、「この条、本願をうたがふ、善・悪の宿業をこゝろえざるなり」と、造悪無礙・本願ぼこりが認められている。「よきこゝろおこるも宿善のもよほすゆへなり。悪事のおもはれ、せらるゝも、悪業のはからふゆへなり」という宿業説の立場から、「卯毛《うのけ》・羊毛《ひつじのけ》のさきにいるちりばかりもつくるつみの、宿業にあらずといふことなしとしるべし」という、宿業決定論とも言うべき主張に至る。これは親鸞の思想とは大きく隔たったもので、唯円《ゆいえん》によって発展させられたものと見るべきであるが〔末木、一九九八b、第四章〕、親鸞において曖昧であった悪に対する態度が、首尾一貫した形で造悪無礙の肯定にまでいったという点で、ひとつの極点をなすものといえよう。

念仏者以外の戒律無視

『歎異抄』ほどはっきりと造悪無礙を主張するものは他に見えないが、専修念仏にはずっと造悪無礙の非難がつきまとう。『天狗草紙』には、「男女根を隠す事なく、食物を摑み食い、不当を好む」という「一向衆」の集団が非難されている。『野守鏡《のもりのかがみ》』にも、「専修のあやまり」に「悪をつくるともくるしかるべからずとて、罪をおそれつゝしまざる事」を挙げるなど、念仏教団の戒律無視・造悪無礙の態度が、後々まで非難の対象になっていたことが知られる。

もっとも戒律無視は念仏教団だけでなく、当時の仏教に広く見られた現象であり、無住（一二二六―一三一二）の『沙石集』には、「末代ニハ、妻モタヌ上人、年ヲ逐《おっ》テ希ニコソ聞《きこえ》シ。後白川ノ法皇ハ、カクスハ上人、セヌハ仏ト仰ラレケルトカヤ」（日本古典文学大系本、拾遺二九）という有名な言葉があり、妻子を持った聖の話が並べられている。『末法灯明記』の成立に関しては、最澄真撰を認める説もあって確定していないが、破戒の僧の横行を弁護するその内容は、院政期頃の仏教界の情勢を反映するものと考えるほうがふさわしい。

禅の新しい集団にも戒律無視は著しい現象として見られた。栄西（一一四一―一二一五）の『興禅護国論』

（一一九八）で達磨宗が非難されるのも、「事戒を用ひず、事行を用ひず、只だ応に偃臥《えんが》を用ふべし」という戒律無視の態度であった。『野守鏡』にも、「得法《とくほう》の人意楽《いぎょう》の門におもむきて酒肉五辛《ごしん》等を食せし事を例にひきて、いまだいたらざるともがら是をはゞからず」と言われているように、なま悟りを振り回し、戒律を無視する禅者がいたことが知られる。また、『天狗草紙』に、「髪を剃らずして、烏帽子を着、坐禅の床を忘れて、南北の巷に佐々良（＝簓）摺り、工夫の窓を出でゝ、東西の路に狂言す」と言われる「放下《ほうげ》の禅師」もよく知られている。

このように、戒律無視はいわゆる新仏教系統に典型的なことのように見られがちであるが、実は必ずしもそうではない。顕密寺院もまた、持戒者を見出すのが難しい状態となっており、だからこそ叡尊《えいぞん》（一二〇一―一二九〇）らが戒律運動を起こしたとき、師から受戒せずに自ら戒律を守ることを誓う自誓受戒という形式で出発しなければならなかったのである。愛欲・破戒の僧は魔道に堕ちると言われ、「真言教ヲ学スル輩、多魔道ニ堕ツ」（『興正菩薩御教誡聴聞集』）というのが実情であった。

性の宗教、立川流

こうした破戒を認める理論として、本覚思想が注目されるが、それについては次節で触れることにして、ここでは性愛そのものを行法の中に組み込んでしまった立川流を取り上げておきたい。立川流は、醍醐寺の僧仁寛《にんかん》が、一一一三年（永久元）伊豆に流され、翌年自殺したが、その間に伊豆で広めたものと言われている。実際にそのままは信じがたいが（彌永、二〇〇四）、院政期頃から密教の中に性的な要素が重要な位置を占めるようになってきたことは誤りない。院政期にはさまざまな現世的欲望を満たすための修法が発達し、如法愛染王法のように、王権と結びついて、性的な豊饒から皇子の誕生を祈る儀礼もできてくる〔阿部、一九八九〕。『慈鎮和尚夢想記』に見るように、男女の性的な結合は王権の永続という問題と深く関係している。他方、民間においても性的な要素が密教の中に入り込んでくる。栄西は背振山《せぶりやま》の琳海という沙門に対して説いた教えを、『隠語集』に記しているが、それは男女の結合をもって金胎理智冥合を説くものであった。

こうした流れの中に、後に立川流と称される性的密教が形成される。実際にそれがいつごろ形成されたものかはっきりしないが、一二六八年（文永五）までに成立していた心定《しんじょう》の立川流批判書『受法用心集』では、はっきりと「立川の一流」と言われている。それによれば、立川流の人たちは「内の三部経」などの経典を偽作し、「女犯は真言一宗の肝心、即身成仏の至極なり。……肉食は諸仏菩薩の内証、利生方便の玄底なり」と説いていたという。当時の真言は、「本寺の正流の人々の事は都《すべ》て是をいはず、辺土田舎においては真言師と聞ゆる輩の中に十人が九人は皆是れを密教の肝心と信じあへり」というありさまであった。

同書はさらに、髑髏本尊についても述べる。髑髏を取ってくるのに智者・行者・国王など十種の不同があり、それを本尊として建立するのに大頭・小頭・月輪頭《がちりん》の三種の不同がある。例えば、「大頭とは本髑髏をはたらかさずしておとがいをつくり、舌をつくり、歯をつけて、骨の上にムキ漆にてこくそをかいて、生身の肉の様によく見にくき所をなくしたためつくり定むべし。其の上をよき漆にて能々《よくよく》ぬりて箱の中に納めおきて、かたらいおける好相の女人と交会して其の和合水を此の髑髏にぬる事百二十度ぬりかさぬべし」というのである。実際にここまでなされていたのかどうかは不明であるが、髑髏に和合水を塗り重ねることによって、性（＝生）と死を二つながら支配しようという、その根底の欲求を知ることができよう。

すでに本書で「立川の一流」は「邪法」といわれている。以後、今日に至るまで、立川流といえば、必ず邪法・邪教というまがまがしいレッテルとともに語られることになる。確かにこのような行法は「一向外法《げほう》にして全く内法にはあらず」と言われるものであろう。しかし、そこまで極端化しない形では、性的な要素はしばしば密教の中に入り込み、仏教の土着化への大きな力となる。それは、民衆レベルとともに、王権と関わるものであり、立川流と密接な関係を持つダキニ法は、まさに即位灌頂など、王権の力を生み出すもととなるのである。

戒律復興

ところで、このような破戒や邪法の横行に対する危機感から、他方で鎌倉期は戒律復興の時代でもあった。戒律復興の運動は、院政期の実範《じっぱん》（—一一四四）にさかのぼるが、栄西・貞慶ら鎌倉期の仏教興隆の担い手は、まず戒律復興から手をつけたのである。栄西と言えば、禅の伝来者として知られるが、実際に『興禅護国論』を読むならば、「禅は戒を以て先とす」という立場から、その大部分が禅ではなく、戒の興隆に宛てられていることが知られよう。栄西・貞慶に限らない。破戒の親玉のように言われる法然も、自身は持戒堅固で知られ、貴族の間では授戒師として活動していた。叡山の黒谷の円頓戒の戒脈は法然を通して伝えられるのであり、法然は戒律思想史を語る上にも欠くことのできない存在である。また、俊芿《しゅんじょう》（一一六六—一二二七）が宋代の新しい戒律思想を伝えたことは、鎌倉仏教の進展上、大きな刺激となった。道元もまた、宋代の禅林の規範を導入し、厳しい叢林生活の理想を生かそうとした。

こうした運動の流れを受けて、鎌倉後期の律宗の広範な展開の基礎を築いたのが叡尊らであった。叡尊・覚盛《かくじょう》ら四人の僧は、一二三六年（嘉禎二）九月、東大寺羂索院において自誓受戒により菩薩比丘となった。

自誓受戒というのは、三師七証の戒師がいないときに行なうもので、自ら持戒を誓うことによって授戒〈受戒〉が成立するとみなすのであるが、それには好相を感得するなどの条件が満たされなければならない。そのときの受戒は通受であると言われる。通受というのは、もともとは、出家者も在家者もともに同じ菩薩戒を受けること〈七衆《しちしゅ》通受〉であったが、このときの自誓受戒の理論的な中心をなした覚盛〈一一九四―一二四九〉は、それとは異なる解釈を行なった。即ち、菩薩の三聚浄戒《さんじゅじょうかい》〈摂律儀戒《しょうりつぎかい》・摂善法戒《しょうぜんぼうかい》・摂衆生戒《しょうしゅじょうかい》〉を同時に受戒することにより、菩薩であると同時に、比丘である資格を獲得することができるとするものである〔蓑輪、一九九九〕。それにより、従来その性質が曖昧であった南都の戒が、叡山の戒と同様の菩薩戒であることが明確にされることになった。こうして南都の律宗は従来の束縛を離れて、自由な活動を展開する基礎が形作られた。

ここで注意すべきは、彼らは既にそれ以前に官僧としての授戒は受けていることである。それにもかかわらず新たに自誓受戒を行なったということは、従来の形式的な戒を離れて、新たに官僧身分の束縛を離れた遁世僧として生きようという表明でもあったということである〔松尾、一九九五〕。そもそも戒律は出家者としての共同生活上の規則であり、それを厳密に守ることは、世俗を超えた悟りを求める修行者の集団を形成することになるはずである。ところが、鎌倉期の律宗の活動の特徴は、むしろ積極的に社会の中に入っていき、非人の救済や死者供養など、民衆の救済活動の第一線に立ったことにあり、その点で、特に叡尊とその弟子の忍性《にんしょう》〈一二一七―一三〇三〉の活動は目覚ましいものがあった。それを可能にしたのは、思想的には先に触れた菩薩としての自覚によるものであり、教団的に言えば、官僧身分を離れることにより、その制約を免れ、従来の聖の活動を継承しつつ、組織化していくことができたことによると考えられる。

忍性は鎌倉に下って、極楽寺を中心に活動し、それによって律宗は関東にも広まることとなった。しかし、そのような律宗の隆盛は意外に短く、やがて他の新仏教諸宗に取って代わられる。その理由はいまだ十分に解明されていないが、律宗においては釈迦信仰・聖徳太子信仰などを取り入れながらも、独自の信仰形態を強力に推し進めることができなかったことが、ひとつの理由ではなかったかと思われる。

三　修行と教学

口称念仏の広まり

法然教団が糾弾されたもっとも大きな理由は、仏教という枠の中で言えば、口称念仏《くしょうねんぶつ》という行への偏執であり、そこから生ずる他宗・他行への誹謗であった。そもそも伝統的な仏教の理論の枠で考える限り、称《しょう》名《みょう》念仏は高い評価を与えられるものではなかった。『興福寺奏状』の言葉を使えば、「口に名号を唱ふるは、観にあらず、定《じょう》にあらず、是れ念仏の中の麁《そ》なり浅《せん》なり」ということであり、これが一般の仏教界の常識であった。称名念仏という低次元の行に執着し、それを唯一の正しい行と心得、より上位の行をも含め、余行を否定したところが、専修念仏の誤りと考えられたのである。

これは日本の仏教を考える上で大きな問題である。新仏教の特徴としては、しばしば一向専修ということが挙げられる。確かに法然の口称念仏、道元（一二〇〇—一二五三）の只管打坐《しかんたざ》、日蓮の唱題は、いずれも専修的な傾向をもつものである。しかし、道元が宋代の禅を受け、日蓮が伝統的な天台教学を基盤としているのに対して、法然の口称念仏は仏教理論的にははるかに根拠の弱いものである。法然は善導の『観無量寿経疏』に根拠を求めるが、善導でも他の著作を見れば、口称念仏だけを説いているわけではない。また、善導は確かに唐代に一時的に爆発的な人気を得たが、後には主著の『観無量寿経疏』さえ一部分を残して散逸したように、浄土教史の異端である。中国の浄土教は、観念を重視し、また禅浄一致的な方向を中心として展開する。明治以後、日本の浄土教が中国で批判されたのもまさにその故である。また今日、チベット系の仏教の立場から、親鸞などが修行を忘れたものとして批判を浴びるのも、それが仏教としてかなり異端的な立場に立つからに他ならない（末木、一九九六）。

『興福寺奏状』だけでなく、その後の明恵や日蓮の批判も、法然による正統仏教の否定というところに向けられている。明恵の『摧邪輪』（一二一二）は、法然が没した後、はじめて『選択本願念仏集』が出版されたとき、それを読んだ明恵が怒りに駆られて書いたものである。そこでは、『選択集』の説が、菩提心を撥《はっ》去《きょ》する（除き去る）過失、聖道門を以て群賊に譬える過失の二点から批判されている。特に菩提心を撥去する過失が大部分を占めている。菩提心は悟りを求める心であり、大乗仏教の修行の根本におくべきものと考えられている。ところが、法然は『選択集』で、菩提心がなくても念仏すれば往生できると説いている。それは大乗仏教の根幹を揺るがすものだというのである。日蓮の批判は『立正安国論』（一二六〇）が有名であるが、理論的には『守護国家論』がまとまっている。その中で言われていることは、法然が正統的な仏教を無視していること、特に『法華経』を軽視していることである。

こうした批判にもかかわらず、法然教団の専修念仏は爆発的な広まりを見せる。それは何よりも、その主張の単純明快さと実践の容易さによるものであっただろう。それだけに既成の仏教界に与えた衝撃は大きく、単なる批判だけでは済まされなくなる。法然を批判した明恵は、それに対抗して三時《さんじ》三宝礼《さんぼうらい》から仏光観に至る行法を工夫する。また、日蓮の唱題に法然の念仏の影響があったことも明らかである。法然の影響は密教にも及び、静遍《じょうへん》（一一六六―一二二四）のように、高野山系の密教の立場に立ちつつも、法然の説を受け入れるものも現われた。真言宗には覚鑁以来の密厳《みつごん》浄土思想があり、鎌倉期には道範の秘密念仏思想に継承される。また、叡山でも源信に由来しつつ院政期に発展した浄土教の流れがある。法然自身その流れを受けているわけだが、そのような浄土教の広まりが、法然の影響で加速する。法然はその点で、仏教の日本的変質と土着化を大きく推進する力となったのである。

また、念仏による阿弥陀仏信仰の普及は、他方でそれに対抗する弥勒信仰や釈迦信仰にも、新たな高まりを呼び起こすことになった。特に釈迦信仰は、『悲華経《ひけきょう》』を根拠に、穢土《えど》で衆生を救済する釈迦を、遠い浄土にいる弥陀以上の親しい救済者と見ることにより、身近な救済への関心を高めた。そこから、本地垂迹説で釈迦が重要な役割を果たすようになり、また舎利信仰の展開も見られるようになるのである。

禅の諸相

浄土教とともに普及した新しい行の形態として禅がある。鎌倉期の禅というと、従来道元だけが突出しているように見られてきたが、むしろ当時、道元教団の勢力は小さなものであり、それが拡大するのは、密教的な要素を取り込んだ鎌倉後期の瑩山紹瑾《けいざんじょうきん》（一二六八―一三二五）による。臨済系の禅を見ると、そもそも『興禅護国論』によって禅宗を起こしたとされる栄西は、もともと台密葉上《ようじょう》流の祖とされるように、密教僧としての性格を強く持っていた。初期の禅宗として注目を浴びている達磨宗は、「行無く修無し、本より煩悩無く、元よりこれ菩提なり」と主張したといわれ（『興禅護国論』）、本覚思想との関連が密接である。さらに、鎌倉期にもっとも影響力の大きかった東福寺の円爾（一二〇二―一二八〇）の聖一《しょういち》派もまた、禅密一致的な動向が強かった。

今日、あまりに道元のみが高く評価され、また、臨済系でも、いわゆる応灯関《おうとうかん》（大応国師南浦《なんぽ》紹明《じょうみょう》―大灯国師宗峰《しゅうほう》妙超《みょうちょう》―関山《かんざん》慧玄《えげん》）の系譜の純粋禅によって後の主流が占められるようになったため、鎌倉期の兼修禅への評価が低い。しかし、鎌倉期の兼修禅はけっして不純で過渡期的なものと切り捨てることのできないものを持っている。禅が民衆的なものとして定着するのはこれらの兼修禅を通してである。

そればかりではない。円爾の聖一派を承けながら、積極的に諸行の並修を推し進めた無住は、「当時宋朝に真言教のまことしき無し。禅門の人学し習わず。『宗鏡録《すぎょうろく》』に諸宗の法門あれども密宗の事、委細に見えず」（『聖財集』下）と述べて、密教との並修に中国と違う日本禅の課題を見出している。即ち、鎌倉期の兼修禅を、本当の禅を理解していなかったからという消極的な理由に求めるのは誤りであり、むしろかなり自覚的に日本の状況下における禅のあり方を模索する中から生まれているのである。ちなみに、『聖財集』のこの箇所にも永明延寿《えいめいえんじゅ》の『宗鏡録』が引かれているが、この時代の禅が、主として圭峰宗密《けいほうしゅうみつ》から永明延寿に至る教禅一致の流れを採用していることも注目される。

本覚思想の修行不要論

専修念仏に反対する立場が、基本的に修行の必要性を強調するのに対し、それと正反対に修行無用論へと向かう傾向を帯びていたのが本覚思想である。先に触れたように、達磨宗には本覚思想と関係しそうな文言が見られた。法然の専修念仏は一見、本覚思想と無関係のように見られるが、しかし、易行化の徹底や戒律不要という点では近似したものがある。もっとも本覚思想と一口に言っても、今日かなり幅を持って使われており、どの範囲まで本覚思想の範疇に入れるかは難しいところがある。狭義には天台において展開した天台本覚思想と呼ばれる流れを指すが、広義には当時の類似した傾向を総称したり、また中世に限らず、「本覚」をキーワードとして展開する思想を広く言うこともある。

　天台本覚思想は、恵心流・檀那流の口伝法門の形で形成され、文献化したものでも古いものは最澄・源信などに仮託されているため、成立の時期や事情については分からないことが多い。大まかに言えば、院政期にその初期的な形態が形成され、その後中世を通して展開されたと考えられる。その主要な思想内容としては、一方に上記のような修行不要論的なあるがまま主義があり、もう一方には、「本覚」をキーワードに、衆生の中に汚れることのない清浄な心の永遠の実在を認める、一種の霊魂実在論に近い考え方がある。

　前者の思想を説く代表的な文献のひとつである『三十四箇《さんじゅうしか》事書《ことがき》』には、「常住の十界全く改むるなく、草木も常住なり、衆生も常住なり、五陰《ごおん》も常住なり」などと述べられ、衆生は衆生のままでよく、草木は草木のままでよい、というあるがままの自然状態の大胆な肯定が表明されている。したがって、そこでは修行して悟りへと進むことは不必要なこととされる。同書では、理即成仏が言われ、何の修行もしない凡夫の状態（理即）のままで、成仏していると主張する。しかし、このような修行不要論が徹底すると、そもそも仏教の体系そのものが不必要になってしまう。そこに何らかの歯止めが必要となり、同書の中に、理即成仏と同時に名字即成仏（仏の教えを聞いた段階で成仏する）が唱えられるようになる〔末木、一九九三〕。

　しかし、考えてみると、同じような問題は他の立場にもみられるところである。密教でもこの世界は曼荼羅の世界であり、悟りが実現しているはずであり、禅でも本来成仏を主張する。念仏でも、一念往生が主張されるようになると、一念によって往生が定まり、後の念仏は不要になってしまう。にもかかわらず、そこに実践が要請されるという矛盾した構造を内包しているのである。それがもっとも端的な形であらわれ、修行不要の面が表に出されて主張され、その矛盾が露出したのが本覚思想であったということができる。

本覚思想に対しては、早くも院政期に証真《しょうしん》の批判が見られる。証真は、天台三大部に対して『三大部私記』を著わした、この時代の文献実証主義のすぐれた学者であったが、その立場から、本覚思想的な発想が文献的な根拠を持たないことに批判の矢を向けた。続いて、道元の『弁道話』における批判が有名である。ここで道元は、心常相滅説《しんじょうそうめつ》という、身体的な現象は生滅しても、心の本体は永遠であるという説を批判しているが、この批判対象が叡山の本覚思想であろうと考えられている。もっとも最近は、それが直接本覚思想に向けられたものではないという見方もあり〔何《か》、二〇〇〇〕、検討を要する。

この他にも、本覚思想そのものではなくとも、それに近い発想に対する批判はさまざまな形で見られる。初期の明恵が華厳における類似の傾向を批判していたことはすでに触れたが、立川流を批判した心定の『受法用心集』には、「然而《しかれども》仏御自心に備へたる阿鼻地獄なればとて誰人《たれびと》か地獄に堕せんとこのみ、何の教にか地獄の罪報をすすむるや」と、地獄がそのまま仏だからといって、地獄に堕ちることを喜んでいいはずがないと批判している。また、諸行の兼修を積極的に主張した無住は、諸行の立場がそれぞれ誹謗しあうことを誡めると同時に、『聖財集』ではしばしば「始覚」の立場を主張して、「本覚」を強調する動向に反対している。

このように、ひとまず本覚思想とそれに反対する立場が分けられるように見えるが、じつは両者の区別はそれほど明瞭ではない。そもそも修行の階梯のはっきりしている上座部やチベット系の仏教と違って、東アジアの仏教では必ずしも修行の階梯がはっきりしない。とりわけ戒律がルーズになった日本では、僧俗の区別さえ曖昧になりやすい。親鸞における非僧非俗の両義的な曖昧さは、その典型と考えられる。親鸞のように、信のみによって救済されるというとき、その信とは何であろうか。外形に表われないだけにその判断は難しい。何らかの形で形骸化するか、または基準を失ってルーズになってしまう危険を常にはらんでいる。

諸宗の学問

鎌倉期は確かに実践仏教の発展した時代ではあったが、それだけでなく、教学の進展も著しかった。特に南都系の学問仏教は大きく発展した。三論宗では、東南院を三論と密教の併学の場として創建した聖宝以後、東大寺を中心にその研究が盛んになり、院政期には永観《えいかん》・珍海らが現われた。特に珍海（一〇九一―一一五二）は多数の著作を著わし、三論復興の立役者となった。鎌倉期に入っても聖守《しょうしゅ》（一二一五―一二九一）らの活躍が見られた。

法相宗は興福寺を中心にもっとも研究が盛んであり、貞慶・良遍らすぐれた学僧が現われた。貞慶の学説は弟子によって、『唯識論同学鈔』四十八巻としてまとめられた。貞慶は一方できわめて強い実践意識を持ち、戒律復興にも力を尽くし、南都仏教復興の中心となった。他方で、法然の新しい運動には厳しい批判を投げかけ、『興福寺奏状』の執筆者であるといわれる。貞慶を継承して鎌倉期の法相教学を大成したのは良遍（一一九四―一二五二）である。良遍は『観心覚夢鈔』『法相二巻抄』などの比較的短編の唯識教理書を著わし、その普及に大きな力があった。戒律復興を志した叡尊らも、教学的には法相を中心に勉強している。

華厳は東大寺を中心に教学の進展が見られ、宗性《そうしょう》・円照・凝然らの大学者を輩出した。凝然（一二四〇―一三二一）は大部の著作を多数著わすとともに、八宗兼学の精神に基づいて仏教教学の総合を企て、『八宗綱要』『三国仏法伝通縁起』のような優れた綱要書を著わした。高山寺を開いた明恵は、東大寺系の華厳とは異なり、実践を主とする独自のものであった。

天台・真言においても新たな研究が進められた。真言は院政期に実範によって新しい方向への模索が始まり、覚鑁（一〇九五―一一四三）が浄土教を採り入れて『五輪九字明秘密釈』などの著作を著わして、画期をつくり、後に新義真言宗の祖とされた。また、守覚（一一五〇―一二〇二）による事相儀礼の集大成も注目される。鎌倉期に入ると、道範（一一七八―一二五二）が多数の著作を著わして教学を刷新し、さらに頼瑜（一二二六―一三〇四）は覚鑁を承けて、後の新義真言の教学の基礎を確立した。天台では、院政期に証真が実証的な教学を大成し、また、鎌倉初期の過渡期に天台座主となった慈円（一一五五―一二二五）、同じころ唱導で活躍した安居院《あぐい》の澄憲《ちょうけん》・聖覚《せいかく》親子なども注目される。その後、台密事相の集大成である承澄作といわれる『阿娑縛抄《あさばしょう》』、記家《きけ》の集大成である光宗《こうしゅう》の『渓嵐拾葉集《けいらんじゅうようしゅう》』などの大著が著わされた。本覚思想が文献化されることも鎌倉期に盛んになる。

さらに、浄土宗でも法然門下の証空（西山義）・隆寛《りゅうかん》（多念義）・幸西《こうさい》（一念義）・弁長（鎮西義）・親鸞らは、いずれも優れた学僧である。後に勢力を拡大する鎮西義では、良忠が多数の注釈書を著わし、教学を大成した。禅系統は、学問的に大成するのはやや遅れ、『元亨釈書』によって仏教史を確立した虎関師錬《こかんしれん》（一二七八―一三四六）あたりから、やがて室町期の五山の学問につながることになる。

このように、鎌倉期は教学の進展も著しく、後の仏教学の基礎を作った時代ということができる。近年の研究では、このような教学の発展の場として「論義」が注目されている〔智山勧学会、二〇〇〇〕〔永村、二〇〇〇〕。論義はもともと、問答議論によって教学を深めるためのものであったが、平安期には、僧侶の昇進のための試験である竪義《りゅうぎ》も盛んになった。鎌倉期にも、さまざまな法会における論義は学侶の実力を発揮する場として、それを目標に教学の研鑽がなされた。その内容は、しばしば枝葉末節にわたって、必ずしも分かりやすいものではなく、また、現実社会から遊離した知的遊戯に堕している面がないわけではない。しかし、その中にも時代を反映した新しい動向は着実に形成されていった。

例えば、隆盛を誇った法相学は、もともとは五姓各別論に立ち、衆生の素質に五種類を分けて、最低の衆生はまったく救済の可能性がないものと考える。そこで、平安初期には法相宗の徳一《とくいつ》は、一乗思想、悉有仏性説に立つ最澄と激しい論争を繰り広げた。ところが、鎌倉期になると、その法相学も一乗思想へと強く傾くようになる。特にその中でも、大悲《だいひ》闡提《せんだいぼ》菩薩《さつ》の解釈が大きな問題となった。大悲闡提菩薩というのは、衆生救済のために永遠に成仏しない菩薩のことである。そのような菩薩は仏となる素質を欠いているのかどうか、というのが、中世の法相宗の論義の大きな課題となった。それにはいくつかの解釈が示されたが、何らかの形でそのような菩薩も成仏すると見る方向が中心となった〔楠、二〇〇〇〕。

二者択一的教判論

こうした教学の進展を背景として、法然が新しい浄土宗を確立しようというときにも、そこにはまず説得力のある理論が要求された。それ故、『興福寺奏状』の第一条には、「義道の浅深を分ち、能く教門の権実を弁へ、浅を引いて深に通じ、権を会して実に帰す」という教判論の確立が、一宗の独立の第一条件とされたのである。教判論というのは、中国においてさまざまな仏典が西方から雑然と流入してきたときに、それらを整理するために、教説の優劣の価値判断を下し体系化したものである。その典型は、智顗《ちぎ》に発し、唐代の天台において確立した五時八教説である。

日本においては、空海が真言宗を確立したときに『秘密曼荼羅十住心論』で提示した十住心の体系が有名である。これは、人間の精神の発展段階として異生羝羊心《いしょうていようしん》から秘密荘厳心にいたる十段階を立てるもので、特にその第四段階以後は仏教の諸宗派を段階づけているのが特徴である。即ち、声聞乗・縁覚乗（以上、小乗）・法相宗・三論宗・天台宗・華厳宗・真言宗の順に並べられており、それはそのまま空海が諸宗に対して示した価値の優劣関係であった。その後、安然《あんねん》は四一教判（一仏・一時・一処・一教）を立て、密教による全仏教の統合を図った。

このように、自宗こそがもっとも理論的に優れていることを示すのが教判論であり、法然の主著である『選択本願念仏集』は、まさにこの要求に対応して書かれたものである。全十六章中の第一章では、道綽《どうしゃく》によりながら、仏教を大きく聖道《しょうどう》門と浄土門に分けて、聖道門を捨て浄土門に入り、第二章では浄土門の中でも、正行と雑行を分け、さらに正行の中に正定業と助業を分け、最終的には正定業である称名念仏一行に絞ってゆくというものである。従来の教判が、諸教の間の価値判断をなしつつも、低次のものにもそれなりの価値を認め、それを序列化していくというものだったのに対して、法然の教判は、二項対立を基礎として、その一方を選択して他方を廃棄するという取捨選択に立つという点で、まったく新しいタイプのものであった。それが後に日蓮によって「捨《しゃ》・閉《へい》・閣《かく》・抛《ほう》」と呼ばれて、厳しい批判を浴びることになるのである。その日蓮もまた、『法華経』絶対主義をとり、二者択一的に厳しく他を排撃することになる。

このように二項を対立させて一方を選ぶという発想は、法然が最初ではない。最澄は大乗戒採用に当たって、従来の大小乗共通の具足戒に対して、大小乗を峻別し、純粋大乗の戒として梵網戒を採用した。このように二者択一的選択は、いわば日本天台の伝統とも言える。天台本覚思想文献における四重興廃も、爾前《にぜん》(『法華経』以前)・迹門(『法華経』の前半)・本門(『法華経』の後半)・観心と立て、後のものが興ると前のものが廃されるとする点で、二者択一的な伝統を継いでいる。

法然門下では、聖道門諸宗からの批判に応えて、このような法然の厳しい二者択一を緩め、聖道門や諸行をどのように認めることができるかという問いに対して、新たな理論構成を迫られることとなった(末木、一九九八a)。長西《ちょうさい》(一一八四―一二六六)の諸行本願説、弁長(一一六二―一二三八)の聖道門容認の立場は、法然の選択説を制限することによって、聖道門や諸行を認めていこうとするものである。それに対して、より発展した理論構築を目指したものとして、証空(一一七七―一二四七)の行門・観門・弘願《ぐがん》の体系の上に立った聖道門の承認、幸西・隆寛・親鸞らによる化土・辺地説による諸行の方便としての承認などが注目される。証空の説は、聖道門そのままでは認められないが、弥陀の本願(弘願)に帰した上は、諸行も往生行として有効と認める(観門)ものである。また、幸西(一一六三―一二四七)や隆寛(一一四八―一二二七)を受けた親鸞は、主著『教行信証』に化身土巻を立て、諸行や自力念仏は真実報土ではなく、方便化土に生まれるとした。

禅密関係

これらが最澄の流れを受けた二者択一的発想の上にたつ展開とするならば、空海的な諸教の段階的評価の体系としては、凝然の八宗の体系的叙述が挙げられよう。『八宗綱要』などで、凝然は諸宗を、倶舎・成実・律・法相・三論・天台・華厳・真言の順に並べ、新興の浄土と禅を付録とするという構成を示した。諸宗の教学を体系づける試みは鎌倉期には他にも見られ、例えば、禅宗の立場からは、円爾の作とされる『十宗要道記』において、禅・浄土を含めた十宗の概要が述べられ、禅宗（仏心宗）の優位が主張されている。『十宗要道記』では、もっとも大きな問題となるのは禅と密教の優劣である。顕密を対照させる限りでは密教が顕教よりは優れていると見られるが、最終的には「但だ万事を抛《なげう》って仏心宗を信ずべし」と、仏心宗に帰依すべきことを説く。前述のように、鎌倉期の禅は密教と関係が深いが、ただ無原則に融合していたというわけではなく、両者の関係は自覚的に問題として取り上げられた。禅は現世での悟りをめざす点で、即身成仏をめざす密教ともっとも近似しており、融合しやすい面をもっていた。しかしまた、それだけに両者の優劣がきわめて大きな問題となり、そこに論争が起こることにもなった。

密教側から禅を批判し、その位置づけを図ったものとして、頼瑜の『顕密問答鈔』が挙げられる。同書の巻下には、「近来、禅門の人有って、達磨を高くし、顕密を降せり」という状況を挙げて、両者の優劣を問う。諸説をあげて検討した上で、「三乗極理」、即ち三論宗と同等に位置づける。もし顕教の最頂に置かれるとしても、密教には至らないものとしている。

これに対して禅宗系統では、両者の一致を説きつつも密教の優位を認める立場もあったことは注目される。『真禅融心義』は栄西の作とされるものの、恐らくは十三世紀中・後期のものと考えられるが、密教と禅の立場が究極的に一致することを説いている。しかし、禅はあくまでも「顕教の究極」であり、顕密対照させると、密教は法身の説法であり、外道や二乗には窺い知れない高度なものである点で、説法者・教説の両面から見て、密教のほうが優位に立つと論じている。無住の『聖財集』でも、「行業の落居する所は皆無相無念なり。密も禅も其の意同じかるべし」と、究極の境地が同一であるとしながらも、方便の行業では密教のほうが優れているとして、密教の優位を認めている。

このように、鎌倉期における禅密間には微妙な関係がありながらも、密教に優位を認める発想がかなり広く見られる。室町期になると、融合的傾向が強いといわれる夢窓疎石でも、密教を「愚人を誘引せんための調伏《ちょうぶく》等の法」(『夢中問答』)としており、禅優位の立場が強くなる。夢窓と同じ頃、大応国師南浦紹明(一二三五—一三〇八)が現われ、夢窓の立場をも批判しつつ、より純粋な禅の確立へと向かうことになるのである。

四　王権と神仏

王法仏法相依

鎌倉仏教と政治の問題に関して、戦後の新仏教中心論においては、新仏教による反体制という面が強調された。法然や親鸞が流刑という弾圧にも屈しなかったこと、道元が一度は北条時頼の求めに応じて鎌倉に赴きながら、妥協を排してただちに越前に戻ったこと、日蓮が度重なる弾圧に屈せずに『法華経』の行者としての使命に邁進したこと、などが高く評価された。それに対して、王法仏法相依の立場に立つ旧仏教=顕密仏教は、権力に屈したものとして否定的に評価されてきた。実際、この点での対立はかなりはっきりしており、『興福寺奏状』が新宗を建てるのには勅許を必要と主張するのに対して、法然は一切そのような要求を拒否しており、その点、妥協しつつ禅宗の公認を求めた栄西と対照的である。

確かにこれらの新仏教の祖師たちが、政治の圧力に屈せず、宗教の自立性を高く掲げて揺るがなかったことは、それまでの日本の仏教史上になかったことであり、後のキリシタンや日蓮宗不受不施派の流れなどとともに、日本の宗教史の上できわめて注目されることと言わなければならない。しかし、では彼らが仏教の立場から世俗権力を位置づける理論を提供しえたかというと、必ずしも十分なものではなかった。その中で、親鸞が『教行信証』の化身土巻で娑婆世界の維持を仏法のもとに位置づけようとしたこと、日蓮が『立正安国論』などで、一種の仏教国家論を構想していることなどが注目される。日蓮の場合、国家の危機に警鐘を鳴らしたため、戦前には国家主義的立場から国家優位という解釈がなされてきたが、その主張はあくまで『法華経』の真理が究極とされており、国家優位ということはない。しかし、『法華経』の真理が世界に受容されるためには、世俗権力による秩序が必要とされており、その点で他の新仏教の祖師たちに見られない世俗権力重視の立場を取った〔末木、二〇〇〇〕。そこから、日蓮系教団において宗教と政治の緊張関係が、大きく問題とされることになったのである。

他方、顕密仏教側を見ると、確かに王法仏法相依を主張するものの、必ずしもそれが十分に理論的に展開されているわけではなかった。その中にあって、天台座主という地位に立った慈円（一一五五―一二二五）が『愚管抄』で日本の歴史を展開する際に、仏教の四劫説を用いているのは注目される。四劫説は、この世界が成劫・住劫・壊劫・空劫のサイクルを繰返すというもので、現在は住劫にある。その中で、次第に衰退してゆく国家の命運は、「冥」の次元からの神仏の助力なくしては持ちこたえられないというのである。

寺院は有力な権門として経済力・政治力を有したばかりでなく、聖なる領域からする強力な呪術力を持っていた。顕密仏教は儀礼的な力によって背後から政治を左右する道を選んだ。慈円のいう「冥」の力である。

そうしたひとつの極限として、天皇の即位に絡む仏教儀礼である即位灌頂が位置づけられる。もっとも即位灌頂が実質的にどれだけ不可欠のものとして行ぜられたかは、必ずしも明らかではなく、それを過大に評価することは危険である。ただしその際、即位灌頂の本尊がダキニ天であることは注目される。ダキニ天は人黄（人間の根源的な精気）を食う羅刹であり、愛欲の神として、立川流とも関係が深い。そのダキニ天を本尊とするダキニ法は、仏教の正統に位置づけられない「外法」である（田中、一九九三）。その呪術的な力が王権の本質を形づくる。このことは、王権は仏法からすれば中心的な位置に立ち得ず、周辺あるいは異端的な力であることを意味する。しかし、周辺＝異端である故にこそ、かえって中心のコントロールの及ばない、あるいは中心を脅かす強力な力を持ちうるのである。

慈円が王権の危機に当たって見た夢の記録である『慈鎮和尚夢想記』もまた、このような王権と仏法の関わりに対して重要な示唆を与える。それは、三種の神器の神璽と宝剣をそれぞれ后と国王の体と見、その交合に国家の繁栄を見ようというものである。生殖を基盤とする世俗権力の繁栄は、仏教のタブーである性に基づいてのみ成り立ちうる。それは王権のみでなく、民衆の生活の基盤となるものでもあり、王権はまさに性に根付くことにより、土着の力を獲得する。それは仏法からすればあくまで周辺＝異端の問題でしかありえないが、にもかかわらず、それを無視するとき、仏法そのものまでもが崩壊してしまうような強力な周辺＝異端である。理論的にも呪力的にも優位に立つはずの仏法は、それにもかかわらず周辺＝異端の暗部を蹂躙できないのである。

神仏習合

ところで、王権の問題はまた、神祇の問題とも関わる。これもまた、戦後の研究は、神仏習合への嫌悪と、新仏教の神祇不拝への共感から出発した。専修念仏集団における神祇不拝は、『興福寺奏状』第五条「霊神に背く失」に指摘されていた。そこでは、「念仏の輩、永く神明に別る、権化実類を論ぜず、宗廟大社を憚らず」と、念仏者の行業が非難されている。阿弥陀仏を信じ、念仏を称えるだけでよいのならば、神祇は不要のはずである。しかし、もし専修念仏集団のようにラディカルにそれを否定しないならば、何らかの形でそれを位置づけなければならない。

王権の位置づけに較べて、神祇の体系への組み込みは比較的理論的になされた。いわゆる神仏習合であり、そこでは明白に仏の、神に対する優位が表明された。神仏の習合現象は奈良時代、実際にはもっと古くからあったものであるが、平安期頃には本地垂迹の理論が形成される。『興福寺奏状』にいう「権化実類」の「権化」は、まさに仏の垂迹たる神のことである。本地垂迹の由来にはさまざまな要因があり、一概には言えないが、天台における本・迹の概念が影響していることは間違いないであろう。本・迹はもともとは中国の『荘子』に由来するもので、根本的な本質と、それが現象世界に現われたものとを意味する。それを受けて、天台においては『法華経』の前半を迹門、後半を本門と呼び、迹門の仏はブッダガヤーで成道した歴史的な仏であるが、本門の仏はその本体としての久遠の釈迦であるとした。その両者の関係を仏と神の関係に当てはめることによって、本地垂迹説が理論的に成り立つのである。

中世の習合神道には、天台系の山王神道と真言系の両部神道があるといわれる〔末木、二〇〇三〕。このうち、山王神道は比較的輪郭がはっきりしている。それは比叡山の守護神としての日吉山王神をめぐって展開しており、中心となる大宮が釈迦、二宮が薬師、聖真子が阿弥陀の垂迹であるとする。それだけならば単純であるが、後に記家と呼ばれるグループによって複雑化して展開することとなった。記家は比叡山の歴史記録を司ることを専門とするが、その中核に山王神道が置かれているのである。

山王神道に較べて、両部神道の輪郭ははっきりしない。両部の名の由来は伊勢の両宮を胎蔵界・金剛界に譬えたところからきているが、密教系の神道が必ずしも伊勢と結びついているわけではなく、その呼称そのものが問題とされる〔門屋、一九九五〕。また、台密（天台系密教）の系統を受けているところもあり、一概に真言宗と結び付けられない。両部神道の系統で興味深いのは、曼荼羅の諸仏のみならず、インドの神話を導入しながら、それを日本神話に結びつけ、古代神話と異なる中世神話という独自の世界を作り出すのに大きく貢献していることである〔山本、一九九八〕。そこでは伊勢を中心に次第に諸神が統合され、その皇祖神的性格から、王権と結び付けられて解釈されるようになってくる。

鎌倉後期にはこうした動向はすでに顕著に見られ、それは仏教界にも広く浸透してゆく。すでに何度か引いたように、無住は鎌倉後期を代表する総合的な仏教の求道者であったが、その著『沙石集』は、まず神祇のことから始まり、それも「大神宮の御事」を巻頭に置いている。そこでは、内宮・外宮を胎蔵界・金剛界に譬える両部神道の定式化が見えるとともに、魔王との契約によって伊勢神は仏法を忌むように見えながら、じつは仏法を守護しているという議論がなされている。こうして神仏隔離を守る伊勢を仏教の言説の枠に取り込んでゆくことになる。それは、神祇を仏教の枠に取り込むことであるとともに、逆に言えば、仏教の中核に神祇が入り込むことでもある。王権を仏教の中核に取り込めず、周辺＝異端の位置に置かざるを得なかったのに対して、神祇は周辺的な位置から中核にまで入り込み、両者の位置を顛倒するにまで及ぶのである。

神の優位

こうして次第に神を優位に置く発想が生まれてくる。鎌倉中期に著わされた神道五部書によって、仏教と関わらない独自の伊勢神道の教説が形成されると言われるが、実際には神道五部書も両部神道との関係は著しい。しかし、伊勢の外宮の神官を中心に展開するとされる伊勢神道の教説において、仏教を乗り超えて神道を理論化しようという意図は明白になる。とりわけ、度会家行《わたらいいえゆき》（一二五六―一三五六）の『類聚神祇本源』、慈遍の『豊葦原神風和記《とよあしはらじんぷうわき》』『旧事本紀《くじほんぎ》玄義』、北畠親房（一二九三―一三五四）の『元元《げんげん》集』『神皇正統記』などによって、その理論が広範に展開される。そもそも古く『日本書紀』に見える「神道」という言葉が、理論を持った宗教システムとしての意味を持つようになるのは、この頃からである。

それと同時に、南朝のイデオローグとなった親房や、それほど極端ではないものの、近い位置にあったと思われる慈遍においては、天皇論がその神道説の中核を占めてくることが注目される。慈遍の『神風和記』では、天地開闢から天神七代・地神五代と続き、そこから祖神大分として、天皇の系譜と臣下の系譜を秩序立てている。こうして、神道論は王権論と結びつき、仏教という枠を破って、思想の中軸に据えられるようになるのである。

だが、それでも彼らの思想は、思想界の主流をなすには至らなかった。後醍醐親政が時代のあだ花と散ったのと同時に、彼らの神道＝天皇論もまた、埋もれてゆく。親房は『神皇正統記』の著者としてよりも、『職源抄』の著者として知られるし、慈遍の『旧事本紀玄義』の天皇論が見直されるのは垂加神道の流れによってである。しかし、神々を体系化し、理論的に統合しようとする彼らの神学的志向は、決して時代を離れたものではなかった。その神への志向は唯一神道を通して、さらにはキリシタンのデウスの受容にも何ほどか関わってゆくところがあると考えられる。そして室町の仏教界もまた、鎌倉期の併修・兼学という多様性の総合の時代から、次第にそれぞれの宗派の信仰と教学を深め純化してゆく方向へと向かうことになるのである。

参考文献

阿部泰郎〔一九八九〕「宝珠と王権」（『岩波講座・東洋思想』一六、岩波書店）
彌永信美〔二〇〇四〕「立川流と心定『受法用心集』をめぐって」（『日本仏教綜合研究』二）
何　燕生〔二〇〇〇〕『道元と中国禅思想』（法藏館）
菊地大樹〔二〇〇〇〕「ポスト顕密体制論」（日本仏教研究会編『日本仏教の研究法』、法藏館）
楠　淳證〔二〇〇〇〕「法相の論義」（智山勧学会編『論義の研究』、青史出版）
黒田俊雄〔一九七五〕『日本中世の国家と宗教』（岩波書店）
佐々木馨〔一九八八〕『中世国家の宗教構造』（吉川弘文館）
佐藤弘夫〔一九八七〕『日本中世の国家と仏教』（吉川弘文館）
末木文美士〔一九九三〕『日本仏教思想史論考』（大蔵出版）
同　〔一九九五〕『平安初期仏教思想の研究』（春秋社）
同　〔一九九六〕『仏教――言葉の思想史』（岩波書店）
同　〔一九九八ａ〕『鎌倉仏教形成論』（法藏館）
同　〔一九九八ｂ〕『解体する言葉と世界』（岩波書店）
同　〔二〇〇〇〕『日蓮入門』（筑摩書房）
同　〔二〇〇三〕『中世の神と仏』（山川出版社）
平　雅行〔一九九二〕『日本中世の社会と仏教』（塙書房）
智山勧学会編〔二〇〇〇〕『論義の研究』（青史出版）

永村　真〔二〇〇〇〕『中世寺院史料論』（吉川弘文館）
袴谷憲昭〔一九八九〕『本覚思想批判』（大蔵出版）
松尾剛次〔一九八八〕『鎌倉新仏教の成立』（吉川弘文館）
　同　　〔一九九五〕『勧進と破戒の中世史』（吉川弘文館）
丸山眞男〔一九九八〕『丸山眞男講義録』第四冊（東京大学出版会）
蓑輪顕量〔一九九九〕『中世初期南都戒律復興の研究』（法藏館）
山本ひろ子〔一九九八〕『中世神話』（岩波書店）

＊鎌倉仏教に関する参考文献はきわめて多数に上る。ここでは本文の記述と直接関係するものだけを最小限掲げた。詳しくは、日本仏教研究会編『日本仏教の研究法』法藏館（二〇〇〇）などを参照されたい。

なお、本章に引用した史料の出典は以下の通り。

『顕密問答鈔』（『続真言宗全書』23）、『興正菩薩御教誡聴聞集』（『日本思想大系』15）、『興禅護国論』（『日本思想大系』16）、『興福寺奏状』（『日本思想大系』15）、『三十四箇事書』（『日本思想大系』9）、『七箇条制誡』（『昭和新修法然上人全集』）、『慈鎮和尚夢想記』（赤松俊秀『鎌倉仏教の研究』、平楽寺書店、一九五七）、『沙石集』（日本古典文学大系』85）、『十宗要道記』（『禅宗』二一〇、一九一二）、『受法用心集』（守山聖真『立川邪教とその社会的背景の研究』、鹿野苑、一九六五）、『聖財集』（寛永二十年刊本、東京大学総合図書館蔵）、『真禅融心義』（『仏教学研究年報』一四、一九八〇）、『歎異抄』（朝日文庫）、『天狗草紙』（『続日本の絵巻』26）、『野守鏡』（『群書類従』27）、『末灯抄』（『真宗聖教全書』2）、『夢中問答』（岩波文庫）

II　鎌倉仏教の形成

第三章　本覚思想をめぐって

一　本覚思想と密教

本覚と本覚思想

本覚思想について論ずる際、常に問題となるのは「本覚思想」という概念の曖昧さである。その意味するところは、大きく分けて二つの方向が考えられる。

第一に、日本中世天台で展開した教学であり、恵心流・檀那流の口伝法門を中心に展開した思想動向を意味する。これは天台本覚思想と限定されて呼ばれるところのものである。その特徴は、凡夫のあり方を含めて、現象世界をそのまま絶対と認めるところに求められる。ところが、この意味での本覚思想は必ずしも「本覚」の概念を中心的に含まない場合がある。たとえば、天台本覚思想の代表的な文献とされる『三十四箇事書』では、「還同本覚」のような表現は見えるものの、ほとんど「本覚」という術語は重要な役割を果たしていない。したがって、それを本覚思想と呼ぶのが適当かどうか、なお議論の余地があるが、今日、その用語が定着している。また、類似の思想は天台のみならず他の宗にも見られ、したがって、ある程度曖昧になるが、それらにも類比的に本覚思想という概念を拡大することが必要となる。これを本覚思想Aと呼ぶことにする。

第二に、「本覚」という語をキーワードとして展開する思想を、広く本覚思想と呼ぶことがある。たとえば、空海は「本覚」という用語を重視しており、ここから、しばしば「空海の本覚思想」ということがテーマとして論ぜられる。この場合は、「本覚」という術語の変遷を追うことによって、仏教思想史の一面を明らかにすることができる。これを本覚思想Bと呼ぶことにする。本覚思想A・Bについては、第二節でさらに詳しく検討したい。

本覚思想研究に大きな役割を果たした田村芳朗は、本覚思想Bの最終段階として本覚思想Aを位置づけた〔田村、一九六五〕〔同、一九七三〕。このような方向は、すでに近代における本覚思想研究の先駆者である島地大等から見られるものである〔島地、一九三二〕。しかし、そのように必然的に展開するものかどうか、なお検討の余地が大きい。

さて、そこで本節の課題である密教と本覚思想ということであるが〔先行研究として、田村〔一九九〇〕〕、その際、本覚思想Aを中心として考えるか、本覚思想Bを中心とするかで、扱い方が変わってくる。Aを中心とする場合、天台本覚思想の展開において、どのように密教がかかわるかという問題となり、Bを中心とするならば、空海・覚鑁やそのほかの密教者〔台密系を含む〕が、どのように「本覚」という術語を用いているかが主要な考察対象となる。

本節では、日本における本覚思想の形成過程と密教とのかかわりに焦点を当て、まず第二の側面から空海の場合を取り上げ、次に台密から本覚思想Aへの展開において、密教との関係を考えることにしたい。それによって、両者の関係が多少なりとも明らかにされるであろう。

それに先立って、「本覚」という語の原義を確認しておきたい。

周知のように、「本覚」は『大乗起信論』が初出で、インドの典籍にその原語を求めることはできないと考えられている。『大乗起信論』は、衆生心＝摩訶衍（大乗）の分析を課題とするが、そこに心真如門と心生滅門の二つの立場を分け、本覚は心生滅門で説かれる。心生滅門は、「如来蔵に依るが故に生滅心有り。所謂《いわゆ》る不生不滅と生滅と和合して、一に非ず異に非ざるを、名づけて阿黎耶識《ありやしき》と為す」と規定される。この阿黎耶識に二義を立てるが、それが覚と不覚であり、さらに覚に本覚と始覚を分けるのである。そして、その本覚が煩悩の中で示すはたらき（本覚随染《ずいぜん》）として、智浄相（主体側）と不思議業相《ふしぎごっそう》（対象側）が立てられる。

本覚がこのように真如門ではなく生滅門で説かれることは、従来から注目されてきた。本覚は真如のように絶対的な立場でいわれるものではなく、相対的な現象界において、始覚・不覚との三肢構造〔吉田、一九九三〕のもとに成り立つ概念である。その点は問題ないが、従来必ずしも明らかにされていないのは、如来蔵と本覚の関係である。このことは、如来蔵思想と本覚思想Bの関係いかんという問題に発展する。

如来蔵は「在纏位《ざいてんい》の法身」という規定が一般的であり、煩悩の世界、あるいは相対的な現象界における法身＝真如のあり方と規定される。この規定は『勝鬘経』などに始まり、『起信論』でもその原則は維持され、そこから不生不滅＝如来蔵と生滅の和合による阿黎耶識という規定に展開し、唯識説との結合が図られる。しかし、『起信論』ではその点は簡単に触れられるだけであり、むしろ実践論的な関心から覚と不覚の二肢、あるいは本覚・始覚・不覚の三肢構造の方に重点が置かれる。如来蔵だけでは、そこからどう実践が展開するかという道筋を描きにくく、如来蔵思想を代表する『宝性論』でも、「信」へと帰着させてしまうほか、解決が見出されない。それに対して、『起信論』では重点を「覚」の問題に移し、二肢または三肢の構造を構築することにより、「不覚」から「覚」へ向けての動的な推移の過程を導入することを可能にしたのである。

だが、「本覚」がその後の東アジアの仏教圏で重視されたのは、必ずしもそれだけの理由ではない。そこに本覚思想Bの展開を見ることができるが、以下、その問題を空海密教との関係から検討してみたい。

空海と本覚思想

空海の著作における「本覚」の用例は、すでに勝又俊教らによって網羅されている（勝又、一九八一）（他に、田村〔一九九〇a〕、松崎〔一九九一〕、吉田〔一九九三〕参照）。今その主要な箇所のみを検討してみたい。まず注目されるのは、比較的初期の著作と考えられる『弁顕密二教論』であるが、ここには『釈摩訶衍論《しゃくまかえんろん》』巻五（大正三二・六三七中）の引用中に、「一切衆生、無始より来《このかた》、皆な本覚ありて、捨離する時なし」の語が見られる（大正七七・一二七五中）。

『釈摩訶衍論』は、『大乗起信論』に対して竜樹がつけた注釈とされているが、すでに奈良時代からその偽撰説が提示され、恐らく新羅華厳系の著作と考えられている（石井、一九九六）。本書には『起信論』以上に「本覚」に関する論が展開されている。空海は本書を好んで活用しており、『弁顕密二教論』のこの引用のすぐ後にも、同書巻一（大正三二・六〇一下）、巻一〇（同・六六八上）などの引用がみられる（大正七七・三七五下―三七六上)。

ただし、先の「本覚」の語を含む引用が、果たして直ちに「本覚」の概念の重視であるといえるかというと、なお疑問がある。というのは、この引用で空海が重視しているのは後半の五重問答の箇所であり、後の『秘《ひ》蔵宝鑰《ぞうほうやく》』と較べあわせると、この場合もその最後の、「不二摩訶衍法は、唯だ是れ不二摩訶衍法なり。是の如き不二摩訶衍法は為《こ》れ明なるや無明なるや」という箇所にポイントがあると考えられる。この「不二摩訶衍法」を説明するために後の二つの引用が続くという構造になっている。その結論は、次のような空海自身の言葉によって表わされる。

> 所謂《いわゆ》る不二摩訶衍及び円円海徳の諸仏は、すなわち是れ自性法身にして、是を秘密蔵と名づく。亦た金剛頂大教主と名づく。等覚・十地等も見聞すること能わず。故に秘密の号を得たり(大正七七・三七六上)。

先にいわれた「不二摩訶衍(法)」というのは、「自性法身」なる仏果のあり方である。そして、それは「等覚・十地等も見聞」できない仏のみの境地であり、それを説くものこそ密教であり、顕教の及ぶところではない。「因分可説は顕教の分斉、果性不可説はすなわち是れ密蔵の本分」(同・三七六中)といわれる通りである。通常の言語をもって説かれえない仏(=自性法身=不二摩訶衍)の世界を表出するところに、密教の優越性がある。しかし、「本覚」という概念そのものは、必ずしも最高段階に位置づけられるわけではない。

このように『釈摩訶衍論』を用いて顕密の判別をするのは、空海の教判論の重要なポイントである。『秘蔵宝鑰』では、第六住心以降の段階の判定に、『弁顕密二教論』でも用いられた『釈摩訶衍論』の五重問答を活用する（同・三七〇中―三七三上）。

第六他縁大乗心《たえんだいじょうしん》（法相宗）――「一切行者、一切悪を断じ、一切善を修す……」
第七覚心不生心《かくしんふしょうしん》（三論宗）――「清浄本覚、無始より来、修行を観ぜず、他力を得るに非ず……」
第八如実一道無為心《にょじついちどうむいしん》（天台宗）――「一法界心、百非に非ず、千是に背く……」
第九極無自性心《ごくむじじょうしん》（華厳宗）――「三自一心法、一にして一たること能わず、能入の一を仮る……」

以上の四住心については、それぞれの最後に「無明の辺域にして明の分位に非ず」などの文句があり、いずれもまだ無明の領域であるとされる。それに対して、第十秘密荘厳心については、本文中には明記されていないものの、先に挙げた「不二摩訶衍法は、唯だ是れ不二摩訶衍法なり。是の如き不二摩訶衍法は為《こ》れ明なるや無明なるや」の箇所をあてていることが明らかである。疑問文の形になってはいるが、もちろんここでは明であることが肯定される。

このように、本書では『釈摩訶衍論』が教判論的に重要な役割を与えられているが、しかし、この場合もやはり、「本覚」の概念自体は第十住心に位置づけられてはいない。ちなみに、『十住心論』では、「本覚」についての記述を含む『釈摩訶衍論』の引用は第九住心に限定し、その所説を華厳宗にあてている。このように見るならば、これらの空海の中心的な教義文献では、『釈摩訶衍論』に基づく本覚説は確かに重要な役割を果たしているものの、必ずしも最高の密教の段階に位置づけられるものではない。

ところが、空海の著作でも経典の解題類になると、「本覚」の位置づけがはるかに高くなる。たとえば、『大日経開題』では、「仏」を「覚者」と訳し、その「覚」について、一切の賢聖・凡夫の「分覚」に対して、「如来の両覚（自覚・覚他）、円満洞達せるが故に、大覚と曰う」とし、「此の覚、亦た因縁所生に非ず、法然の所得なり」として、仏の「覚」が因縁を超えているとみている。さらに、「神変《じんぺん》」に「下転神変」「上転神変」「亦上亦下」「非上非下」の四つを立て、下転神変については、「本覚神心より随縁流転して、六道の神変を作《な》す」と説き、上転神変については、「若し衆生ありて、菩提心を発し、自乗の教理を修行して昇進し、本覚一心を証すれば、則ち能く迷識神心を転変し、自乗覚智を証得す」といわれている（大正五八・一下―二上）。ここでは、「本覚」は仏の本源的な覚心であると見られている。

また、『金剛頂経開題』でも、四種法身（自性身・受用身《じゆゆうしん》・変化身《へんげしん》・等流身《とうるしん》）について説く中で、「此の如くの四種法身は自然《じねん》に自覚せり。故に先成就本覚仏と名づく」と述べている（大正六一・三上）。ここでも法身の「覚」が因縁を超えて「自然」であることが、「本覚仏」と呼ばれる根拠とされている。さらにこの本覚に、三自一心門本覚・一一心真如門本覚・不二摩訶衍一心本覚を立て、さらに『釈摩訶衍論』を使いながら、三自一心門本覚を染浄本覚・清浄本覚・一法界本覚・三自本覚に分け、一一心真如門本覚をまた、清浄真如本覚と染浄真如本覚に分ける。その上で、『金剛頂経』の本覚は「通じて一切本覚を摂し、別して不二門本を表わす」とする。それは、不二本覚（不二摩訶衍一心本覚）は、その不二体性の故に、「一切門の仏を摂する」からである。ここでは「本覚」は諸仏を超え、諸仏を統合する原理にまで高められている。

以上、空海における「本覚」の用例を検討してみた。まず、『弁顕密二教論』『秘蔵宝鑰』『十住心論』などでは、『釈摩訶衍論』を用いて密教の立場を明らかにしているが、「本覚」の概念そのものは必ずしも密教の最高段階には位置づけられない。他方、『大日経開題』『金剛頂経開題』などにおいては、最高の法身仏やあるいは諸仏を統合する原理として「本覚」の語を用いている。その際、その性質として、因縁を超えた自然の覚とされることは注目される。

このような空海における本覚思想Bの展開は、後に発展する本覚思想Aとどのように関係するのであろうか。解題系の著作における本覚の重視は、『釈摩訶衍論』の所説を受け入れつつ、「本覚」を単に内在的な覚の原理であることを超えて、絶対的な原理へと高めている。かつまた、それが因縁を超えた自然を特徴とすることによって、後にあるがままの「自然」「無作《むさ》」を重視する本覚思想Aにつながるものである。

そのほか、空海においては、本覚思想Aに結びつく要素は少なくない。九顕一密といわれる『秘蔵宝鑰』に対して、『十住心論』の九顕十密の教判では、凡夫から始まる前九段階も最終的には密教の中に統合され、肯定されることになる。また、法身の遍満性、特に『即身成仏義』で展開される六大説もまた、現象界を直ちに絶対的な仏の世界と見ることになり、やはり本覚思想Aと結びつく。しかし他方、九顕一密的な立場から顕密の区別をはっきりと立て、密教は凡人のみならず賢聖にも窺い知れない仏のみの境地とする点は、凡夫の自然状態をそのまま究極的な仏の境地と同一視する本覚思想Aの発想とは、一線を画するものである。

台密と本覚思想

天台系の密教、いわゆる台密は、最澄から円仁・円珍を経て安然で完成されるといわれる。この動向は後の天台本覚思想に繋がる重要な源泉となるものである。この流れについては、浅井円道が主要な諸師の著作について、本覚思想を取り上げて検討を加えている（浅井、一九七五）。浅井のいう「本覚思想」は、本覚思想AとBの両方を含むものであり、諸師が「本覚」という語をどう用いているかという検討（本覚思想B）と併せて、円融不二論など、本覚思想Aに繋がる思想動向を取り上げている。また、本覚思想とは別立して、真如随縁論・一念三千論などを取り上げているが、これらも本覚思想Aに連なるものであり、必ずしも円融不二論とはっきり区別できるものではない。

台密は安然においてひとまずの完成を見るが、本覚思想的な発想も安然において大きく発展する（末木、一九九五参照）。ただし、安然においては、「本覚」よりも「真如」の観念が中心であり、特に「随縁真如」の思想の発展が注目される。「随縁真如」は、真如が生滅の世界で活動しているさまを表わす用語で、「不変真如」に対する。もともとの『起信論』には見えないところであり、中国華厳における『起信論』解釈において用いられるようになった。いわば随縁真如は真如が真如門から生滅門に入り込んだものということができ、「本覚」が生滅門から真如門へと高められていくのと逆の方向に進んだものである。日本天台に大きな影響を与える随縁真如の観念は、湛然《たんねん》の『金錍《こんぺい》論』に見られ、そこでは、「万法是れ真如、不変に由るが故に。真如是れ方法、随縁に由るが故に」（大正四六・七八二下）と述べられている。

日本天台では、すでに開創者最澄において随縁真如の重視が見られる。特に注目されるのは、『守護国界章』巻下において、仏身論と関連させて論じている箇所である。そこでは、「有為《うい》報仏は夢裏《むり》の権果《ごんか》にして、無作三身は覚前の実仏なり」と仏身を有為と無作に分け、その一方で、「不変真如は凝然常住たり。随縁真如は縁起常住たり」として、縁起常住である随縁真如こそ無作の真実の報仏であるとしている（大正七四・二二二下）。この箇所は非常にわかりにくいところであるが、真の仏身のあり方を随縁真如に見ている点できわめて重要である。

また、この箇所には「無作三身」という用語が見えるが、これは後の本覚思想において、凡夫の自然状態をそのまま究極の仏身と見る際に用いられる用語である。その際、『守護国界章』のこの箇所が典拠とされ、「覚前の実仏」を「覚る以前の（凡夫の状態のままの）実仏」と解する。しかし、『守護国界章』では、「覚に対して現前する実仏」と解するべきであり、あくまで「覚」の状態ではじめて体得されると考えられる。不覚から覚への転換を要するのであり、その点で後の本覚思想Aとは大きく隔たっている。

最澄以後、円仁などを経て安然に至ると、随縁真如説は新たに大きな展開を示す。それは特に『真言宗教時義』（『教時問答』）巻一において最も詳しく論じられている。『教時問答』は、その正式な書名からも知られるように、「真言宗」すなわち密教の立場から教判論を展開したものである。その教判は四一教判と呼ばれるように、一仏・一時・一処・一教の四つの「一」によって全仏教を統合しようという甚だスケールの大きなもので、また教判に留まらない哲学的な内容をもっている。

そのうち、随縁真如論は最初の一仏論の中で展開される。一仏論は、『釈摩訶衍論』を用いた十識論に始まり、前九識と第十識の関係は、要約すると次のように対応づけられる。

前九識＝差別一切（他体）＝随縁真如
第十識＝平等＝一（一体）＝不変真如

この両者の対応から「一即一切」が主張される。そこから、この現象世界に展開する随縁真如がそのまま不変真如として認められ、そこに安然の現象即絶対の存在論が展開されるのである。
　このように安然の理論の根底には真如論が置かれ、その立場から一種の教判論が立てられる（大正七五・三七五上）。

　三乗別教小乗教――真如不変、六識能変
　三乗通教権大乗――真如不変、八識能変
　次第別教権大乗――不変真如、随縁真如（八・九識）
　　真如、諸法に即せず。諸法、真如に即せず。
　円満頓教実大乗――不変真如、随縁真如（八・九識）
　　真如の当体、諸法の当体、真如。

「当体」は「そのもの」「それ自体」の意。真如がそのまま諸法であり、諸法がそのまま真如である。真如以外に諸法はなく、諸法のほかに真如はない。それが随縁真如の立場であり、それに対して第十識として不変真如が立てられるが、随縁真如と不変真如は別のものではない。したがって、この世界がすべて真如によって説明される真如一元論ともいうべき理論が展開されることになる。
　その中で、特に注目されるのが無明論である。「無明」がどこから出てくるかという問題は、仏教を哲学的に考えようとするとき、どうしてもぶつかる難問である。十二縁起では無明が生死の苦に至る原点と考えられるが、無明そのものが何に由来するかは説かれない。『起信論』の段階になると、「無始無明」（大正三二・五七六下）、「忽然念起《こつねんねんき》」（同・五七七下）などといわれるように、その始源が問題となるが、「無始」「忽然」といわれるように、その由来は結局明らかにされない。真如から諸法の展開を説くのに、そこに無明の熏習を媒介させたとき、もし無明が真如以外に根拠をもつならば、真如と無明の二元論に陥ることになる。

この無明の起源の問題に対して、安然は「真如変じて無明と作《な》る。無明すなわち是れ真如」（大正七五・三七六中）と答え、無明は真如の変じたもので、真如そのものにほかならないことを明瞭に表明する。このことによって、安然の真如一元論は首尾一貫して貫徹されることになる。そうであれば、「真如変じて諸法と作る」（同）「真如変じて諸仏と作る」（同・三七八中）のは当然である。すべてこの世界の存在は真如以外にはなく、こうして現象世界はすべて真如の現われとして肯定されることになる。安然はそれを表わすのに、『仏性論』の表現（大正三一・八〇五中）を借りて、「俗如」ともいっている（大正七五・三八〇中）。こうして安然においては、「本覚」ではなく、「真如」を中心概念として、現象世界の絶対化が図られ、後の天台本覚思想への道を開くことになる。

他方、「本覚」の概念に関していえば、安然において『蓮華三昧経』の偈とされるもの（ここでは『蓮華経』といわれている）が見られることが注目される（大正七五・三八四下）。この偈は、「帰命本覚心法身」で始まる七字八句の偈で、『本覚讃』ともいわれて後の天台本覚思想文献できわめて重視されるものである（三﨑、一九九一参照）。この点からも、安然と天台本覚思想の関係は非常に大きいということができる。

天台本覚思想と密教

天台本覚思想はしばしば密教に包摂して考えられることがあり、特に黒田俊雄が顕密体制論の理論化に当たってそのような立場を取ったため〔黒田、一九七五〕、その後の歴史研究者の中にはその立場を踏襲するものが少なくない。もちろん、密教の定義いかんによるところも大きく、また、口伝による伝授の方式など、密教の影響を大きく受けていることも確かである。しかし、少なくとも確立した天台本覚思想の教理内容はあくまで天台・法華の解釈を軸に、顕教的な問題設定の上に立っていることは明らかである。また、恵心流・檀那流の口伝の流れは、必ずしも台密の諸派の血脈と一致するものではないから、両者を混同することは適当でない。

そうはいっても、天台本覚思想に密教の影響の大きいことも事実であり、特にその思想の形成期である院政期頃にその傾向は著しいように思われる。天台本覚思想がどのように形成されてきたかは、今日なお具体的な状況がわかっていないが、その際に密教からの刺激が大きな要素としてあったということは十分に考えられる。

天台本覚思想の文献は、初期には口伝で伝えられた要素が強いといわれているが、もちろん最初から著作の形態を取っている場合も少なくない。しかし、その場合でも、著者不明、あるいは上代の学匠の名を借りた偽撰文献が多く、実際の成立年代や著者がわからないところに特徴がある。しかもその際、偽撰文献の中にまた他の偽撰文献を引いたり、ひいては実際には存在しないと思われる書名をでっち上げるようなことも稀ではない。内容的にも荒唐無稽、牽強付会の説が提示されていることもあって、こうした事実が、本覚思想文献の学術的価値を疑わせ、その研究を困難にしてきた。

密教と関連する初期の本覚思想文献のひとつに『講演法華儀』〔詳しくは『入真言門住如実見講演法華略儀』〕二巻がある。これは円珍作とされ、真撰と見る論者もあるが、疑問点が多く、なおその真偽は検討の余地が大きい〔水上、一九九八〕。後の本覚思想的な文言が少ないことから、偽撰としても比較的早い時代のものと考えられる。本書は、法華三大部（『無量義経』『法華経』『観普賢経』）を密教の立場から解釈したもので、法華と密教の融合をめざしている。初期の台密理論の中心が、密教と天台円教の優劣論を中心としているのに対して、このような両者の融合は新たな方向を開くものである。

本書は以下のように始まっている。

行者、高座に登りて先ず法華三昧に入り、分明に心蓮の義を観想せよ。心蓮は名づけて無量義処と為す。処は一心なり。一心と言うは、すなわち是れ八葉なり。此の如き八葉を妙法宮と名づく。八印法身の宮殿なるが故に。其の中の胎身を名づけて摩訶毘盧遮那遍一切処《へんいっさいしょ》と為す(1)（仏全四一・四四中）。

このように、法華三昧の具体的な内容は「一心」を観ずることであり、その一心は胎蔵界の中台八葉の蓮華に結び付けられていく。

そこで、先にも触れた『蓮華三昧経』の偈文も引かれてくる。ただし、ここでは単に「頌に曰く」とのみあって経名はない。『蓮華三昧経』という経典そのものが、この偈をもとに後に偽作されたものと考えられており、その点、経名を出さない本書の成立は比較的早いと考えられる。この偈は、

本覚心法身に帰命す　（本覚心法身は）常に妙法心蓮台に住す
本来、三身の徳を具足し　三十七尊、心城に住す

普門塵数《じんじゅ》の諸三昧は　　因果を遠離し、法然として具す
無辺の徳海、本より円満す　　還って我れ心の諸仏を頂礼す

というものである。すなわち、本覚心法身に三十七尊（金剛界成身会《じょうじんね》の諸尊）の存在を見ることにより、密教と本覚思想の融合をもっとも早くから提示したものである。

本覚思想と密教との関係を示す初期文献としては、『円多羅義集』三巻も有名である。本書は日蓮の書写本も伝えられており、広く普及していたことが知られる。その内容は、円珍が唐で学んだことを晩年に弟子の良勇に伝えるという形で、五十四項目が論じられている。しかし、実はその構想から五十四の項目に至るまで、円珍の『授決集』を踏襲したもので、その上で密教を取り入れた新たな内容に改竄しているのである。本書が『授決円多羅義集』とも称される所以である。

しかも、その説の展開に当たって、『大曼荼羅変勝経』『大毘盧遮那久成就経』などの偽経、『不空三蔵理体集』『一行阿闍梨理観集』『道行寺書天台一尋集』など、中国の諸師に仮託された偽書を多く用いている点で、本覚思想文献の中でも極めて特徴ある一書となっている。それらの偽書のうちには、実際には存在せず、本書の著者が名前だけ捏造したものも多いと思われるが、一部のものは実在したと考えられている（長部、一九六三）。特に本書で多く用いられている『一尋集』は現存し、最近ようやく翻刻出版された(2)。その内容は、天台の教判論を中心に、大綱と網目の両面から論じていくもので、その中に密教的な要素が取り込まれている。『講演法華儀』が法華思想の密教的改変とすれば、本書はむしろ天台の枠組みの中に密教を取り込み、また浄土念仏をも取り込んで、統合したものということができる。初期の天台本覚思想の形成を明らか

にする資料として、今後の研究が待たれるものである。

ちなみに、院政期に展開する覚鑁などの真言教学も本覚思想Aと共通するところは多く、後には真言系統でも本覚門と始覚門を分けて論じたり、さらには立川流などにも本覚思想Aと関係する要素が少なくない。これらの解明も今後に委ねられている。

二　本覚思想の定義と類型

本覚思想の定義をめぐる問題

本覚思想について議論するに当たり、本覚思想という言葉の定義に曖昧なところがあり、議論を混乱させるおそれがあると思われるので、明確にする必要がある。最近、花野充道がこの点に関して詳細に検討し、改めて本覚思想の定義が大きな問題となっている（花野、二〇〇四）。このことは、特に中国の研究者と議論する際に大きな問題となる。[3]中国の研究者は、本覚思想というと、『大乗起信論』に始まる「本覚」という概念を重視する思想動向と考える人が多い。実際、日本でも最近、そのような意味で本覚思想という呼称を用いる場合も多い。その意味で本覚思想という言葉を用いる場合には、日本に限らず、中国仏教にも本覚思想があったことになる。しかし、もともと日本で本覚思想が論じられるようになったときには、少し意味が違っていて、日本中世の天台独自の思想のことであった。今日でも日本においては、この意味で用いられることが多いので、注意が必要である。

『岩波哲学・思想事典』の「本覚思想」の項目で、私は次のように記した。

日本中世の天台思想の一潮流で、〈天台本覚思想〉とも呼ばれる。元来の仏教においては否定的に見られる俗世の人間存在のあり方や、現象世界の総体をそのまま絶対と見て肯定し、ひいては修行を不要とするところに大きな特徴がある。広義には、〈本覚〉をキーワードに展開する中国・日本[4]の仏教思想の動向を全体として指すこともある。〔末木、一九九八b〕

前節においても、同様の趣旨から、狭義の天台本覚思想を「本覚思想A」、広義の本覚思想を「本覚思想B」と呼んだ。中国仏教において本覚思想が論じられるのは、「本覚思想B」のほうである。

基本的には、私はこの定義で十分であると考えているが、前節で触れたように、「本覚思想A」の方も天台以外にも広げて用いることが可能である。その場合、時代的・宗派的な特定性を持った動向か、それともそのような枠を外した純粋な思想類型を示すものかということが曖昧になる。この点、どうするのがいちばんよいか、私自身必ずしも最終的な解決を得ていないが、いまのところ、完全に思想類型として分けるのではなく、「本覚思想A」については日本中世の天台本覚思想を典型として、同時代のその周辺の動向に限り、「本覚思想B」のほうは、「本覚」をキーワードにして歴史的に広い範囲に取ることで、多少の曖昧さを許容してよいのではないかと考えている。[5]

その場合、「広義」と「狭義」に分けても、必ずしも「狭義」の天台本覚思想は、「広義」の「本覚」概念の発展だけでは捉えきれないものを持っており、「狭義」は完全には「広義」に包摂されない。すなわち、「広義」の本覚思想（本覚思想B）が『起信論』から中国の華厳系において発展したのに対して、「狭義」の本覚思想（本覚思想A）は、天台系の思想の発展上で理解されるのである。[6] この点で、「広義」と「狭義」という言い方は必ずしも適切ではないが、このような矛盾や曖昧さは、もともと本覚思想の研究が天台本覚思想（狭義の本覚思想、本覚思想A）から出発しながら、しだいに問題が広義の本覚思想（本覚思想B）に広がっていったため、そこに本覚思想概念のずれが生じたからであり、やむを得ないことと考える。

私の本覚思想の定義に関しては、花野充道が「妥当」としながらも、多少の疑問を呈している〔花野、二〇〇四〕。その第一は、本覚思想を空思想の展開ととらえるか、如来蔵思想（基体説）の展開としてとらえるかが明らかでないということであり、第二は、天台本覚思想の文献とされるものにも、「心性本覚」「本覚真如」「還同本覚」など「本覚」の語を用いた思想が見られ、これらを本覚思想Aに属すると見るか、Bに属すると見るかがはっきりしない、というものである。

この二つの疑問は、先に触れたように、「本覚思想A」と「本覚思想B」という分け方が、歴史に即した分類であるのか、思想類型的な分類であるのか、曖昧なことに起因すると思われる。第一点については、純粋に思想類型的に分ければ、花野の言うように、空思想の発展上に立つ実相論的な思想類型と、如来蔵＝仏性や本覚を基体／実体として立てる縁起論的な思想類型が成り立つが、天台本覚思想（本覚思想A）には両方の要素が混在している。

第二点についていえば、当然狭義の本覚思想（本覚思想A・天台本覚思想）に属するものであるが、広義の本覚思想（本覚思想B）の流れの中でも見ることもできる。狭義の本覚思想（本覚思想A）は、上述のように、必ずしも『起信論』に発する「本覚」の思想の展開としては見られない要素を含み、「本覚」の語を必ずしも重視していない文献も多い。したがって、広義の本覚思想（本覚思想B）に完全には包摂されない。しかし、「本覚」の語を用いている場合も多く、広義の本覚思想の流れの上に見ることができる側面をも含んでいる。

それではなぜ、日本中世の天台思想の一潮流が本覚思想と呼ばれるのであろうか。日本中世の天台宗では、その思想を伝承するのに、口伝法門という独自の形態を取った。これは師から弟子に秘密裏に伝授されるもので、もともと公開の文書にはならないものであった。その口伝法門には、恵心流と檀那流の二つの系統があり、恵心流は本覚門、檀那流は始覚門の立場に立つという。この恵心流の本覚門の立場を、近代の研究者が本覚思想と言い換えて研究するようになったのである。

中世の口伝法門に恵心流と檀那流があるのは事実であるが、実際には両者の思想傾向はそれほどはっきり分かれない。恵心流は本覚門、檀那流は始覚門というのは、恵心流が自らの立場を優位に置くために主張したことと考えられている。これはあたかも、中国の禅宗において、南宗が自らの立場を頓悟と称して、対立する北宗を漸悟と批判したのと似ている。しかも、禅宗の場合に、五祖弘忍までは法がただひとりに伝えられていたのが、弘忍の弟子の段階で、北宗の神秀《じんしゅう》と南宗の慧能に分かれたとするのと同様に、日本の天台においても、良源までは法がただひとりに伝えられていたのが、良源の弟子の段階で、恵心流の源信と檀那流の覚運に分かれたとする。日本天台におけるこのような伝承は十三世紀以後に形成されたものであり、中国禅の相承系譜が影響を与えた可能性は大きい。

では、その場合の本覚門（本覚思想）と始覚門（始覚思想）はどのような意味であろうか。実は、この点に関しても中国禅の場合とよく似ており、本覚門においては、凡夫の状態ですでに悟りは実現されていると考え、したがって、頓悟的であり、もっとも極端な場合には修行を一切必要としないと主張する。それに対して、始覚門は修行によって悟りに到達すべきことを説くものであり、漸悟的である。

本覚と始覚は『起信論』に由来する言葉であり、したがって、それは本覚思想Bの流れに立つということができる。しかし、『起信論』の本覚・始覚は修行の要不要に関して対立するものではない。本覚は内在的な悟りの本質であると同時に、到達する目標としての悟りでもある。不覚から本覚に向かって行を進めるのが始覚である。それゆえ、修行の要不要によって本覚と始覚を対立的に見る日本天台の用法は、本来の用法とは大きく異なっている。したがって、狭義の本覚思想である日本の天台本覚思想（本覚思想A）は、必ずしも広義の本覚思想（本覚思想B）の枠内でとらえきれないと考えられるのである。

本覚思想研究史上の問題点

ところで、「本覚思想」という用語は、上述のように近代になって研究者が用いるようになったものであり、必ずしも私の定義のように用いられているわけではない。例えば、袴谷憲昭は、ほとんど如来蔵説や基体説と同じくらい幅広い意味で「本覚思想」という呼称を用いている。袴谷は次のように「本覚思想」を定義している。

……少なくとも、私が「本覚思想」と言う場合には、本質的に言って、一切法の根底に、一なる「体」や「真如」としての「本覚」を据え、そのうちに一切合財を包含するという構造を示していれば、同一の「本覚思想」と見做しているのであって、その際は一応程度の差は無視すべきであるとさえ思っているのである〔袴谷、一九八九、七―八頁〕。

袴谷は、「本覚思想」の名のもとに、既成の仏教に対して幅広く批判を加えたため、この名称の用法がきわめて混乱することになった。袴谷による既成の仏教に対する批判は十分に検討すべき重要な問題を含んでいるが、このような「本覚思想」という言葉の用法は不正確であり、議論を混乱させるだけである。この点に関しては、最近の花野充道の批判が適切である[7]（花野、二〇〇三）（同、二〇〇四）。

実は、「本覚思想」という用語がかなり幅広い意味で用いられ、そのために混乱を招くようになったのは、この語が用いられるようになった歴史的経緯が関係している。「本覚思想」という語をはじめて用いたのは、近代における日本仏教研究の先駆者島地大等（一八七五―一九二七）であると思われる。島地は、論文「日本古天台研究の必要を論ず」（島地、一九二七）において、日本中世の天台思想の重要性を指摘した。島地は研究を大成する前に死去したため、著書はほとんど遺さなかったが、没後、門人たちが東京帝国大学などにおける講義録を整理して出版し、それらは今日でも名著として定評が高い。それらの講義の中で、島地は日本中世の天台思想を重視して詳細に論じており、とりわけ『日本仏教教学史』（一九三三）の論述が優れている。「本覚思想」という呼称をはっきりと用いたのは、やはり講義録の一つである「日本仏教本覚思想の概観」（『仏教大綱』所収、一九三一）である。

島地はこの講義において、「本始二覚門の方式に依って、仏教を統一的に総観せん」（島地、一九三一、四頁）とすることを目標として掲げた。仏教を大きく分けるのに、実相論（三論・天台・禅）と縁起論（華厳・真言）に分けるやり方があり、それが「純粋教理に立脚せる判目」であるのに対して、本始二覚は「実践的立場から」仏教を分類することになる（同、四頁）。それゆえ、「実相論、縁起論の両系は、各々、本覚思想と、始覚思想とを具へ、しかして、各系の低級なるものは、始覚思想に立ち、高級なるものは、本覚思想に立てるもの」〔同、一三頁〕である。ここでは、明らかに本覚思想を始覚思想よりも優れたものと位置づけている。

島地は、本覚（門）思想を「絶待思想の絶待的実現」、始覚（門）思想を「その（絶待思想の――引用者注）相対的実現」と定義する〔同、一〇頁〕。「絶待思想」というのは、実相論や縁起論で把握される「実在論」であるという〔同、一二頁〕。即ち、変化して実体のない現象世界に対して、永遠の絶対性を持つ実在を認めるのが「絶待思想」である。その点では、本覚思想も始覚思想も同一であるが、その実現の仕方が絶対的であるか、相対的であるかというところで、本覚思想と始覚思想が分かれるのである。相対的というのは、段階を踏み修行する立場であり、絶待（対）的というのは、修行せずに、現象世界がそのままで悟りの絶対性であるという考え方である。

この島地の分類に従えば、本覚思想は必ずしも日本の中世天台だけに限らず、より普遍的に適用できる仏教の実践思想の類型ということになる。実際、島地は、日本中世の真言宗においても「本覚門」ということが言われ、天台と同じような本覚思想が展開していることを指摘している。また、「南方系の仏教は、殆んどみな、始覚門に属するに反し、北方系の仏教は、悉く、しだいに発展して、本覚門に転じてゐる」〔同、四頁〕と、南北両伝の仏教の性質を特徴づけている。

このように、「本覚思想」の概念を広く適応しようという試みは、早くからなされている。島地の「日本天台本覚思想の概観」は、日本天台の本覚思想を仏教思想の流れの中に位置づけようとしたもので、今日でも十分に活用できる優れた成果である。しかし、本覚思想・始覚思想の対抗によって仏教思想全体を二分化しようというのはやや無理があり、混乱を招くように思われる。「本覚思想」の呼称は、本覚思想Aと本覚思想Bの範囲に留めるのが適当と、私は考えている。

ただ、前述のように、日本中世においては、天台宗だけでなく、他の宗派でも本覚思想Aと類似した思想を展開している。例えば、真言宗でも本覚門・始覚門を分けて、本覚門を高く評価する考え方がかなり広く見られた。また、明恵は『金獅子章光顕鈔《こんじし》』で、「一人断惑時、一切有情皆断惑」「一人成仏時、即一切有情皆成仏」という当時の華厳宗の「有人」の説を批判しているが、この「有人」の説には本覚思想Aとの近似性が見られる〔末木、一九九三a〕。それゆえ、本覚思想Aを天台だけに限定しすぎると、かえって時代的な共通点を見逃すおそれがある。その意味では、周辺的なところに関しては、あまりに厳密にせずに、多少ルーズに見るほうがよいと考えるのである。

ところで、なぜ天台本覚思想（本覚思想A）が日本で大きな問題となったのであろうか。すでに島地大等は、日本の中世天台（島地の言う「日本古天台」）が単なる天台思想史だけでなく、日本思想史や日本の中世文化を考える上で重要であることを指摘している〔島地、一九二七〕。本覚思想Aは、神道や修験道の理論、文学や芸能などにも大きな影響を与えている。それゆえ、その研究は必ずしも仏教研究の範囲に限られない広い領域に関わるものである。その研究が日本文化研究上で重視される所以である。

日本天台本覚思想における二つの思想類型と中国との関係

1　本覚思想＝本門思想――本覚思想Aの典型

いずれにしても、日本天台の本覚思想（天台本覚思想）が、本覚思想を考える場合のもっとも典型となるものである。天台本覚思想はもともと口伝で伝えられたということもあって、その文献の成立には不明のところが多い。最澄・源信などに仮託されている場合が多いので、成立年代もはっきりしないが、十二世紀頃からかなり活発化したと思われる。

島地大等は、日本中世天台における本覚・始覚を思想類型的に次のように整理している〔島地、一九三一、七二頁〕。

始覚（不変真如）——理三千——理常住←—迹門—→伽耶近成——始覚
本覚（随縁真如）——事三千——事常住←—本門—→久遠実成——本覚

始覚迹門——始覚修成——究竟成仏
本覚本門——本覚本有——具縛凡夫理即仏

ここで注目されるのは、始覚を『法華経』の迹門に当て、本覚を本門に当てていることである。天台では『法華経』を重視するので、日本天台もまた『法華経』の解釈学を中心として発展してゆく一面がある。迹門の釈迦仏は、修行をして仏陀《ブッダ》伽耶《ガヤ》で成道したのであるから始覚門であり、本門の釈迦仏は、久遠実成であるから本覚門となるのである。もっとも厳密に言えば、本門の釈迦仏ははるかむかしに成道しているのであるから、修行によって悟るということを否定するわけではない。しかし、日本天台の解釈では、成道ということを否定して、仏の無始無終性を主張する。仏（法身）はまた、随縁真如として遍満しているのであるから、すべての事象（事）がそのまま常住であり、したがって、具縛の凡夫はそのままで成仏した仏だというのである。このように、本覚思想は、『法華経』解釈というところから言えば、本門思想ということもできる。また、ここから知られるように、本門を迹門より優れたものと解している。

このような本門＝本覚思想は、現象界の存在をそのまま実相と認めるものであり、花野充道の言うように（花野、二〇〇三）（同、二〇〇四）、中国天台以来の諸法実相的な思想の発展上に位置づけられ、その点では、『起信論』に由来する本覚思想Bとは違う流れに立つものである。このような本覚思想では、後述の『漢光類聚』に、「地獄、地獄当体為心要、乃至、仏果、本有仏体為心要」（地獄は地獄の当体を心要と為し、乃至、仏果は本有の仏体を心要と為す）（多田他、一九七三、三七二頁）と言われるように、悟りへ向かっての修行は考えられず、地獄は地獄のまま、仏は仏のままでよいと考えられることになる。

この思想は、十二世紀後半から十三世紀初めの成立と考えられる『三十四箇事書』に典型的に見られる（末木、一九九三b）。例えば、草木成仏というテーマに関して、草木不成仏説を主張する。これは、中国でも見られるような非情無仏性説ではなく、「常住の十界全く改むるなく、草木も常住なり」（多田他、一九七三、一六七頁）と言われるように、草木は草木のままで完全な状態であり、それ以上改めて成仏する必要などないと主張する。それゆえ、「世間相常住と云ふは、堅固不動なるを常住と云ふにはあらず。……無常は無常ながら、常住にして失せず」（同、一五七頁）といわれるように、「常住」の概念にも大きな変更が加えられる。常住といっても永遠なる実体があるわけではなく、無常なる世間のあり方が無常のままにあることが常住である、という矛盾した表現も見られる。これは、「本覚」を実体的な原理として立てる本覚思想Bと大きく異なるところである。

これは、松本史朗の分類でいえば、「仏性顕在論」ということになるであろう。松本は、仏性顕在論と仏性内在論を対立的に立てて中国・日本の仏教思想の展開の類型とする〔松本、一九九四〕が、先の島地の分類と同じく、その二元論では捉えきれない問題があるように思われる。「仏性顕在論」という言い方で一括すると、非常に幅広い動向がそのなかに含められることになってしまい、その中での発展変化が十分に解明されない。

それに対して、田村芳朗は、相即論の発展というところから、基本的相即論・内在的相即論・顕現的相即論・顕在的相即論の四段階を立てる。基本的相即論は空の立場であり、内在的相即論は仏性説などの内在説〔松本の言う「仏性内在論」〕、顕現的相即論は「現実ないし衆生は永遠な真理ないし仏の顕現したもの」〔田村、一九七三、四八二頁〕と見る立場で、中国天台の実相論はここに入る。これは理顕本〔理常住〕の立場とされる。天台本覚思想を特徴づけるのは顕在的相即論であり、これは「現実の事象こそ永遠な真理の生きたすがたであり、その他に真理はない」〔同〕というものであり、これが事常住に当たることになる。この本覚思想の立場は、中国の仏教思想に近いものを探せば、華厳の事事無礙の立場、あるいは禅の系統では無事禅といわれる流れに近いのではないかと思われる。このように、松本の言う「仏性顕在論」は、田村では「顕現的相即論」と「顕在的相即論」に分けられることになり、天台本覚思想の事常住の立場は、「顕在的相即論」に当たることになる。図示すると以下の通りである。

〔松本史朗〕

〔田村芳朗〕
基本的相即論

内在的相即論――――――――仏性内在論
顕現的相即論―（理顕本）―┐
顕在的相即論―（事常住）―┘仏性顕在論

『三十四箇事書』では、「妙覚成道とは、理即の一念の心において、これを唱ふるなり」〔多田他、一九七三、一五八頁〕と、「理即の一念の心」に「妙覚成道」が含まれているとする。それゆえ、名字即以上においては、「理即の内の徳を無尽に沙汰する」〔同〕といわれる。「沙汰」というのは、この場合は、善悪をより分けるという本来の意味ではなく、「用いる」というくらいの意味であろう。

なお、この箇所では「還同《げんどう》本覚」ということが言われている。「本覚」に戻るということである。しかし、その場合、「本覚」は必ずしも実体的なものとして捉えられているわけではない。例えば、「本覚はただ迷、始覚はただ覚なり」〔同〕といわれるように、本覚は迷いの状態であり、その迷いの状態をそのままでよいと認めることが悟りである。これは、「本覚」を悟りの原理とする発想への強力な批判であり、むしろ「本覚」の概念を解体しているとも言える。

それゆえ、「本覚」という用語が用いられている限りにおいては、本覚思想Bの流れに立つともいえるが、通常の本覚思想Bに見られるような、悟りの原理としての「本覚」の実体化とは大きく異なっている。このように、『三十四箇事書』は本覚思想のもっとも典型的文献でありながら、「本覚」という語は必ずしも中心的な原理とはされず、本覚思想Bの流れとは多少ずれた位置にある。このことは、本覚思想について議論する際、注意する必要があることである。

2　根源的な「一心」の樹立――本覚思想Bの導入

十三世紀後半になると、日本天台独特の「四重興廃」と呼ばれる教判（中国語では判教）が成立する。これは、爾前《にぜん》（『法華経』以前）・迹門（『法華経』の前半）・本門（『法華経』の後半）・観心の四段階を立て、前の段階が廃されて、次の段階に至り、最終的に観心の段階に達するものと考えられている。ここで注目されるのは、本門の段階が廃されて、観心が立てられることであり、本門の立場もまだ最終的とされていないことである。そうなると、本門＝本覚思想もさらに超えられなければならないことになる。

四重興廃の典型的な形は、『漢光類聚』に見られる。『漢光類聚』は、忠尋（一〇六五―一一三八）作とされているが、実際には十三世紀後半の成立と考えられている〔末木、一九九八a〕。同書は、南岳慧思から天台智顗に伝えられたという『天台伝南岳心要』（偽書）の注釈書という形を取っている。四重興廃は『漢光類聚』に次のように記されている。

> 爾前帯権経の意は、但中法性の理を心要と為す。法性の理は正しく一心にあらざれども、一心の所依なるが故に、但中の理を心要となす。迹門の意は、無相不相の一理より色心出生す。能生の不変真如の一理を心要となす。本門の意は、俗諦三千の諸法各心体の心要なり。謂く、地獄は地獄の当体を心要となし、乃至仏果は本有の仏体を心要となす。かくの如きの三重の心要は、正しく大師の本意にあらず。今の心要とは、本迹末分根本法華の内証、不思議法然の自体なり。自性不思議にして介爾《けに》の一念に三千の性相を具す。故に今の心要は、観不思議の実体を心要となすなり、云云。〔多田他、一九七三、一九四頁〕

ここでは、第四段階に「観心」という用語は使われていないが、基本的な構造は明らかである。すなわち、本門の段階もまだ「(天台)大師の本意」ではないとされ、第四段階のみが究極の立場とされるのである。その第四段階は、「本迹未分根本法華の内証、不思議法然の自体」であり、「自性不思議にして介爾の一念に三千の性相を具す」とされている。これもまた、天台の一念三千論の展開と見ることができるが、「衆生一心は事理未分の体なり」(同、二一一頁)と言われるように、その「一念」が思議を絶した絶対性を持つとされるのである。ここに至ると、空＝実相論的な立場というよりも、「衆生一心」がすべてを包括する一種の絶対的な基体として捉えられていると考えるべきである。その四段階は、次のような言い方でもっともよく表わされている(同、二二五頁)。

爾前――煩悩、菩提にあらず
迹門――煩悩即ち菩提
本門――煩悩即ち煩悩、菩提即ち菩提
観門(観心)――煩悩にあらず、菩提にあらず

このように、田村芳朗の言う「顕在的相即論」はなお超えられなければならないのである。このような根源的な「一心」の確立に中国禅の影響があるであろうということは、すでに認められているが(田村、一九九〇b)、その際、宗密《しゅうみつ》の影響があるのではないかということを、私は以前指摘した(末木、一九九八a、二

九二―二九五頁〕。そのときは触れなかったが、その証拠となる箇所が『漢光類聚』に見られる。それは、蓮実房という人の説として挙げられたもので、四段階のそれぞれを、応同局情教・破開局情教・本覚教・直顕《じきけん》真実教と名づけている。ここで、第三段階を本覚教と名づけていることも注目されるが、それとともに第四段階の「直顕真実教」という名称が、『禅源諸詮集都序』に出る、禅の三宗における「直顕心性《しんしょう》宗」という言い方と似ており、その影響をうかがわせるひとつの証拠と考えられよう。『禅源諸詮集都序』における禅の三宗と教の三種の対応は以下のとおりである。

禅の三宗		教の三種
	人天因果教	密意依性説相教
	断惑滅苦教	
息妄修心宗	将識破境教	
泯絶無寄宗		密意破相顕性教
直顕心性宗		顕示真心即性教

禅の三宗のうち、直顕心性宗はまた二つに分かれ、第一は「即今能く語言動作し、貪嗔慈忍、善悪を造り苦楽を受ける等、即ち汝が仏性」というものであり、第二は「妄念本寂、塵境本空、空寂の心、霊知不昧、即ち此の空寂の知、是れ汝が真性」というものである（大正四八・四〇二下）。ここには明記されていないが、第一は馬祖《ばそ》系の洪州《こうしゅう》宗に該当し、第二は宗密自身の荷沢《かたく》宗に該当すると考えられる。ここで、第一のほうは、日常的な動作や感情がそのまま仏性のはたらきだとするもので、日本天台の本門＝本覚思想に近似し、第二

のほうは、その根底に絶対的な「空寂心」を想定するもので、日本天台の四重興廃の第四段階の観心に近似する。このように見るならば、四重興廃に『禅源諸詮集都序』の体系が影響を与えたことは十分に考えられる。

このように、日本中世の天台本覚思想は、十二—十三世紀中葉に、そのもっとも特徴的な本門＝本覚思想の「顕在的相即論」を発展させた後、十三世紀後半になると、それまで最高と考えられていた本門＝本覚をさらに超える観心の段階を認めるようになる。[8] ここでは「本覚」という語は用いていないが、心を根源的な原理として定立するところから、本覚思想Bの流れを強く受けたものと考えることができる。宗密は、「源は是れ一切衆生の本覚真性、亦た仏性と名づけ、亦た心地と名づく」（大正四八・三九九上）と述べており、その原理が「本覚」と呼ばれていることから、本覚思想Bの展開上に立っていることが明らかである。

以上のように、日本の天台本覚思想（本覚思想A）は複雑な経路をたどって発展してきている。そこで、もっとも典型的な形態は、田村芳朗のいう「顕在的相即論」に当たるもので、四重興廃の第三段階である。それは本覚思想Bの流れとは多少ずれたところに位置する。しかし、その後、さらに第四段階が発展する。この第四段階は、本覚思想Bの展開上に見ることができ、そこには中国の禅思想の影響がうかがわれる。

我々が本覚思想について議論しようとするときには、このように本覚思想といっても異なる類型があることをはっきり認識し、混同しないようにすることが必要である。

註

（1）本書は、大正五六に高山寺蔵写本を底本として収められているが、実際に高山寺蔵写本と比べて見ると、字句の相違がきわめて大きく、信用できない〔末木、一九九四〕。

（2）『続天台宗全書』口決一。研究として、石田〔一九七七〕。

（3）本節はもと、第一回中日仏学会議（北京・中国人民大学、二〇〇四）で発表したものであり、中国との比較を念頭に置きながら論じた。

（4）韓国も含めるべきであり、「東アジア」と訂正するのが適当である。

（5）なお、二〇〇〇年に智山勧学会で行なった講演「鎌倉仏教と本覚思想」では、「本覚思想A」と「本覚思想B」を思想類型的に捉える方向を示した（その記録は、末木〔二〇〇五〕）が、今回それを多少修正する。あくまで問題を「天台本覚思想」とその周辺に限定するならば、思想類型的に分けることも有意義であるが、今回のように、問題が東アジア全域にわたる場合には、類型的な分類では必ずしも適切に適用できないと考えるからである。

（6）大久保〔一九九八〕は、「本覚思想」を日本中世天台に限定し、天台教学の展開上に捉えようとしている。

（7）袴谷は、「本覚思想」という呼称が不適切だという批判に対して、代わりに「本迹思想」などの用語を用いたが、この点に関しても、花野〔二〇〇三〕は批判している。

（8）十三世紀前半の段階で、すでに道元は『正法眼蔵』弁道話において、心を実体化した「霊知」説を批判している。したがって、心を実体化する本覚思想Bの流れはそれ以前から見られるのであるが、それが本門＝本覚思想を超えるものとして絶対化されるのは、十三世紀後半になると考えられる。

参考文献

浅井円道〔一九七五〕『上古天台本門思想史』（平楽寺書店）
浅井円道編〔一九九一〕『本覚思想の源流と展開』（平楽寺書店）
石井公成〔一九九六〕『華厳思想の研究』（春秋社）
石田瑞麿〔一九七七〕「初期口伝法門文献の成立」（『武蔵野女子大学紀要』一二）
大久保良峻〔一九九八〕『天台教学と本覚思想』（法藏館）
長部和雄〔一九六三〕『一行禅師の研究』（神戸商科大学学術研究会）
勝又俊教〔一九八一〕『弘法大師の思想とその源流』（山喜房佛書林）

黒田俊雄〔一九七五〕『日本中世の国家と宗教』（岩波書店）
島地大等〔一九二七〕「日本古天台研究の必要を論ず」（『思想』六〇、島地『教理と史論』、明治書院、一九三一に再録）
同　〔一九三一〕『仏教大綱』（明治書院）
末木文美士〔一九九三ａ〕「『摧邪輪』考」（『日本仏教思想史論考』大蔵出版）
同　〔一九九三ｂ〕「中世天台と本覚思想」（同）
同　〔一九九四〕「高山寺所蔵天台関係典籍について」（『平成五年度高山寺典籍文書綜合調査団研究報告論集』）
同　〔一九九五〕『平安初期仏教思想の研究』（春秋社）
同　〔一九九八ａ〕『鎌倉仏教形成論』（法藏館）
同　〔一九九八ｂ〕「本覚思想」（『岩波哲学・思想事典』岩波書店）
同　〔二〇〇五〕「鎌倉仏教と本覚思想」（智山勧学会編『中世の仏教』、青史出版）
多田・大久保・田村・浅井〔一九七三〕『天台本覚論』（『日本思想大系九』岩波書店）
田村芳朗〔一九六五〕『鎌倉新仏教思想の研究』（平楽寺書店）
同　〔一九七三〕「天台本覚思想概論」（『天台本覚論』岩波書店）
同　〔一九九〇ａ〕「密教と本覚思想」（『本覚思想論』春秋社）
同　〔一九九〇ｂ〕「日本天台本覚思想の形成過程――とくに宋朝禅との関連について」（『本覚思想論』春秋社）
袴谷憲昭〔一九八九〕『本覚思想批判』（大蔵出版）
花野充道〔二〇〇三〕「本覚思想と本迹思想」（『駒澤短期大学仏教論集』九）
同　〔二〇〇四〕「本覚思想の定義をめぐって」（『印度学仏教学研究』五二）
松崎恵水〔一九九一〕「空海及びその門下の本覚の用語例及びその意義」（『本覚思想の源流と展開』浅井編）
松本史朗〔一九九四〕『禅思想の批判的研究』（大蔵出版）
三﨑良周〔一九九一〕「五大院安然と本覚讃」（『本覚思想の源流と展開』浅井編）
水上文義〔一九七六〕「現行本『蓮華三昧経』の成立について」（『天台学報』一八）
同　〔一九九八〕「『講演法華儀』の検討」（『東洋の思想と宗教』一五）
吉田宏晳〔一九九三〕『空海思想の形成』（春秋社）

第四章　浄土教の思想

一　浄土教における現世と来世

問題点

今日の日本の仏教はしばしば葬式仏教といわれ、葬式や法事など死者にかかわる儀礼を大きな経済基盤としている。ところが、「葬式仏教」という言葉自体が一種の蔑視した表現であり、仏教界においてはそれを恥じる傾向がある。仏教の理想は高邁な悟りにあり、死者儀礼はあくまで方便であるというのである。

確かに、正統的な仏教理論では日本の葬式仏教の死者儀礼は十分に説明できない。それでも四十九日までは、次のいまだ生存が定まらない中陰であり、廻向ということが成り立つかもしれないが、それ以後の法要がどのような意味を持つのかは不確かである。その源泉は中国に求められ、さらに日本で発展したものと考えられているが、仏教自体というよりは、民俗的な発想が仏教儀礼の中に取り入れられたものと見るのが妥当である。

しかし、死者に対する儀礼だけでなく、そもそも死後の世界の表象そのものが、初期の仏教理論にとって必ずしも本質的なところに位置するわけではなかった。仏教は何よりも悟りを求める宗教であり、死後の救済を求める宗教と考えられた。それ故、死後の往生を第一の目的とする浄土教は、仏教の中でも理論的にきわめて位置づけにくいものである。そこから、民衆の信仰の中では、浄土教はもっぱら来世往生と関連づけられるにもかかわらず、仏教の実践体系においては、むしろ現世で三昧を得るという面が重視され、それと来世浄土がどのように関係するかが問題にされた。

以下、本節では、インドの経典から出発して、日本に至るまでの浄土教の教理文献を素材に、浄土往生がどのように説かれているか、特に現世における悟りの要素とどのように関連づけられるかを概観してみたい。浄土教の教理から言えば、浄土門と聖道門がどう関わるかという問題であり、宗教哲学的に言えば、悟り enlightenment と救い salvation がどう関係するか、という問題である。両者は単純な二者択一ではなく、密接に関係していることを明らかにしたい。ただし、広範囲にわたるため、概説的になることをお許しいただきたい。また、あくまで教理的問題に限るため、民衆の実際の信仰と必ずしも合致しているわけではないことをお断りしておく。

浄土経典における現世と来世

1　浄土教と来世救済――『無量寿経』

上述のように、仏教の目的は生死を超える悟りにあった。はたしてブッダ自身の教えが輪廻の観念を前提としていたかどうかについては異論もあるが、少なくともかなり早い時期から仏教は輪廻の観念を前提とし、苦をもたらす元凶である輪廻を離脱することが涅槃であり、悟りであった。出家者はひたすら悟りを求めて修行に専念すべきであり、現世で悟りを得られない場合は、いくども輪廻を繰り返しながら悟りへと進むのである。

それに対して、修行に専念できない在家者は、そのままでは悟りに達することができない。そこで、功徳を積むことによって、いずれ修行のできるような境遇に生まれること、特に天に生まれることが目標とされた。いわゆる生天思想である。天は人間界よりはすぐれているが、いまだ六道の輪廻のうちにあるとされる。また、悪いことをした人が地獄に堕ちるという発想もあったが、地獄もまた六道のうちであり、死者だけの特別の世界というわけではない。すなわち、六道輪廻の思想に基づく限り、死者だけの特別の世界はなく、この世界の中の六つの領域の範囲で輪廻を繰り返すことになる。

ちなみに、輪廻 saṃsāra は漢訳ではしばしば「生死」と訳されるが、もともと生死を繰り返すという輪廻の観念がない東アジアでは、生死というと一回的な生と死というニュアンスで理解されることが稀ではなかった。

大乗仏教が興起したとき、その大きな特徴のひとつは、多仏思想であった。もともとブッダは一時代に一人だけ出現するとされていたが、大乗仏教になると、他方世界を考えることにより、同時に多数のブッダの出現が認められるようになった。阿弥陀仏を説く『無量寿経』の原型は、もっとも古い大乗経典のひとつと考えられ、阿弥陀仏信仰が非常に早くから成立していたことが知られる。

阿弥陀仏は極楽 Sukhāvatī 世界にいて、人々を救い取るとされるが、奇妙なことに、もともと無量光 Amitābha と無量寿 Amitāyus の二つの名前があり、両者の共通部分をとって「阿弥陀」と漢訳されたのである。『無量寿経』などでは、主として Amitābha が使われているにもかかわらず、漢訳では無量寿が一般的である。これは、道教的な長生思想の影響であるといわれる。阿弥陀仏信仰の成立にあたっては、インドだけでなく、西方文化の影響があるとも言われ、その成立もインド中央ではなく、北西インドと考えられている。『無量寿経』には梵本・チベット語訳と漢訳五種が残っているが、そこには明らかな発展が認められ、もっとも古い形は二種類の漢訳、すなわち、『大阿弥陀経』（阿弥陀三耶三仏薩楼仏檀過度人道経）と『平等覚経』（無量清浄平等覚経）に求められる。これらにおいては、阿弥陀仏の願は二十四からなり、二十四願系と呼ばれる。それに対して、通常用いられる『無量寿経』は四十八願からなり、四十八願系と呼ばれる。梵本（四十七願）・チベット語訳（四十九願）も同じ系統に含められる。

阿弥陀仏信仰ははじめから阿弥陀仏による死後の救済という性格を強く持ち、極楽は死後の楽園としての性格を与えられていた。『無量寿経』の系統の阿弥陀仏信仰の特徴は、苦に満ちた現世と対照させて、極めて印象的に来世の極楽世界のすばらしさを説いたところにある。この点で注目されるのは五悪段と呼ばれる一段である。これは、漢訳では二十四願系の段階からあり、『無量寿経』にも入っているものの、他の諸本にはなく、中国での挿入と考えられている箇所であるが、極楽のすばらしさに較べて、悪に満ちた現世の姿をまざまざと描き出し、両者の対比を印象深いものにしている。

このように、現世と来世が対照されることにより、穢土である現世を離れ、来世の浄土に往生することが勧められることになる。往生するための方法は、三輩段やいくつかの願文に説かれるが、後に念仏往生の根拠として注目されるようになるのが、『無量寿経』の第十八願である。第十八願は、この通りの形では『無量寿経』にしか見られず、他の四十八願系でもだいぶ異なっている。しかし、きわめて容易な方法で往生が可能とされたのは誤りなく、この点では、すでに『大阿弥陀経』第四願にも、阿弥陀仏の名前を聞くだけで往生させようとの誓いが述べられている。このように往生が容易な方法でなされうるという発想は、浄土教が広まるのに大きな力となった。

現世と来世のはっきりした対比、及び、現世的な悟りを求める修行とは異なる容易な方法で、極楽に往生できるという来世救済の思想は、伝統的な仏教の理論とは必ずしも整合しないところがある。『大阿弥陀経』巻上の最後には、浄土には須弥山がないのに、須弥山に住居を占める四天王や忉利天はどこに存在するか、という問答があり、当時の仏教理論から見たとき、さまざまな問題を含んでいたことが知られる。その中でも、特に大乗仏教の空の理論との関係は大きな問題となる。その点を次に考えてみよう。

2　浄土教と現世の修行——『般舟三昧経』から『観無量寿経』へ

『無量寿経』には空の思想の影響があるが、二十四願系の経典にはいまだその影響が見えず、もともとの阿弥陀仏信仰は、空のような理論的な展開とは無関係なところで成立したと考えられる。空の理論によれば、一切の存在は実体を持たないものであり、それ故、阿弥陀仏や極楽浄土にしても実在とは見られないことになる。このような空の理論との整合を図ったものとして、般舟三昧《はんじゅざんまい》がある。般舟三昧は現在仏悉前立三昧と訳されるもので、『般舟三昧経』に説かれ、十方諸仏が三昧状態の修行者の前に出現するというものである。それが可能であるのは空の思想に基づいており、すべて空だからこそ、行者も諸仏も不動のままに、諸仏が現前することが可能となるというのである。

その諸仏の代表として阿弥陀仏が挙げられ、阿弥陀仏を対象として七日七夜思念を凝らすことによって、阿弥陀仏に直接お目にかかることができるというのである。そこには、「心作仏」「心是仏」のような表現が見られ、『華厳経』とも共通する唯心的な仏の把握がなされている。こうして、阿弥陀仏信仰は、来世の浄土往生を願うという救済の側面と、現世で三昧に入り仏にお目にかかったり、あるいは仏と一体化するという、大乗仏教一般に通ずる修行の側面との二重性を獲得することになる。

この般舟三昧を発展させて中央アジアで形成されたのが、観仏という修行法であり、『観仏三昧海経』などの観仏経典において説かれる。観仏経典の中でも、『観無量寿経』（略称『観経』）は、阿弥陀仏を対象とした観仏の方法を説いており、もっとも広く普及したものである。『観経』の特徴は、我が子阿闍世《あじゃせ》によって幽閉された韋提希《いだいけ》夫人に対する説法という劇的な構成により、現世における観仏という修行と、来世の往生とを巧みに接合し、体系化したところにある。

その内容は十六観といわれ、十六段階に分けて心を凝らして対象を思念することが説かれているが、そのうち、最後の三観は、往生の方法を九つの種類に分けて説き、九品《くほん》段と呼ばれ、それに対して前十三観で直接阿弥陀仏と極楽世界を観想する方法を説いている。この十三観は、最初、日没の日を観察することからはじめ、水・地・樹木・池というように、現世の情景から次第に極楽世界の様子を思い浮かべていくという、きわめて体系的な方法をもって観想を進めてゆく。

第六観までで極楽世界の観想を終え、第七観以後は阿弥陀仏と観音・勢至の両菩薩の観想に移る。中でも第八、九観は阿弥陀仏の観想で、十三観の中でも中心となる。第八観は仏像を観想の対象とするが、そこでは、「この心が仏と作《な》り、この心が仏である」（是心作仏、是心是仏）と説き、唯心論的なブッダ観が明白に述べられている。念仏の方法として、事観（具体的なブッダの形体を観ずる）に対して、理観（真理としてのブッダを観ずる）を説く代表的な箇所である。

それに対して、第九観では、無量寿経（阿弥陀仏）の色身を観ずることを説くが、そこでは、「無量寿仏を見るものは、即ち十方無量の諸仏を見る」と、般舟三昧の系統を引いていることが明らかである。また、第九観では、無量寿仏を観想するとき、眉間の白毫《びゃくごう》に集中することを勧めており、これは日本でも源信の『阿弥陀仏白毫観』などに大きな影響を与えることになる。これは理観ではなく、事観である。

このように、十三観は一方では現世における三昧獲得の方法を述べたものであると同時に、もう一方ではやがて行くべき来世の浄土に関するイメージトレーニングともいうべき側面を持っている。それ故、どちらに重点をおいてみるかで、『観経』は、現世の修行のマニュアルともなるし、来世の往生へ向けて励ます経典ともなるのである。また、ブッダの観想に関しても、理観と事観の両方を説いており、そのいずれの根拠ともなりうるものである。

さらに、本経の最後の三観は、上品上生から下品下生に至る九段階（九品）の往生を説いて、来世往生の方向を強く示している。その中でも下品上生から下生までにおいては、悪人が臨終の念仏で往生することを述べており、後世きわめて重視されることになる。この念仏は称名念仏であり、このように『観経』では、観想と称名の両方の念仏を説いていることになる。

- 念仏
  - 観想
    - 理観（第八観）
    - 事観（第九観）
  - 称名（下品）

以上のように、『観経』は、現世の観想修行と来世のイメージ、さらに往生のための方法の提示というさまざまな要素を含んでおり、東アジアで展開する浄土教は『観経』を基礎に展開することになるのである。

中国浄土教における現世と来世

中国における浄土教は盧山の慧《え》遠《おん》に始まるといわれる。慧遠は白蓮《びゃくれん》社を結んで念仏をはじめたという。慧遠の念仏は般舟三昧の系統に立つもので、『念仏三昧詩集序』によると、さまざまな三昧の中で、もっとも修しやすいのが念仏三昧であるとして、念仏を勧めている。慧遠と鳩摩羅什の問答を記した『大乗大義鈔』には、『般舟三昧経』における見仏がどうして可能かという問題が取り上げられており、慧遠が念仏三昧の行に深い関心を持っていたことが知られる。しかし、慧遠の伝記では慧遠が往生したということは見られず、慧遠においては、念仏はあくまで現世の三昧であって、来世往生とは結びついていなかったと思われる。

　このような観想念仏の系統は中国において主流であり、称名が認められるとしても、三昧を獲得するための方便としてである。例えば、天台智顗は『摩訶止観』で四種三昧を説くが、そのうち常行三昧は、『般舟三昧経』に基づいて九十日間ひたすら阿弥陀仏を念じ続け、阿弥陀仏にお目にかかることを求めるというものである。この常行三昧は、日本では円仁によって、法照の五会念仏が採り入れられ、むしろ音楽的・美的な念仏として影響を与えることになった。

　天台系では智顗の作とされる『観無量寿経疏』があり、実際には唐代の偽撰であるが、広く用いられた。これは、天台の観法をもとにして理観の方向をもつものであるが、それをさらに発展させたのが宋初の天台の復興者、四明知礼である。知礼は偽撰智顗の『観無量寿経疏』の注釈書『観無量寿経疏妙宗鈔』で、このような理観をさらに発展させ、「是心作仏、是心是仏」において天台の空・仮・中の一心三観を観ずることができると説いた。理観念仏に天台の根本的な観法を結びつけたものであり、その後、大きな影響を与えることになった。

このような現世における三昧の体得、理観による真理の体得という方向に対して、実際の信仰においては、死後の極楽往生ということが次第に普及していった。特にその画期を作ったのが唐の善導であった。善導はこのような理観的な解釈とは正反対の方向で『観経』を解釈し、凡夫の極楽往生を阿弥陀仏の本願である念仏によって実現させるという解釈を、徹底して推し進めた。

理観的な方向は、阿弥陀仏や浄土を外在的なものとせず、我々の心に内在するものとして把握するが、それに対して、善導はあくまで外側の世界に実在するものと捉える。これを「指方立相《しほうりっそう》」と呼ぶ。西方という具体的な方向に、実在的な姿をとった阿弥陀仏とその浄土があるということである。そして、その浄土に往生する方法として、称名念仏を重視する。『観経』の下品段の称名念仏を『無量寿経』の第十八願と結びつけ、阿弥陀仏が本願において衆生救済の方法として採用したものと見るのである。

善導のこのような解釈は、仏教の理論から見るとかなり異端的なものであり、特殊なものである。しかし、理解しやすく、また実践しやすいので、民衆への普及という面で、一時期爆発的な人気を得た。敦煌などに残された浄土変相や、日本に伝えられた当麻《たいま》曼荼羅などにも、善導の解釈の影響が顕著にうかがわれる。法然が「偏依善導」と称して、善導の立場を採用したことはよく知られている。しかし、善導はもう一方では般舟三昧を採用しており、『観経』解釈に当たっても事観的な三昧の面を軽視しているわけではない。

中国では、善導の強い影響が見られるのは一時期にとどまり、やがてまた理観的な要素が復活する。善導の主著『観経疏』は、その一部を残して中国では散逸してしまう。後代の中国の仏教は禅浄一致が主流を占め、禅の修行をなしつつ、同時に念仏を修し、来世には浄土に生まれることを願う複合的な形態をとるようになる。それによって浄土教は、通仏教的な理論に適合することができたのである。

日本では、理観的な面がなくなるわけではないが、法然以後著しく弱まる。明治になって、日本の仏教が中国に進出したとき、その中心となった浄土真宗に対して中国側は強い批判を浴びせる。それは、その浄土観・念仏観があまりに仏教の原理を逸脱しているのではないか、ということであった。日本的に発展した仏教が必ずしも普遍的に通用するものではないことを示す点で、注目されるできごとである。

日本における展開

1　来世の希求――『往生要集』の場合

では、日本における浄土教の展開の中で、現世の修行と来世の往生はどのように捉えられたのであろうか。日本においては、当初理観的な方法はそれほど発展しなかった。これは、日本の仏教が当初きちんとした理論や修行体系を伴っていなかったことにもよろう。それ故、日本の浄土教は、来世往生や死者の鎮魂という実際信仰の面を中心に展開する。その最初の画期を作ったのは、源信の『往生要集』であった。

『往生要集』は寛和元年（九八五）に完成されるが、その翌年には往生を求める結社、二十五三昧会が結ばれており、両者の間にはなんらかの関係があったものと考えられる。『往生要集』は、その書名からも分かるとおり、往生のための手引き書という点で一貫しており、このことは、有名な序の次の文章からも知ることができる。

それ往生極楽の教行は、濁世末代の目足なり。道俗貴賤、誰か帰せざる者あらん。ただし、顕密の教法は、其の文、一にあらず。事理の業因、其の行これ多し。利智精進の人は、いまだ難しと為さざらんも、予が如き頑魯の者、あに敢てせんや。この故に、念仏の一門に依りて、いささか経論の要文を集む。これを披いてこれを修むるに、覚り易く行ひ易からん。〔石田、一九九二、一〇頁〕

即ち、「濁世末代」「予が如き頑魯の者」にとって、「顕密の教法」や「事理の業因」はとても実行に堪えない。そこで、「往生極楽の教行」を求めるのが適当であるというのである。もちろん源信は、一方では『一乗要決』や『大乗対倶舎抄』のような理論的な書物を著わしており、決して「予が如き頑魯の者」とは言えないのであるが、同書はそのような理論的、あるいは理観的な要素は少なく、来世の往生を求めるという方向で一貫している。

同書は、厭離穢土《おんりえど》・欣求浄土《ごんぐじょうど》・極楽証拠・正修念仏・助念方法・別時念仏・念仏利益・往生諸行・問答料簡よりなる。このように、厭離穢土と欣求浄土という基本的な枠組みの中で、それではいかにして浄土に往生できるか、という方法の問題として念仏が提示されるのである。その念仏は、礼拝・讃歎・作願・観察・廻向の五つからなるが、そのうちの観察が通常言われる念仏に当たり、それはまた、阿弥陀仏の姿を部分ごとに観想してゆく別相観、全体として観想する総相観、眉間の白毫を観想する雑略《ぞうりやく》観が立てられる。

念仏については、大文第十・問答料簡でも取り上げられ、そこでは定業《じょうごう》・散業・有相業・無相業の四つに分けられる。無相業は理観的な要素を持つが、源信は「諸法の性は　一切皆空・無我なりと通達すれども専ら浄き仏土を求め　必ずかくの如き刹《くに》を成ぜん」という『無量寿経』の文を引いて、無相でありつつも、無相で終わらずに、むしろそれゆえに有相の浄土が成り立つとしている。

源信は天台の人であり、それ故、『往生要素』の念仏は天台の止観の系列に立つものとする解釈もあり、確かにそれは間違いではない。しかし、『往生要集』はあくまでも来世浄土への往生ということに目標を定めており、その点で現世での修行から悟りへという道とは明らかに異なっている。そして、その方法としては、理観的な面を著しく弱め、事観的な方法をとるのである。

2　来世と現世――『観心略要集』

『往生要集』に対して、現世における悟りへ向けての修行的な要素をより多く含み、来世への希求と現世の悟りの実現の緊張関係に立つものに、『観心略要集』がある。本書は源信の著述と考えられてきたものであるが、今日、偽撰であることがほぼ確実になっている。

本書の序には、「それ観法は、諸仏の秘要・衆教の肝心なり。故に天台宗にこれを以て規模となす」と、本書が天台系の観法を中心とすることを明確に表明している。しかし、にもかかわらず本書はそれに納まらないものを持っている。それは、『往生要集』に倣った同書の構成からも知られる。

一、娑婆界の過失を挙ぐ
二、念仏に寄せて観心を明す

三、極楽の依正の徳を歎ず
四、空仮中を弁じ執を蕩ず
五、凡聖、一心に備わるを釈す
六、生死に流転する源を知る
七、生死を出離する観を教う
八、空観を修し懺悔を行ず
九、真正の菩提心を発す
十、問答料簡して疑いを釈す

第一、三章は明らかに厭離穢土・欣求浄土の基本的な構造を示している。このような来世往生的な浄土教観と、天台系の現世における観法の実現とが重層的な複合構造を示しているのが本書の特徴である。そして、前者はまた、後者の理論によって基礎づけられるという面も有するのである。

この二つの側面の関係をもう少し詳しく見てみよう。第四章では、「空・中に入りては娑婆の妄執を蕩《とろ》かし、仮諦《けたい》に出でては西方の仏土を欣ぶ」と、天台の三観を用いて往生を理論づけようとしている。しかし、実際にはさらに複雑な論法が用いられている。それは、仮諦に二つの立場を分けるところである。

即ち、第一の立場は、仮諦に生滅無常を見るものである。ここでは、仮諦で現世の無常を観ずる。それに対して、第二の立場は「仮諦即法界」の立場である。これは、「我身即弥陀、弥陀即我身」「娑婆即極楽、極楽即娑婆」と観ずるもので、「遥かに十万億の国土を過ぎて、安養の浄刹を求むべからず。一念の妄心を翻して法性の理を思えば、己心に仏身を見、己心に浄土を見ん」と言われている。この立場からすれば、現世で己心に仏身を見、己心に浄土を見るのであるから、来世往生を求める必要はないことになる。

だが、実は己心に仏身を見、己心に浄土を見るからこそ、それが来世往生に結びつくのである。「乍《しばら》く此土に住して、先ず同居の浄土の気分を得れば、順次の往生に疑い有るべからず。根性遅鈍なるが故に、縦《たと》い今生の内に浄土を見ること能わずとも、遂に此の観力に依って、順次に必ず上品蓮台に生ぜん」と言われるように、今生の観想の成就が来世の往生を確実なものとするのである。

このように、本書では、本来現世の修法としてもっとも高度なものとされる天台の一心三観を、来世の往生のための行法に転じているところに特徴がある。そのことによって、本来困難なものである天台の修法を「根性遅鈍」の者にも解放することになった。現世でできない分は、その願力によって浄土に生まれ、そこで実現すればよいのである。

天台理論による来世往生の基礎づけはまた、第五章においても試みられる。そこでは、凡聖が一心に備わっていることを根拠にして、それゆえに「機応相隔てざる」が故に、往生が可能となるというのである。即ち、十界互具で、仏陀の境界に九界が含まれるが故に、九界に応を垂れることができるのであり、また、衆生に仏陀の境界が含まれるが故に、衆生は仏陀の救済の対象となりうるのである。

こうして、本書は現世的な観心と来世往生の希求との重層構造をとり、その点で『観無量寿経』の系統に立つ。しかし、その中に天台の一心三観や十界互具のような理論・実践を包含することによって、浄土教は単なる方便説を超えた最高の教え、最高の修行を含むものとして、重要な位置づけを与えられるようになる。

このことは実践方法に関しても言える。天台理論の導入により、一見すると、往生のために困難な行が要求されそうであるが、実は逆である。第十章においては、「理観を修せずして、只一仏の名号を称する人、往生を得るや不《いな》や」という問いに対して、往生を認め、その理由として、空仮中の三諦などのさまざまな法門が「阿弥陀」の三字に包摂されているからだと答えている。それは阿弥陀三諦説とも呼ぶべきもので、院政期以後の浄土教理論に大きな影響を与えることになる。

『観心略要集』の成立年代は必ずしもはっきりしていない。しかし、大まかに言えば、院政期のはじめ頃の成立と考えられる。この頃から叡山において本覚思想的な動向が顕著になる。『観心略要集』における仮諦即法界は、その初期の形態を示すものである。その後、『妙行心要集』『自行念仏問答』などにおいて、本覚思想における浄土教が発展する。本覚思想というと、ただちに現象即実在論という立場から、現世主義にたつものと考えられがちである。しかし、それらにおいても、実際は『観心略要集』と同様、来世往生が説かれており、現世の悟りと来世の往生とが重層的に説かれている。

3　法然以後の展開

こうした現世と来世の重層構造をもつ浄土教に対して、法然は理観的な要素を排除し、善導を全面的に採用して指方立相説をとり、西方浄土への死後の往生という方向をはっきり打ち出した。現世で悟りを開く聖道門を否定し、来世往生を願う浄土門の立場を徹底的に追及した。それと同時に、往生のための行法をもっぱら称名念仏に限るというラディカルな念仏説を主張した。

このような法然の立場は、天台浄土教の流れでいえば、院政期の本覚思想的な浄土教を排除し、『往生要集』に連なるものである。しかし、本覚思想的な浄土教の影響がないかというと、名号に弥陀の功徳がすべて籠められているという『選択本願念仏集』の説には、明らかに阿弥陀三諦説の影響がうかがわれる。また、確かに法然は往生のためには称名念仏だけで十分としながらも、実際には三昧状態に到達しており、現世の三昧が無視されているわけではない。このように、法然の浄土教は現世の修行的な要素が消えてしまうわけではない。

もう一点注目されるのは、指方立相説をとりながらも、『要集』に印象的に見られた厭離穢土・欣求浄土を感覚的な表象によって提示するという方法がとられていない点である。『選択本願念仏集』を見ると、浄土についてはほとんど描写がない。美的・感覚的な浄土観から、より抽象化された浄土観への転換ということができる。この点は、親鸞に至るとより徹底されていく。

以上、浄土教における現世と来世、悟りと救いの関係を、インドから日本まできわめて大雑把に論じてみた。この問題は、法然の強い影響下に、聖道門対浄土門のような二項対立的な図式で論じられることが多いが、実は二つの傾向はより複雑に関係しあい、また、重層的な構造をもっているのである。なお、法然については、次節にもう少し詳しく検討する。

＊本節は、末木〔一九九一〕、梶山・末木〔一九九二〕、西村・末木〔一九九二〕により、細かい注記は省いた。

二　法然の『選択本願念仏集』撰述とその背景

1　法然の扱いにくさ

法然の思想展開

法然は執筆を好まず、自ら著わした著作はきわめて少ない。まとまったものとしては、主著の『選択本願念仏集』（以下、『選択集』と略す）しかないといってよい。その『選択集』にしても、法然自らが筆を執ったのは冒頭だけであり、本文は門人たちに筆録させている。それでも『選択集』は法然自身が責任をもって思想を述べたものと理解してよいが、その他の多くのものは法然自身のものかどうか必ずしも確定できない。しかも、法語や筆録の類を含めると、法然の著作は決して少なくない。法然の著作の集成として現在のところもっとも信頼できる石井教道編『昭和新修法然上人全集』（一九五五）は、偽書類まで含めて一二一七頁という大冊である。

そうした著作の扱いを困難にしている理由はいくつか考えられる。第一に、門人の筆録したものを、どこまで法然自身の説を直接反映したと見るかは、常に微妙な問題が付きまとう。法然門下がさまざまな異説に分かれていることを考えると、門人の筆録を扱う際には、よほど注意が必要である。とりわけ法然の法語類はしばしば重用されるが、それを安易に用いることは危険である。法語はそれが語られた文脈を無視して、短い語句のみが一人歩きするために、恣意的な解釈に陥りやすいからである。

門流の異説以前に、そもそも法然の言動自体が、一見すると矛盾しているように見られるところがある。

専修念仏を主張し、念仏以外の行業を一切不要とみなしながら、自らは戒律堅固で聞こえ、九条兼実はじめ貴族との交流も、なによりも戒師としての資格によっている。実際黒谷の戒脈は法然を通して伝えられるのであり、日本の戒律史上においても法然の果たした役割はきわめて大きなものがある。「内専修、外天台」などとも言われるように、一筋縄ではいかない多重的な面を持つ思想家である。

それゆえ、『選択集』を基準に、その他でも比較的信頼できる文献を中心に、思想展開を考えてゆくことになるが、一見『選択集』自体と合わないように見えても、必ずしも簡単に否定できないようなものもある。例えば、『三昧発得記《さんまいほっとくき》』のようなものは、専修の立場からすると矛盾するように見えるが、法然は三昧発得を往生の要因とはしていないものの、念仏の結果、三昧に達することは否定していない。上記の戒律堅固の問題にしても、それを往生の要因とするわけではないが、戒律堅固だからといって、往生できないわけではない。要は念仏するかどうかであり、戒律を護る必要はないが、護ることがいけないわけでもないのである。

2　思想展開の観点から

こうして多数の著作を整理して、その思想をうかがうことになるが、その際、法然の思想が終始一貫して変わらないものではなく、そこに思想展開があることを前提とし、時期区分をなすことが必要となる。それを試みたのが、石井教道、大橋俊雄《しゅんのう》であり、すでに『昭和新修法然上人全集』が、一部であるがそのような仮説のもとに配列されている。すなわち、そこでは三期の展開を立てている（同書序参照）。

第一、浅劣念仏期。要集浄土教時代。『往生要集』の四種の末疏。

第二、本願念仏期。善導念仏時代。『三部経大意』。
第三、選択念仏期。『三部経釈』（東大寺講説）、『逆修説法』『選択集』。

第一から第二の時期への転換が、承安五年（一一七五）の回心で、いわゆる立教開宗とされるのである。石井・大橋説は、その後さらに大橋によって展開されるが、基本的な枠組みは変わらない。

石井・大橋説は画期的なものであり、このような思想展開を考えずに法然の思想を論ずることはできない。ただ、もちろんさまざまな修正を必要とすることも事実である。もっとも大きな問題点は、法然の思想は『選択集』をもって終わるわけではなく、その後の展開を考えなければならないということである。『選択集』は秘書とされ、一部の門弟にしか閲覧書写は許されなかったが、その教団の拡張は当時の既成仏教教団を脅かす存在となり、やがて元久二年（一二〇五）から建永二年（一二〇七）にかけて、門人の死罪、法然自身の流罪を含む法難を招くことになる。その間にあって、法然は他宗誹謗を誡めるなど、門人の引き締めに苦労することになる〔末木、一九九三〕。その段階で、基本となる思想は変わるわけではないが、少なくとも重点の置き方は異なり、『選択集』とはただちに一括できないものを持つようになる。それ故、『選択集』以後は、それ自体独立した時期とみる必要がある。

初期の思想形成段階に関しても修正を要するところがあるが、いまは深入りしない〔末木、一九九八、II・第一章参照〕。いずれにしても、法然は『往生要集』などの天台浄土教から出発し、善導に触れて回心ともいえる大転換を遂げ、その上で独自の選択本願念仏説を確立するに至るという点は間違いない。

では、こうして確立した選択本願念仏説とはいかなるものであろうか。それには『選択集』をしっかりと読み込む必要がある。

『選択本願念仏集』の体系

1　『選択集』解釈をめぐる論争

主著の『選択集』は決して難解なものではない。むしろきわめて理路整然としていると言ってよい。にもかかわらず、その解釈に関してはさまざまな異説が多く、必ずしも理解は一定しない。最近も、私自身が関わって、『選択集』をめぐる論争があった。それは平雅行と私との間で交わされた論争で、もともとは平の著書『日本中世の社会と仏教』（塙書房、一九九二）に対する私の書評をきっかけに応酬されたものであり、法然の問題だけではなく、氏が黒田俊雄を承けて展開した顕密体制論全般に関わるものであるが、特に法然の『選択集』解釈は、その中の重要なポイントとなるものである。その論争に関わる論著は以下のようなものである。

末木文美士　「書評・平雅行『日本中世の社会と仏教』」（『史学雑誌』一〇三―二、一九九四）
「顕密体制論の再検討」（『古代から中世への転換期における仏教の総合的研究』平成七年度科学研究費補助金研究成果報告書、代表・速水侑、一九九六）

この二つの論文は、拙著『鎌倉仏教形成論』に収録した。同書では、II・第三章において、『選択集』の構造と思想を論じた。

平雅行　「仏教思想史研究と顕密体制論――末木文美士氏の批判に応える」（『日本史研究』四二一、一九九七）上記二つの論文に対する反論。

末木文美士「鎌倉仏教研究をめぐって――平雅行氏に再度答える」〔平井俊栄博士古稀記念論文集『三論教学と仏教諸思想』春秋社、二〇〇〇〕それに対する再反論。

なお、松本史朗もまた、平の『選択集』解釈を批判している〔松本、二〇〇一〕が、それは私の解釈とも異なり、注目されるところがある。これらの論争については、善裕昭《ぜんひろあき》が整理して論評している。〔善、二〇〇一〕

ごく大雑把に言えば、平の説は、『選択集』で法然は聖道門は否定していないが、諸行往生は否定していると見るところに特徴がある。それに対して私見は、聖道門を含めて、諸教・諸行を否定していると見る。さらに松本は、諸行往生は否定されていないと見ている。松本説は、平説のみならず、私の説に対する批判にもなっている。

確かに、法然が聖道門はもとより、諸行往生を絶対に否定したかというと、絶対とは言えないかもしれない。ただ、法然にとって、弥陀の本願である称名念仏こそが絶対に頼るべきものであり、それ以外の諸教・諸行は、それによって得道や往生が可能であったとしても、きわめて困難であり、問題とするに値しなかった。そのために諸教・諸行の位置づけに理論的な曖昧さが残るのであり、その理論化は門弟たちの課題となるのである。

いずれにせよ、松本が次のように言っているのは、今後の法然解釈の基礎となる重要なポイントである。

私が力説したいのは法然は法然であって、親鸞ではなく、また〝他力〟を強調した隆寛でさえないということである。しかるに、多くの研究者は、隆寛・親鸞という所謂「他力義系統」の方向を、法然思想の徹底と見なし、それに対して法然を〝まだ親鸞にまで徹底していない思想家〟と評価しているように見える。あるいはまた、親鸞の方が法然より〝深い〟とか、あるいは〝反権力的〟であるというような予断を自明なものとして、法然の思想を扱おうとしているように見受けられるが、これは大きな問題であろうと思われる。〔松本、二〇〇一、五〇頁〕

2　『選択集』の構成

以上の論争を踏まえ、『選択集』をどのように体系的に理解したらよいのか、以下に提示してみよう。それに先立って、まず『選択集』の全貌を概観しておきたい。

本書は『観無量寿経』の十六観にちなむと言われる十六章からなり、各章は根拠となる経や祖師の著作の一節を引用した後、法然による私釈（コメント）を付している。この私釈に法然独自の解釈が示されるのである。以下にその十六章の項目を挙げる。括弧内は典拠として挙げられる経典あるいは著作である。なお、以下、『選択集』の引用にあたっては、岩波文庫版〔大橋、一九九七〕の書き下しに基づき、必要に応じて多少の修正を行なうこととする。引用箇所は括弧内に頁数のみ記す。

第一章　道綽禅師、聖道・浄土の二門を立てて、しかも聖道を捨てて正《まさ》しく浄土に帰するの文《もん》（道綽『安楽集』）

第二章　善導和尚、正雑二行を立てて、雑行を捨てて正行に帰するの文（善導『観無量寿経疏』）

第三章　弥陀如来、余行をもつて往生の本願としたまはず。ただ念仏をもつて往生の本願としたまへるの文（『無量寿経』・善導『観念法門』）
第四章　三輩念仏往生の文（『無量寿経』）
第五章　念仏利益の文（『無量寿経』・善導『往生礼賛』）
第六章　末法万年の後に、余行ことごとく滅し、特《ひと》り念仏を留むるの文（『無量寿経』）
第七章　弥陀の光明、余行の者を照らしたまはず、ただ念仏行者を摂取するの文（『観無量寿経』・善導『観経疏』）
第八章　念仏行者は必ず三心を具足すべきの文（『観無量寿経』・善導『観経疏』）
第九章　念仏の行者は四修の法を行用《ぎょうゆう》すべきの文（善導『往生礼賛』・基『西方要決』）
第十章　弥陀化仏来迎して、聞経《もんぎょう》の善を讃歎したまわず、ただ念仏の行を讃歎したまふの文（『観無量寿経』・善導『観経疏』）
第十一章　雑善に約対して念仏を讃歎するの文（『観無量寿経』・善導『観経疏』）
第十二章　釈尊、定散の諸行を付属したまはず。ただ念仏をもつて阿難に付属したまふの文（『観無量寿経』・善導『観経疏』）
第十三章　念仏をもつて多善根とし、雑善をもつて少善根としたまふの文（『阿弥陀経』・善導『法事讃』）
第十四章　六方恒沙《ろっぽうごうじゃ》の諸仏、余行を証誠《しょうじょう》したまはず、ただ念仏を証誠したまふの文（善導『観念法門』・『往生礼賛』）
第十五章　六方の諸仏、念仏の行者を護念したまふの文（善導『観念法門』・『往生礼賛』）
第十六章　釈迦如来、弥陀の名号をもつて慇懃《おんごん》に舎利弗等に付属したまふの文（『阿弥陀経』）

3　教判論としての『選択集』

松本史朗が言うように、「『選択集』は、緊密な論理によって構成された確固たる一個の明確な知的体系」〔松本、二〇〇一、五〇頁〕である。私はそれを教判論の体系と考える。教判論というのは、さまざまな仏説を比較し、自ら信ずる立場がもっとも優越していることを論証するものであり、通常、『選択集』第一章の聖道・浄土二門判が法然の教判とされる。確かにそのように言ってもよいが、『選択集』全体が、諸教・諸行と念仏を比較し、念仏の優位を証明しようという意図によって貫かれており、その意味では本書全体が教判論とも解されるのである〔末木、一九九八、II・第三章参照〕。

そこで、全十六章の構造を見ると、以下のようになっている。

第一、二章――衆生による選択（浄土門への帰入→称名一行への徹底）
第三章　　　――弥陀による称名一行の選択
第四章以下――その助顕（第八、九章を除く）
第八、九章――衆生による念仏受容のあり方（三心・四修）

第一章ではまず、道綽の『安楽集』によって聖道門（自らの能力をたよりに修行して、この世においてさとりを得ようとする実践）・浄土門（阿弥陀仏の本願を信じ、それにすがって極楽浄土に生まれ、さとりを得ようとする教えと実践）を分けて、つづいて第二章では、善導『観経疏』によって、浄土門の行を正行と雑行に分け、さらに正行のうちで称名念仏こそ正定業であるとする。ここまでは道綽・善導という人師の説によっているのであり、その限りでは衆生の側からさまざまな行のうち、称名一行を選び取ってゆく過程を示す。ところが、第三章でそこから転換して、その称名念仏がじつは『無量寿経』に説く第十八願において、阿弥陀仏により選択されていたものであることが示される。こうして選択の主体は衆生から阿弥陀仏に転ぜられる。この第三章こそ『選択集』のもっとも中心となる章であるが、それについては後ほど考察することにしたい。

第四章以下は、中心となる第三章を補強するもので、主として浄土三部経により、阿弥陀仏はもちろん、釈迦仏も六方諸仏もみな阿弥陀仏の選択を認め、称名念仏を選択し、賞賛することを述べている。ただし、第八、九章は衆生の行業を述べており、やや性質が異なる。ちなみに、第十四、十五章は善導の『観念法門』に拠っているが、その内容は『阿弥陀経』に基づいており、したがって、第三章以下は、第九章を除くとすべて経典（浄土三部経）に根拠が求められている。このことはきわめて重要である。経典が仏説であると信じられた時代には、経典に言われていることは人師の説とはレベルが相違し、経典こそが最終的な正しさの根拠とされるからである。

4　釈迦の選択と聖道門の位置づけ

さらに、第三章以下を選択の主体によって分けると、次のようになる。

弥陀の選択——第三、七、十章
釈迦の選択——第四、五、十一、十二、十三、十六章

諸仏の選択――第十四、十五章

これらのうち、教判という面からもっとも重要なのは釈迦の選択である。なぜならば、弥陀が選択したというだけならば、弥陀を信ずる人には絶対であるかもしれないが、仏教全体の中で優越性を主張することはできない。しかし、釈迦が弥陀の選択を認め、念仏を選択したのならば、釈迦が他の諸教・諸行に対する念仏の優越性を認めたことになり、仏教全体の見直しを要求することになるからである。

例えば、第十二章では、念仏以外のすべての行を定・散諸行としてまとめ、釈迦はそれらを阿難に付属せずに、念仏のみを付属したことをもって、念仏の優越を証明しようとしている。もっとも、この箇所はあくまで往生行に関してのみ言われており、聖道門まで含めた全仏教を論じたものではないという見方も成り立つ〔善、二〇〇一〕。

しかし、第六章を見ると、単に往生行という枠の中だけでなく、全仏教の中での念仏の優越ということが明らかにいわれている。すなわち、ここでは、「当来の世に経道滅尽せむに、我、慈悲をもつて哀愍《あいみん》して、特《こと》にこの経を留めて、止住《しじゆう》すること百歳ならしめむ」（七七頁）という『無量寿経』の文にもとづき、念仏以外のすべての諸教・諸行は末法万年の後に滅尽するが、『無量寿経』に説く念仏のみは、その後も百年間だけこの世に留まり、衆生を利益するというのである。そこでは、「聖道・浄土二教の住滅の前後」を挙げ、「聖道門の諸経は先に滅す、故に経道滅尽と云う。浄土門のこの経は特《ひと》り留まる」（七九頁）と、聖道門が先に滅尽することを明確に述べている。

もっとも、末法万年後のことなど、現在の状況と無関係であり、そのときに百年残存するかどうかなど、大した違いではないと言えるかもしれない。ところが、第六章の終わりで、法然はこの末法の終わりという話を、遥か先の現実離れしたことと見る常識的な見方をひっくり返す。

問うて曰く、百歳の間、念仏を留むべきこと、その理《ことわり》しかるべし。この念仏の行は、ただかの時期に被らしむとやせむ、はた正・像・末の機に通ずとやせむ。答えて曰く、広く正・像・末法に通ずべし。後を挙げて今を勧む。その義まさに知るべし。（八三頁）

即ち、末法万年の後という現実離れした話を持ち出したのは、実はそれによって現在における有効性を判断するためなのであり、聖道門に対する浄土門の経典、そしてそこで説かれる念仏は、今日においても優越性を持つことになるのである。確かに平が言うように、『選択集』では聖道門での得道が絶対にありえないと否定されているわけではない。しかし、聖道門と浄土門の優劣関係ははっきりしており、両者は平等な並列関係にあるわけではない。

ただ、確かに本書には聖道門諸宗に対する慎重な配慮が十分にうかがえ、それが法然の記述を曖昧にしている。跋文の略選択と呼ばれる箇所でも、「二種の勝法の中に、しばらく聖道門を閣《さしお》いて、浄土門に選入すべし」（一七七―一七八頁）と、聖道門に関しては、ニュアンスの弱い「閣」を用いている。しかし、そうした配慮をしながらも、弥陀の選択だけに留めず、釈迦の選択を加えることによって、否応なく浄土門の枠に留まりえず、全仏教を相手にしなければならない地平まで進み出てしまっているのである。

ところで、松本の言うように、余行の往生が明確に認められているかというと、それに対する反証も挙げられる。第二章で、善導『往生礼賛』の「もし専を捨てて雑業を修せむと欲する者は、百の時に希《まれ》に一二を得、千の時に希に五三を得」（三七頁）を私釈で「千中無一の雑修雑行」（三九頁）と言い換えているのを見るとき、曖昧さを残しつつも、雑修雑行の往生の可能性を否定している箇所もあることは事実である。
松本の言うように、他力義系の『選択集』解釈が不適当で、鎮西義の解釈が適当であるとは簡単に結論づけられない。むしろそのいずれとも取りうる曖昧さを残しているからこそ、門下による多様な解釈の可能性があり、また必然性があったといえよう。

称名念仏選択をめぐって

1　『選択集』第三章の構成

『選択集』解釈に当たって、第二章を中心と見る説と、第三章を中心と見る説があるが、上記のような本書の性質からして、第三章の弥陀の第十八願による念仏選択こそ中心と見るのが適当であろうと思われる。そこで、第三章の構造をもう少し考えてみよう。

第三章は、弥陀の第十八願を基礎に置く。これはよく知られているように、「たとひ我《われ》仏を得たらむに、十方の衆生、心を至し信楽《しんぎょう》して、我が国に生ぜむと欲して、ないし十念せむに、もし生ぜずといはば正覚を取らじ」（四〇頁）という願文である。

ところが、ここでは「十念」とは言われているものの、それが称名の念仏であることは言われていない。それが称名念仏であると解釈したのが善導であった。『選択集』では、願文の引用に引き続いて、善導の『観念法門』と『往生礼讃』を引く。『観念法門』では、願文は、「もし我成仏せむに、十方の衆生、我が国に生ぜむと願じて、我が名号を称すること下十声《しもじつしょう》に至らむに、我が願力に乗つて、もし生ぜずば、正覚を取らじ」（四〇—四一頁）と言い換えられている。即ち、「我が名号を称すること下十声」と、称名念仏であることが明白にされている。

善導の二つの文の引用の後、私釈に入るが、本章の私釈は第十二章と並んで長いものである。そこではまず、諸仏の願に惣別二種があることを述べ、四十八願は弥陀の別願であることを明らかにした上で、五つの問答形式で法然自身の説を展開する。

2　選択と摂取

第一問答は、「弥陀如来、いづれの時、いづれの仏の所においてか、この願を発したまへるや」（四一—四二頁）という問に対して、弥陀が菩薩として修行中、世自在王仏のもとで願を発した由来を『無量寿経』、ならびに異訳の『大阿弥陀経』を引いて説くが、ここでの眼目は、実はこのよく知られた因縁譚を説くことではない。その由来の説明にことよせて、『大阿弥陀経』に出る「選択」という語を引き出すのが目的である。

すなわち、『無量寿経』では、弥陀が「二百一十億の諸仏の妙土の清浄の行を摂取しき」（四三頁）と言われるように、さまざまな仏国土のすばらしいところを摂取して、最高の仏国土を作ろうとして願を発したと言われている。ところが、『大阿弥陀経』ではその箇所が、「二百一十億の諸仏の国土の中の諸天人民《にんみん》の善悪、国土の好醜《こうしゅ》を選択し、心中の所欲の願を選択せむがためなり」（四三—四四頁）と、『無量寿経』で「摂取」とあった箇所が「選択」と言い換えられているのである。

こうして包容的な「摂取」に対して、二者択一的性格を強く持つ「選択」という語が取り出される。「選択」は、法然自身、以下の説明の中で言うように、「選取」（選び取る）と同時に「選捨」（選び捨てる）という面が入ってくる。あえて異訳まで用いて「選択」という語を発見し、それを書名にまで用いたところに、法然のこの語にかける執念がうかがわれる。そして、それは願文一般の問題ではなく、なかんずく第十八願に関する問題なのである。

つづく説明で、法然は四十八願のうちの四つについて、弥陀の選択の例を挙げた上で、眼目である第十八願の選択へと話を進める。それによると、諸仏の国土には、布施・持戒・忍辱・精進・禅定・般若・菩提心・孝養父母等々をもって往生の行とするものがあるが、弥陀は「今は前の布施・持戒ないし孝養父母等の諸行を選捨して、専称仏号を選取す」（四九頁）と言われるように、諸行を捨てて、専称仏名を選択したとするのである。

だが、この論法はきわめて強引であり、冷静に読むならば、到底納得できるものではない。例えば、第一願で、麁悪《そあく》な国土を選捨して、善妙な無三悪趣（地獄・畜生・餓鬼の三悪趣がない）の国土を選取したというのとはわけが違い、往生の方法については明白な優劣判断が下しにくい。しかも、往生の行に関して言えば、ひとつに限る必要はなく、諸行も念仏も選び取ることができるはずである。そもそも四十八願のうち、第十九願、第二十願まで見れば、明らかに諸行の往生が誓われているのであり、第十八願だけが往生の行を述べた願文ではない。しかし、法然はそのような可能性にすべて目を瞑り、第十八願だけを往生の行を述べた願として認め、そこで専称仏名が選取されたと見るのである。第十九、二十願の扱いは門下の大きな課題として残されることになる。

3　称名念仏一行選択

いずれにしても、こうしてきわめて強引に法然は念仏一行を往生の願と認める。そして、本章の第二問答では、このような強引な解釈に対して生ずる疑念に対して、法然としての答が示される。すなわち、そこではまず、「普く諸願に約して、麁悪を選捨し善妙を選取すること、その理しかるべし。何が故ぞ、第十八の願に、一切の諸行を選捨して、ただ偏に念仏一行を選取して、往生の本願とするや」（四九頁）という問が発せられる。それに対する法然の答はまず、「聖意《しょうい》測り難し、たやすく解することあたわず」（同）と、いささか肩透かしを食らわせるような文句で始まる。しかし、この「聖意測り難し」の一句にこそ、ある意味では本書のもっとも中心となる意図が籠められている。人智によっては測り難い聖意を人智によって解明するところに本書の課題があるのである。

では、測り難い聖意をどのように解明するのであろうか。法然はここで、勝劣・難易の二義を挙げる。このうち、後で説かれる難易の方が一応は分かりやすい。「念仏は修し易し、諸行は修し難し」（五一頁）と言われるとおりである。そして、具体的にさまざまな行をこの観点から比較する。まず造像起塔の場合、「もしそれ造像起塔をもつて本願とせば、貧窮困乏の類は定んで往生の望みを絶たむ。しかも富貴の者は少なく、貧賤の者は甚だ多し」（五二頁）などとする。つづいて、智慧高才と愚癡下智、多聞多見と少聞少見、持戒持律と破戒無戒とに関しても同様に比較され、これらの「諸行等をもつて本願とせば、往生を得る者は少なく、往生せざる者は多からん」（五三頁）と結論される。それゆえ、「弥陀如来、法蔵比丘の昔、平等の慈悲に催されて、普く一切を摂せむがために、造像起塔等の諸行をもつて、往生の本願としたまはず。ただ称名念仏の一行をもつて、その本願としたまへるなり」（五三―五四頁）と、称名念仏が本願として選ばれなければならなかった必然性が言われることになるのである。

だが、この理由は必ずしも納得のいくものではない。先に触れたように、往生行をひとつに絞らなければならない必然性はないはずである。それをひとつに絞り、弥陀がそのような行業を選んだことは、やはり測り難い聖意と言わなければならない。

ただ、それを法然自身の問題意識という観点から見るならば、はなはだ注目されるところがある。このような選択は、富貴・智慧高才・多聞多見・持戒持律ではなく、貧窮困乏・愚癡下智・少聞少見・破戒無戒の方に基本の立場を置いているといわなければならない。それが、やがて法然の教団が一種の社会運動的な広がりをもった理由であり、秩序紊乱として体制側の弾圧を招くに至った理由ともなるのである。しかし、興味深いことに、法然自身は、富貴でこそないものの、智慧高才・多聞多見・持戒持律として知られた人であった。そのギャップが法然の分かりにくさの一つの理由であり、法然自身と法然教団の間のギャップともなったのである。安易な比較は慎むべきであろうが、近代の社会主義・共産主義運動の先導者の多くが、実は第一級の知識人エリートであったことが、いささか思い合わせられる。

4　名号勝行説

では、ひるがえって勝行《しょうぎょう》のほうはどうか。称名が勝行であり、余行が劣行である理由を、法然は次のように説明する。

名号はこれ万徳の帰する所なり。しかれば則ち、弥陀一仏の所有の四智・三身・十力・四無畏等の一切の内証の功徳、相好・光明・説法・利生等の一切の外用《げゆう》の功徳、皆ことごとく阿弥陀仏の名号の中に摂在せり。故に名号の功徳、最も勝とするなり。余行はしからず。おのおの一隅を守る。ここをもって劣とするなり。（五〇頁）

阿弥陀仏の一切の功徳がすべて名号には籠められている。それゆえ、名号は優れており、その名号を称える称名が優れた行とされるのである。だが、この理由もまた、そのままただちに認められるものではない。何故ならば、弥陀が成仏し、願が実現してはじめて、弥陀所有の万徳が成り立つのであり、成仏以前の願の段階では、名号は少しも万徳摂在ではありえないのである。いわばこれは結論先取である。

とすれば、順序からすれば、易行である名号を弥陀が測り難い聖意によって選択し、それによって名号に万徳が摂在するという勝行に転ずることになったと解することができる。すなわち、勝行と易行という選択の理由は必ずしも同等ではなく、易行である名号が、聖意測り難い選択という弥陀の行為を通して実現することによって、勝行に転ずるということができるのである。まさに測り難い聖意こそ、弥陀の選択を成り立たせる根拠である。

そして、易行である称名念仏が勝行であるとされることにより、その思想は仏教の根幹にかかわるものとなった。易行である限り、それは聖道門諸宗と抵触することはない。あくまで方便として認められるものであり、聖道門諸教やあるいは従来優れていると考えられてきた諸行の方が優越するからである。だが、称名念仏が勝行として立てられるならば、否応なく諸宗・諸教と抵触することになるのである。

名号勝行説と阿弥陀三諦説

1　『観心略要集』と阿弥陀三諦説

易行の名号〔称名〕が、測り難い弥陀の聖意の選択により勝行に転ずるという構造が、法然の念仏観の中心に位置すると考えられた。そこで、次にその思想史的位置づけを検討してみたい。名号勝行説の由来はさまざまに考えられるが、法然に直結するものとして、天台浄土教における阿弥陀三諦説の流れが指摘できる。阿弥陀三諦説というのは、私が勝手に命名したものであるが、阿・弥・陀の三字を、それぞれ空・仮・中という天台の中心真理を表わす三諦のそれぞれに当てはめ、阿弥陀の名号が三諦を表わすとするものである。この理論は、院政期の天台浄土教で発展したもので、真言系の浄土教にも取り入れられて、広まることになった。

恐らく阿弥陀三諦説を最初に提唱したのは『観心略要集』であろう。『観心略要集』は源信作と伝えられるが、実際には源信のものとは考えられず、院政期に成立したものと考えられる〔西村・末木、一九九二〕。全体は十門からなり、『往生要集』を意識していることは明らかである。しかし、その中で『往生要集』よりはるかに天台教理と結びついた形で浄土教を展開している。その構成は前節に示した通りである。

その中で最も注目されるのは第二章である。ここでは念仏を通して観心へ深まることが主張されている。その媒介が阿弥陀仏の名号である。そして、名号を観心に結び付ける理論が阿弥陀三諦説である。それは、本書では、「仏の名を念ずとは、其の意云何《いか》ん。謂く、阿弥陀の三字に於て、空仮中の三諦を観ずべきなり。彼の阿とは即ち空、弥とは即ち仮、陀とは即ち中なり」〔同、六頁〕と表現されている。

このように、阿弥陀三諦説は「阿弥陀」の三字に空仮中を割り当てるもので、理論といえるほどの理論的な根拠もないが、ともあれこれで名号を通して一心三観の観心へと深まることが可能になった。このような阿弥陀三諦説の源泉となるものは、源信の確実な著作とみなしうるものの中に見いだしうる。ひとつは『阿弥陀仏白毫観』であり、阿弥陀仏の白毫に空仮中の三諦を観ずべきことを説いている〔末木、一九九二〕。『阿弥陀仏白毫観』は短編であるが、『往生要集』にも引用された源信の重要な著作である。自らの心を観ずるのが一心三観（心に三諦を観ずること）であるが、心と言ってもさまざまに動いてなかなかそれを観想の対象とはなしがたい。そこで、具体的な形体を持つ白毫を観ずることがその手掛かりとされるのである。

もうひとつ源信の著作で阿弥陀三諦説の源泉となるのが、『阿弥陀経略記』である。同書は『阿弥陀経』の註釈であるが、そこでは、「無量寿仏」の「無」に空、「量」に仮、「寿」に中を割り当て、かつ衆生が無始以来、心に阿弥陀仏を具えているとしている。阿弥陀三諦説まであと一歩であるが、「無量寿」の三字に空仮中を割り当てるのは、いささかこじつけ的だとしても、一応それぞれの漢字の意味を生かしていると言うことができる。これに対して、阿弥陀三諦説においては、単に文字を配当したというだけで、全く根拠が考えられない。それゆえ、『阿弥陀経略記』の無量寿三諦説と、『観心略要集』の阿弥陀三諦説の間には一線が引かれる。

こうして阿弥陀三諦説では、「阿弥陀」の名号は観心への緒《いとぐち》とされることになった。白毫ではいまだ有相的な面を残していたが、名号では全くその要素を払拭して無相的となったと言うこともできるが、もう一方では白毫観よりさらに簡略化されたということもできる。ここで注目されるのは、こうして名号が三諦に対応づけられると、名号を手がかりに一心三観へと深まるという側面とともに、もうひとつ逆の方向の側面を持つようになることである。すなわち、名号は阿弥陀仏を意味する記号的な名前というだけではなく、その中に天台の根本真理である三諦を含みこむ、という新たな意味づけを与えられることになる。

そうなると、今度は称名にも新たな意味が認められることになる。称名は言うまでもなく名号を称えることであるから、「阿弥陀」という名に天台の根本をなす三諦の真理が含まれているのならば、その名を称えることも、それだけ大きな功徳を持つことになろう。

実際、本書の第十・問答料簡では、「理観を修せずして、只一仏の名号を称する人は、往生を得るや不《いな》や、如何」〔西村・末木、六六頁〕という問に対して、それを認め、さらにその理由として、「夫れ名号の功徳、莫大なるを以ての故なり。所以に空仮中の三諦、法報応の三身、仏法僧の三宝、三徳、三般若、此の如き等の一切の法門、悉く阿弥陀の三字に摂す」〔同〕と、名号の功徳の広大さが称名の根拠として挙げられるに至っている。理観と称名とは一見、対極の位置に立つものでありながら、ここに両者は同等の価値をもつものとして結び付けられることになったのである。

2　阿弥陀三諦説と法然

ところで、今引用した『観心略要集』の箇所は、まさに『選択集』第三章の名号勝行の箇所ときわめて近似していることが分かるであろう。『観心略要集』が直接『選択集』に影響を与えたかどうかは何とも言えないが、両者の表現の近似から、少なくとも前者に由来する阿弥陀三諦説が、何らかの形で法然の名号勝行説に影響を与えたことは十分に考えられる。実際、『三部経大意』には、「此三字ノ名号ヲハ、諸宗各我宗ニ釈シ入タリ。……天台テハ空仮中ノ三諦、性了縁ノ三ノ義、法報応ノ三身、如来所有ノ功徳、是ノイテス、故ニ功徳甚深也ト云」〔石井、一九五五、三八—三九頁〕と、天台の阿弥陀三諦説に触れている。

では、両者の相違はどこにあるのであろうか。阿弥陀三諦説においては、名号はそれ自体として三諦をはじめとするさまざまな真理を摂在している。ところが、法然においては、名号が摂在するのは一般的な真理ではなく、弥陀所有の一切功徳である。しかも、先に述べたように、名号勝行が弥陀の選択によって成り立つとするならば、まさにその根拠は、弥陀の「聖意測り難い」選択にあると言わなければならない。名号自体の価値から、弥陀の選択へ——天台の念仏勝行説から法然の念仏勝行説への転換は、まさにこの点にもっとも大きなポイントがあると考えられるのである。

『選択集』に対する批判

1　法然批判の諸相

法然は、このようにして称名念仏をそれのみが弥陀によって選択され、本願に誓われた往生の行であるとして、易行である称名念仏を勝行として確立した。そして、『選択集』においては、その弥陀の選択は、釈迦・諸仏によって承認されたものとして、仏教の中でのその位置を明確ならしめようとした。それは従来の仏教の常識を覆す過激なものであり、それゆえ、社会に大きなインパクトを与えるとともに、さまざまな曖昧な面を残し、門弟による多様な解釈がなされることになる。また、従来の仏教の常識への挑戦は、貞慶・明恵ら、当時の第一級の仏教者たちから厳しい批判を蒙ることとなった〔末木、一九九三〕。日蓮もまた、そのような厳しい批判者であった。

こうした批判は、日本の範囲に止まらない。近代中国仏教の確立者として名高い楊文会《ようぶんかい》（一八三七—一九一二）は、日本の南条文雄《なんじょうぶんゆう》や小栗栖香頂《おぐるすこうちょう》らと親しく交わったが、日本の浄土教の思想に対しては厳しい批判の目を向けた（陳、二〇〇三、第四章）。『選択集』に対しても、「評選択本願念仏集」という論文を著わし、『選択集』から十三箇所の文を引いて、それが仏教の常識に悖《もと》ることを指摘した。それらの中には、『選択集』の核心に触れるところがある。

例えば、第一章の標題「道綽禅師、聖道・浄土の二門を立てて、しかも聖道を捨てて正しく浄土に帰する」を引き、「此の一の『捨』の字は、竜樹・道綽は皆説かなかったことであり、これを説くと誤りがある。聖道と浄土は一にして二、二にして一だからである」（楊、二〇〇〇、五二九頁）と批判する。

また、「選択」と「摂取」を同じとする説に対しては、「摂取は専ら取であり、捨を言わないが、選択は取があり、捨があり、語意は同じでない。……法蔵比丘はその時、二百一十億の諸仏国土を説くのを聞いて、一度に心の対象に融入し、永劫の修行の後に至って、一度に実現したのである。世俗で物を作るのに、精美な物を選んでイメージを作り、それで成就することができるのとは相違している」（同、五三一頁）と批判している。

さらにまた、弥陀が布施・持戒などの諸行を選捨して、称名を選取したという説に対して、「選択取捨の心で弥陀の因地《いんじ》を推し量っている。弥陀の因地は、果たしてこのようなものであろうか。……菩提心は因果が交徹した心であり、諸仏の極果を阿耨多羅三藐三菩提《あのくたらさんみゃくさんぼだい》と名づける。この集に菩提心さえも捨てているのは、一体何を仏とするのであろうか」（同、五三二頁）と批判している。

これらは通仏教的な立場から当然出されて然るべき批判である。日本の近代の仏教研究者は、法然を鎌倉新仏教の嚆矢として高く評価し、その批判者を旧弊に泥《なず》む対抗勢力として否定的に見るのが常識となっていた。もちろん『選択集』のきわめて大胆な解釈による浄土教の展開は、日本の仏教史を一変させるだけの大きな意味を持つものである。しかし、それだけに仏教の常識から大きく逸脱することになった。それに対する批判は、同時代に留まらず、楊文会のような近代の国外の仏教者によってもなされているのである。こうした批判にも耳を傾ける必要がある。それによってはじめて、法然の思想を的確に思想史の中に位置づけることができると思われるのである。

参考文献

石井教道編（一九五五）『昭和新修法然上人全集』（理想社）
石田瑞麿訳注（一九九二）『往生要集』上（岩波文庫）
大橋俊雄校注（一九九七）『選択本願念仏集』（岩波文庫）
梶山雄一・末木文美士（一九九二）『観無量寿経・般舟三昧経』（浄土仏教の思想2、講談社）
末木文美士（一九九一）『安然・源信』（大乗仏典中国・日本篇19、中央公論社）
同（一九九三）「源空浄土教とその批判」（『日本仏教思想史論考』、大蔵出版）
同（一九九四）「書評・平雅行『日本中世の社会と仏教』」（『史学雑誌』一〇三―二）
同（一九九六）「顕密体制論の再検討」（『古代から中世への転換期における仏教の総合的研究』、平成七年度科学研究費補助金研究成果報告書、代表・速水侑）
同（一九九八）『鎌倉仏教形成論』（法藏館）
同（二〇〇〇）「鎌倉仏教研究をめぐって――平雅行氏に再度答える」（平井俊栄博士古稀記念論文集『三論教学と仏教諸思想』、春秋社）
善　裕明（二〇〇一）「選択本願念仏集」（日本仏教研究会編『日本仏教の文献ガイド』、法藏館）
西村冏紹・末木文美士（一九九二）『観心略要集の新研究』（百華苑）
平　雅行（一九九二）『日本中世の社会と仏教』（塙書房）

同　　　〔一九九七〕「仏教思想史研究と顕密体制論――末木文美士氏の批判に応える」（『日本史研究』四二一）
陳　継東〔二〇〇三〕『清末仏教の研究』（山喜房仏書林）
松本史朗〔二〇〇一〕『法然親鸞思想論』（大蔵出版）
楊　文会〔二〇〇〇〕『楊仁山全集』（周継旨校点、黄山書社）

第五章　栄西における密と禅

一　栄西——密から禅・戒へ

密から禅・戒へ

栄西（一一四一—一二一五）は従来の鎌倉仏教の研究者にとって、きわめて扱いにくい厄介な存在であった。日本臨済宗の祖とされながら、どうも他の新仏教の祖師と一緒になりにくかった。入宋求法を鼻にかけ、権力にすり寄った末、なりふり構わず大師号を得ようと運動したさまは、権力に屈せずに仏法を高らかに掲げた新仏教の祖師たちの高潔さにほど遠い。また、禅宗を高らかに宣言する一方、台密葉上流の祖とされるほど、密教に深入りしているのは、専修一行を旨とする新仏教の祖師たちの単純明快さに較べて、歯切れが悪くわかりにくい。そもそも他の新仏教諸派が祖師を特別視して崇拝するのに較べて、臨済宗では栄西にそれほどの敬意を払わない。それ故、その著作も出版されていないものがあり、いっそうその実像の解明が困難になるのである。

しかし、新仏教対旧仏教という鋭角的な対立を廃棄すれば、栄西のあり方は必ずしもわかりにくいものではない。二度の入宋による新しい仏教の導入は、臨済宗という狭い範囲で考えられるものではなく、日本仏教全体に大きな刺激を与えたものであり、後の俊芿や道元の入宋を促すこととなった。『日本仏教中興願文』という文字通り「大袈裟」とも言える宣言は、実際にそれだけの実りをもたらした。

もっとも「二度の入宋」と言っても、本当に栄西に大きな転換を与え、したがって、「日本仏教中興」への刺激となったのは二度目の入宋であった。最初の入宋は仁安三年（一一六八）、栄西二十八歳のときであったが、わずか数カ月に過ぎなかった。帰国後、承安五年（一一七五）頃から著作活動が本格化するが、その出発点をなす『出纏大綱』に「渡宋巡礼沙門　智金剛栄西」とあるのは、栄西自身が最初の入宋をどう意味づけていたかを如実に示している。渡宋はまさに「巡礼」のためであり、多少の新知見をもたらしたとしても、宋の仏教から何かを学んで帰ってきたわけではなかった。

最初の入宋から帰国して著わした著作には、以下のようなものが挙げられる〔多賀、一九六五〕。

安元元年（一一七五）『胎口決』『出纏大綱』『誓願寺縁起』
安元二年（一一七六）『教時義勘文』
治承二年（一一七八）『盂蘭盆一品経縁起』『法華経入真言門決』
〃　三年（一一七九）『菩提心別記』
〃　四年（一一八〇）『血縁一遍集』
文治三年（一一八七）『菩提心論口決』

これらは、そのほとんどが密教に関するもので、密教僧栄西の時代と言ってよい。事実、これらの著作には「智金剛栄西」「遍照金剛栄西」「金剛仏子栄西」などと記され、栄西自身が密教僧としての自覚に立っていたことが知られる。その密教は基本的に台密の立場に立つものであり、入宋の直接の影響は見出しがたい。

栄西の二度目の入宋は文治三年（一一八七）から建久二年（一一九一）に及ぶ。この間、臨済宗黄龍派の虚菴懐敞に参じて、その印可を受ける。帰国後の著述には以下のようなものがある〔多賀、一九六五〕。

建久九年（一一九八）『興禅護国論』
正治二年（一二〇〇）『出家大綱』
元久元年（一二〇四）『斎戒勧進文』『日本仏法中興願文』
承元五年（一二一一）『喫茶養生記』

これらは、『喫茶養生記』に密教的な要素が見られるものの、概して密教色は薄く、禅の立宗と戒律の厳守を訴える。

このように、栄西の立場は、二度目の入宋を期に大きく転換する。その転換は何を意味するのか、また、転換を通して一貫していた栄西の問題意識は何だったのか。以下、その点に焦点を当てて、もう少し立ち入ってみよう。

密

二度の入宋の間の栄西の著作は、すべて密教に関するものである。それらにおいて注目されるのは、菩提心が大きな問題とされていることである。『菩提心別記』や『菩提心論口決』は書名自体に菩提心が含まれているが、栄西の自立宣言とも言うべき『出纏大綱』もまた、菩提心を課題としている。『菩提心別記』の序では、「余、小年より顕密の教法を学んで、菩提心を求む」（日蔵八四・五一上）と、もっぱら菩提心を求めつづけてきたことを明らかにしている。

『出纏大綱』においても、「窃かに以《おもんみ》れば、仏道は外なし、乾坤自ら其の路なり。菩提は遠からず、真俗共に拠あるなり。若し人、菩提心を発して大涅槃の正路に入らんと欲すれば、五智の本縁を知るべし」（日蔵八四、五四上）と菩提心を発すことの重要性が言われる。

菩提心は悟りを求める心であるが、顕教の場合でも、『華厳経』に「初発心（＝発菩提心）時便成正覚」と言われるように、菩提心を発すことはただちに悟りに結びつくことと考えられた。まして密教では、『菩提心論』に行願・勝義・三摩地の三種の菩提心を説き、最後の三摩地菩提心はそのまま諸仏の悟りの心と考えられた。だが、『出纏大綱』においては、このように菩提心を悟りに直結させる見方とともに、あくまで悟りに向かう出発点として、悟りそのものとの間に距離を置く見方とが並存している。先の引用箇所で言えば、「菩提は遠からず」と言われるところは、逆に言えば遠くはないが距離があるということであり、「菩提心を発して」から「大涅槃の正路に入る」ことが求められている。

本書では、その後、春（東、菩提心）、夏（南、修行）、秋（西、菩提）、冬（北、涅槃）、土用（中央、法界体性智）という順で、五方を境地の進展に対応させる。このような対応は常識的なことで、栄西の独自性はない。しかし、究極的に「我即大日如来」（同・五八上）、「心即仏」（同・六〇下）と言われるにもかかわらず、その中で菩提心に重点を置いたところには、栄西の密教の実践的な性格を見ることができる。この実践的性格が、後の禅・律の受容に結びつくものと考えられる。また、「心即仏」の考え方は、そのまま禅の「即心是仏」に結びついてゆくものであろう。

ところで、二度目の入宋近くに書かれた『菩提心論口決』に至ると、密教の位置づけがそれ以前と異なってくる。『出纏大綱』では「顕密の教文、深奥異ならず」（日蔵八四、五四下）と言われて、顕密が同等に位置付けられていたのが、密教を優位に置くようになる。「真言秘教、衆教の源なるが故に」（大正七〇・二九下）、「唯だ真言宗は諸教の祖宗なるが故に、一切法、皆な此の中に摂す。与えて云わば、三種倶に顕乗に同ず。奪いて云わば、同例にすべからず」（同・三一上）などと言われるように、密教（真言宗・真言教）はすべての教えの根源におかれることになる。この「真言宗」が「禅宗」に入れかえられると、『興禅護国論』の立場になる。すなわち、同書で「禅宗は諸教の極理、仏法の総府」（大正八〇・五下）と言われている立場につながることになる。

前期の密教から後期の禅・律への転換は、確かに二度目の入宋において懐敞《えしょう》に出会い、禅の重要性を認識したという事情があることは間違いないが、入宋前の段階で、すでにその転換への用意はある程度できていたと思われる。

禅・戒

『興禅護国論』によると、最初の入宋の際に、博多で通事の李徳昭という人から「禅宗ありて宋朝に弘まる」ということをはじめて聞いたというから（大正八〇・一〇上）、それまで栄西の念頭には禅はほとんどなかったと見てよい。渡宋して明州の広慧寺の知客禅師に対して、「日本では禅は廃れてしまったので、それを興そうとしてここにやってきた」と言ったまではよいものの、常識的ともいえる達磨の伝法偈について改めて問い、さらには日本に伝わっている「達磨大師知死偈」（末木、一九九五、参照）についてその真偽を問うて、知客からやり込められているのは、馬脚を顕わしたようなものである。帰国してから、安然の『教時諍論』、円珍の『諸家教相同異略集』、最澄の『内証仏法相承血脈譜』などで、はじめて叡山に禅が伝わっていることを知ったというのも事実であろう。

二度目の入宋にあたっても、当初は禅を学ぶという意図はほとんどなかったものと見られる。入宋前の『菩提心論口決』に「予、聖人の大願を発し、西域に趣かんと欲す」（大正七〇・三二上）とあり、また、『興禅護国論』にも、「畜念罷まず、二十年を経て、方今、予、西天の八塔を礼せんと懐う」（大正八〇・一〇中）とあるところからも、その目的が宋で学ぶことではなく、インドにまで渡って仏跡参拝をしたいというところにあったことが知られる。インド参拝の希求者としては後の明恵が知られるが、より行動的な栄西は、同じ志を持ってすでに宋まで渡っていたのである。ところが、杭州において政府に天竺渡航の許可を求めたものの、得られないままに、天台山で懐敞に出会い、師事することで、栄西の進路は大きく転換することになるのである。

帰国後、主として九州で禅を説いていた栄西が、いよいよ満を持して上京し、執筆したのが『興禅護国論』であった。当時、一方で大日能忍系の禅が広まり、それと併せて栄西の新来の禅に対する風当たりも強かったことから、本書はそれを弁明し、一気に禅を公認させようという意図を持つものであった。

では、栄西は禅をどのように見るのであろうか。そもそも禅は「諸宗通用の法」であるから、別宗を立てる必要があろうか、という疑問に対して、律宗のように、通用の法に宗を立てることがあることを言い、さらに、先に引いた「禅宗は諸教の極理、仏法の総府」という宣言があり、そこから、「別に一宗を立つるに妨げなきか」と結論する（大正八〇・五下）。

そこで、禅宗とはどのような宗かが問題になる。禅宗は八宗に収められない。その教相は、「金剛般若・維摩を所依とし、即心是仏を宗と為し、心無所著を業と為し、諸法の空を義と為す。始め仏世より衣鉢授受し、師資相承して更に異途なし」と言われる（同・五下）。こうして、宗義と師資相承が明らかにされる。以上は第三・世人決疑門の問答の中に見られるところであるが、師資相承については、第五・宗派血脈門にさらに詳しく述べられる。

こうして立宗の条件は整えられた。栄西の求めるのは勅許である。「念仏三昧は勅なしと雖も、天下に流行す。禅宗は何ぞ必ずしも勅を望まんや」という問いに、「仏法は皆な国王に付嘱す。故に必ず応に勅に依りて流通すべし」と、勅許の必要性を言う（同・八中）。仏法と王法の一体性は、栄西の活動の中核を為す信念である。『日本仏法中興願文』では、「王法は仏法の主なり。仏法は王法の実なり」と言われている（仏全四一・三五一上）。

『興禅護国論』と同じ年に『選択本願念仏集』を著わして、浄土宗の立宗を宣言した法然とは、この点で大きく異なる。法然は最後まで勅許を求めずに立宗を主張した。また、浄土宗に師資相承を立てることができなかった。それだけに、『選択集』では教相判釈を立てて、自宗の優越を言わなければならなかったのである。勅許を求めなかった法然も、既成の体制に割り込んで強引に自宗の承認を求めた栄西も、どちらも既成体制の側からの非難を蒙らなければならなかった。

ところで、『興禅護国論』の奇妙な点は、禅宗を標榜しながら、禅について語ることが意外に少ないことにある。本書は、令法久住門《りょうぼうくじゅう》・鎮護国家門・世人決疑門・古徳誠証門・宗派血脈門・典拠増信門・大綱勧参門・建立支目門・大国説話門・廻向発願門の十門からなるが、先述のように、「禅宗」について論じられるのは、第三・世人決疑門に至ってのことである。では、最初に何が論じられるかと言うと、第一・令法久住門で中心的に論じられるのは、戒律の保持である。特にそこで問題にされるのは、法滅の時代、末法における持戒こそ、正法を永遠ならしめるものであり、禅はそこでは「扶律の禅法」と位置づけられているのである。

他の章でも、禅についての本質に触れた議論はほとんどなされない。臨済宗とは言いながら、臨済はじめ、祖師の語録を用いることがほとんどない。多少古人の事績に触れるところもあるが、何によっていたか確かでない。書名が挙げられている禅書は、『宗鏡録』など少数のものに限られる。永明延寿の著である『宗鏡録』は教禅一致を説くもので、達磨宗などでも用いられ、初期の日本の禅宗において大きな影響力を持ったと思われる。その他では、むしろ禅籍よりも天台関係の典籍の利用などが目立ち、あくまで天台と関連づけて禅を主張するという姿勢が強い。これは、栄西自身の若いころからの素養とともに、それによって既成教団の抵抗を少なくしようという配慮があったものと思われる。

こうして、栄西は禅そのものについて語るよりは、むしろ「禅宗は戒を以て先と為す」（大正八〇、八中）というように、戒やそれと関連する禅の清規《しんぎ》に重点が置かれている。第八・建立支目門は、『禅苑清規』などによって、禅寺の生活の規律や行事を詳細に記しているが、そのようなところに本書の精彩が見られる。

このことは、本書以後に書かれた『出家大綱』『斎戒勧進文』『日本仏法中興願文』などを見ればいっそうはっきりする。これらでは禅宗そのものの主張が影を潜め、仏法の興隆をもっぱら戒律の厳守に求めている。例えば、『出家大綱』は、前期の『出纏大綱』に対応するものともいえるが、ここでは衣食からはじめて、戒律に至るまで、細かく論じ、生活の規律に仏法の基礎を置く栄西の立場が歴然としている。

このように見るならば、宋の禅寺で栄西がもっとも感銘を受けて学んできたことは、禅そのものというよりは、禅寺の規律正しい生活ではなかったか。そして、その規律を日本でも確立することこそ、末法の時代において、正法と仏法の相依的な繁栄をもたらすものと考えられたのであろう。

その点で、栄西の活動は、実範などにはじまる南都の戒律復興運動と軌を一にしており、特に宋から新しい律をもたらす俊芿の活動と関係するところが大きい。このような戒律の厳しさこそ、道元が栄西を見て感銘を受けたところであり、道元もまた厳しい規則に従った禅林修行を推し進める。新仏教の一方の雄、法然も持戒堅固で知られ、黒谷流の戒脈を伝えていることを考えるとき、こうした戒律復興こそ、鎌倉仏教の新しい動向を生み出した大きな流れと考えることができる。

では、後期の栄西の禅・戒の立場は密教とどう関わるのであろうか。後期の著述を見ると、『喫茶養生記』を除いて、ほとんど密教的なところはうかがわれない。もちろん『興禅護国論』が著わされた建久九年に、師の基好より台密の付嘱を受けているところから知られるように、密教が捨てられたわけではなく、また、禅・戒が密教と対立するわけでもない。ただ、栄西の偽撰とされる『真禅融心義』には密教と禅の一致を説いているものの〔高柳、二〇〇四〕、自身の著作においては必ずしも積極的に両者の融合を主張していない。「日本仏法中興」という大きな目標に向けて、第一義的に決定的な要因として、戒律の復興こそ優先されなければならない課題と考えられたからであろう。栄西の仏教は総合的なものであったといわれるが、決して無節操に何でも含みこむわけではなく、時代の状況の中で、強い実践的な志向を帯びていたのである。

新発見の栄西著作から

名古屋市中区にある大須観音真福寺（真言宗智山派）は多数の貴重な中世写本を蔵しており、その研究が進められているが、その中からは、栄西の自筆書状（稲葉、二〇〇三）が発見されたのをはじめ、従来未紹介の栄西著作が見出されている。そのうち、『無名集』と『隠語集』については、『真福寺善本叢刊』第二期の『中世先徳著作集』（国文学研究資料館編、二〇〇六）に翻刻を収めるとともに、私が解説を担当した（末木、二〇〇六）。また、『改偏教主決』（及び『重修教主決』）は完本は存しないものの、多数の断簡が発見されており、現在復元作業を進めている（末木、二〇〇七）。さらに、『諸秘口決』と題する短編もある。これらはいずれも二回目の入宋を前にした時期に北九州で執筆されており、内容的にはまったく密教的なものである。この時期の栄西が密教を中心に活動していたことが、さらに明白になる。ここにこれらの著作を簡単に紹介しておきたい。

『無名集』は、巻末に「安元三年丁酉七月〈戊申〉十五日〈壬子〉、於鎮西太宰府筑前今津誓願寺僧坊、如形草之。不可再治」とあり、その成立の時期と場所が知られる。さらに、「栄西非一門者、務々不可披見」とあるところから、本書が栄西の書であることが知られる。この年、栄西は三十七歳で、この頃今津誓願寺を中心に活動していたから、それとも合致する。その前年には『教時義勘文』を著わしているが、『無名集』と『教時義勘文』は内容的に近似しており、その点でも一連のものと見て問題ない。なお、成立の時期については、序の終わりにも「于時安元丁酉夏終日謹序」とあり、奥書と一致する。真福寺写本は、巻末識語により、治承四年（一一八〇）に一乗皮堂で宗西が書写したことが知られる。

その内容は、問答からなる一種の密教入門ともいうべきものである。序に「菩陀の無相は余教の知るところならず、達摩の無名は異人の聞くべきならず」とあるように、本来の無相・無名のところを明らかにすることが意図されており、顕密を対照しながら、顕教の言語を絶した無相・無名ではなく、密教の法身説に立つ無相・無名を説いている。とりわけ教主論が詳しい。

序に、「余、拙侶たりと雖も、粗ぼ師伝あり、或は自然の覚を発す。五大院の貴書を披き、愚懐の矇眼を照らし、万の一の悟を得たり。今自性教主の証を出だし、彼の原山の弾破に報ふ」とあって、本書成立の事情がうかがわれる。それによれば、原山の僧が提示した説を論破しようとして、自性身（法身）教主説を論証しようとしたのが本書ということになる。原山の僧の説については、「世間浅学の人は、智身は自受用身なりと云へるなり」と、自《じ》受用身《じゅゆうしん》教主説を主張していたと知られる。それに対して、栄西はあくまで自性身説法説を取るのである。このことは、同時期の『教時義勘文』や『改偏教主決』にも見られ、この頃の栄西のもっとも重要な論点であったことが知られる。

『隠語集』は、表紙に「隠語集未再治」とあり、未再治本であることが知られる。これに対して、大東急記念文庫には『秘宗隠語集』と題された写本があり、それには次のような奥書がある。

治承五年辛丑五月八日日本国洲イ上／都平城達智門入唐比丘栄西／決并書宋紹照イ沼淵元年庚戌九月日／於天台山万年寺再治遺之本国洲イ／門徒宜知之　□□之内

ここから、本書の初稿本は治承五年（養和元年、一一八一）に書かれ、宋の紹凞（熙）元年（建久二年、一一九二）に入宋中の天台山万年寺において再治がなされたことが知られる。真福寺本には、序の最後に、「于時卯花展白銀之孟夏之月、稼苗敷黄芽之仲旬之日、改魚網於西海、慰兎筆於仙庵、聊書」とあるのみで、孟夏（四月）に書かれたことは分るが、その成立の年代についてははっきりしない。しかし、再治本奥書から その成立の年が知られることになる。四月か五月かという食い違いはあるが、序の書かれたときが四月で、完結したときが五月八日であると考えれば、必ずしもおかしいとはいえない。再治本は、未再治本を再治したものと認めてよいが、かなり相違も大きく、しかも宋に渡ってからも手を入れていることを考えると、栄西が本書を極めて重視していたことが知られる。

本書は背振の中山にいる琳海という僧の請に応じて、栄西が師から伝えられた教えを記したものであるという。その内容は、胎蔵・金剛両部の理智冥合を、男女の和合を喩えとして説明する。即ち、「一対の男女のみ同時の快楽を受けて、余人の所知には非ず」ということを、「自受法楽と為す。亦た理智冥合と為す」というのである。これは「能加持」の面から言うものである。その際、「若し男女和合する時、男根・女根相加持して各自然に精を生得す」。男の精は白であり、女の精は黄であるので、両者が同時に施されるとき、「終に人体の種子を成して、熟蔵の上、生蔵の下に処す」ことになる。男の白水は骨となり、女の黄水は肉となるのである。これは、「所加持に約して理智冥合を説く」ことである。こうして、能加持・所加持の両方において「理智不二」「胎金両部唯一合法」が言われることになる。この能加持・所加持とは何か。「能加持の理智といふは、自性身なり。所加持の理智といふは、即ち受用身なり、乃至吾等なり」と説かれている。

このように、同書には他の栄西の著作に見えない性的な譬喩があり、特異であることから、古くから偽撰説もある〔白水生、一九二〇〕。再治本を詳しく紹介した多賀も、栄西撰を認めながらも、その位置づけに苦労している〔多賀、一九八五〕。しかし、本書が『菩提心論口決』に言及されていることなどを考えると、偽撰とするのは無理であり、栄西の著と認めなければならない。本書は栄西が「師」の説を伝えたとされているが、その師は基好と考えられよう。今後さらに検討が必要とされる。

これらの真福寺などに蔵される著作の成立年代を、先の著作年表の中に加えると、以下のようになる。太字は真福寺等所蔵本である。

仁安三年（一一六八）第一回入宋。天台山・天童山などをめぐり、同年帰国。
安元元年（一一七五）誓願寺本堂供養。『胎口決』『出纏大綱』『今津誓願寺創建縁起』
『改偏教主決』
〃　二年（一一七六）『教時義勘文』
治承元年（一一七七）**『無名集』**
〃　二年（一一七八）『盂蘭盆一品経縁起』『法華経入真言門決』
〃　三年（一一七九）『菩提心別記』
治承四年（一一八〇）『血縁一遍集』**『諸秘口決』**
養和元年（一一八一）**『隠語集』未再治本**
寿永二年（一一八三）『重修教主決』初稿本（現存せず）

文治三年（一一八七）　**『重修教主決』現存本**
　　　　　　　　　　『菩提心論口決』
　　　　　　　　　第二回入宋、天台山万年寺虚菴懐敞に参ず
文治五年（一一八九）　『出家大綱』（草稿）
建久元年（一一九〇）　**『秘宗隠語集』再治本**（大東急記念文庫蔵）
建久二年（一一九一）　帰国

これらによって、栄西の密教の研究が今後さらに進展することが期待される。

二　栄西はどのように禅を伝えたか

栄西における禅と密教

栄西というと、禅を伝え、日本臨済宗の基礎を作ったことで知られる。栄西は二回入宋しているが、第一回の入宋（一一六八）は半年ほどの短期で、天台山などへの参詣が主目的であった。宋の新しい仏教に多少は触れたであろうが、語学を習得する余裕もなかったであろうし、禅籍に親しんだ形跡もない。第二回の入宋（一一八七―九一）の際に、天台山万年寺で臨済宗黄龍派の虚菴懐敞に参じてその印可を受けた。そして、帰国後『興禅護国論』（一一九八）を著わし、建仁寺の創建など、禅の興隆に努めたということになっている。しかし、栄西はもう一方では台密（天台密教）の葉上流の祖としても知られ、その禅も純粋禅ではなく、密教をあわせた兼修禅であるといわれる。とりわけ最近では、この側面が注目されるようになっている〔中尾、二〇〇五〕。それでは、栄西の禅と密教はどういう関係にあるのであろうか。

　前節に述べたように、著作で見るかぎり、栄西の禅と密教はそれほど混合されているわけではない。禅の著作と密教の著作とははっきり分かれていて、両者をあわせて説く著作はない。時期的な転換もはっきりしていて、第二回の入宋まではほとんどすべての著作が台密関係に限定される。とりわけ、第一回の入宋と第二回の入宋の間がもっとも台密関係の著作活動が活発な時期である。しかも、密教関係の著作に関しても、栄西独自の問題意識と思想があって、ただの祖述ではない。

　それに対して、第二回の入宋を契機に、その後は『興禅護国論』により「禅宗」を立てるとともに、『出家大綱』『日本仏法中興願文』のような、日本の仏教全体の興隆を目指したスケールの大きなものに転じて、台密関係の著作は影を潜める。即ち、第二回の入宋を契機に、その前後でかなりはっきり著作の性格が分かれ、したがってその活動の目指すところも異なってきている。

　第二回の入宋以後にも、密教の師匠である基好から秘法を授かっているように、密教の活動をやめたわけではないが、そのことは著作の上には反映されていない。わずかに、『喫茶養生記』に密教の理論が出てくる程度である。前節に述べたように、密教から禅、あるいは禅・律へ、という転換はかなりはっきりとうかがわれる。

『興禅護国論』の偽撰説

ところで、主著とされる『興禅護国論』に関しては、中世禅宗史の第一人者である今枝愛真が偽撰説を提出している（今枝、一九八五）。それに対しては、管見に触れたかぎりでは支持する説も見られない代わりに、反論もないようである。もし今枝説が正しいとすれば、前述のような著作の転換ということが成り立たなくなるが、どうであろうか。

私は、今枝説は誤っていると考えるが、氏の説を検討することによって、かえって『護国論』の性質を明らかにでき、ひいては栄西における禅の受容の一面を見ることができるように思われる。ここでは同氏の説にいささかの検討を加え、そこから栄西の禅の性格の一端を明らかにしてみたい。

今枝の偽撰説は、もともとは江戸時代に義諦という人が『禅籍志』において提示した説を継承するものというが、主要な論点は三つある。即ち、第一は、「不自然で未熟な表現が多く、栄西ほどの人物の著作とは到底思われないような誤りさえ、しばしば犯している」ということである。第二は、その他の記述に関する諸点である。第三は、「中世の比較的はやい時期に、『興禅護国論』が史上から姿をまったく消してしまっていた」という点である。その検討の結果、氏は、「近世になって（中略）臨済宗復興の気運に乗じて新たに撰述されたものではないか」と推測している。

このうち、第三点に関していえば、確かに江戸時代を遡る写本がないこと（柳田、一九七二、四八二頁）は不可解ではあるが、古い写本がなくて江戸時代に刊行されてから流布する文献がないわけではない。私自身が扱ったものでは、院政期の成立と考えられる『観心略要集』は、当時相当大きな影響を与えたと考えられるが、古い写本がなく、江戸時代の刊本まで下る（西村・末木、一九九二）。それ故、古い写本がないことは偽撰の決定的な理由とはなり得ない。

第一点は今枝が力を入れて論証しようとしているところである。とりわけ虎関師錬（一二七八―一三四六）

の『元亨釈書』（一三二二年完成。以下、『釈書』と略す）の栄西伝と類似した箇所が多いことに注目し、両者を比較して、「その（『興禅護国論』の――引用者注）表現力が百二十年後に成立した『元亨釈書』のそれよりも遥かに劣っている」として、『興禅護国論』（以下、『護国論』と略す）の文章を拙劣であるとする。そこから、『護国論』よりも『釈書』のほうが先にできたもので、『護国論』はそれを改悪して後世に創作したものと見ている。しかし、果たしてそう言えるであろうか。

栄西の漢文力と禅理解

まず言えるのは、「栄西ほどの人物」といっても、栄西がそれほどしっかりした漢文の訓練を受けていたという証拠はないということである。第二回入宋以前の台密関係の著作では、例えば「世間浅学ノ人ハ智身者自受用身ナリト云也」（世間浅学の人は、智身は自受用身なりと云ふなり）（『教時義勧文并序』（日蔵八三・二二五下））というような和風漢文（「云」の位置に注目）を書いている。このことは、当時の日本の仏教者としては、それほど不自然なことではない。当時の日本の仏教は、よく言えば日本化が顕著で、必ずしもしっかりした漢文が要求されていたわけではない。たとえ栄西が学識豊かな僧であったとしても、日本にいる限り、文章表現に関してはそれほど厳密でなくとも、十分に通用したと考えられる。その漢文表現力をあまりに買いかぶらないほうがよい。

先に触れたように、第二回の入宋まで、栄西は必ずしも禅に深い関心を持っていなかった。第二回の入宋に際しても、禅を積極的に学ぶという意図はなく、もともとはインド旅行を企てていたという。それが不可能と分かり、天台山に登って、万年寺の懐敞についてはじめて本格的に禅を学ぶことになったのである。それ故、栄西はそれまで禅についての素養はほとんどなく、禅の習得は、四年半にわたる第二回の宋滞在中にはじめてなされたといっても過言でない。五十歳前後の晩学であり、その年になって異国で新たな分野に挑んだのであるから、その求法の志は並大抵のものではない。

禅宗は他の仏教諸宗と異なり、「教外別伝」を主張し、一般の仏教で重視する経典を否定し、独自の実践を主張する。しかし、しばしば誤解されるように、ただ坐禅をしていればよいというのではない。皮肉なことに、「不立文字」を主張する禅宗の僧たちは、きわめて多くの語録を残している。しかも、禅宗の語録は、俗語を多用し、言語的にも、発想の上でも、他の仏教諸宗の文献とまったく異なるところが多い。それゆえ、栄西がどれほど密教の大家であったとしても、禅の学習はゼロからはじめなければならなかったのである。

老齢といってもよい身でありながら、栄西はがんばって語学を習得し、新しい禅籍を一所懸命勉強したのであろう。とはいえ、これまで学んできた台密とはまったく違う文体や発想を学ぶのであるから、どれだけ完全に身についたか分からない。虎関のように、若い頃から禅籍に親しんだ後代の僧とは異なる、先駆者の苦労である。

それゆえ、禅の習得が完全でなく、その理解におかしいところが残っていたとしても、直ちに責められることではない。例えば、今枝が指摘するように、『護国論』には、「正法眼蔵、涅槃妙心」という禅の慣用句（釈迦が迦葉に伝えたとされる禅の本質を指す言葉）を、ひっくり返して「涅槃妙心、正法眼蔵」とするなど、おかしいところがある。それに対して、『釈書』では同じ文脈で正しくなっている。しかし、それは必ずしも『護国論』の偽撰の証拠になるわけではない。偽撰とすれば、このような常識的な箇所をわざわざ改変するほうがかえって奇妙である。それゆえ、むしろ栄西の禅の摂取に不十分なところが残されていたことを示すものと見るほうが適当であろう。

禅の文体の積極的な摂取

そうではあるが、他方で『護国論』では新しい禅の語録の文体をかなり積極的に取り入れているのである。例えば、今枝は、『釈書』に「焚香煎茶（中略）尋反本国。（中略）釈迦老子、将円寂時」（香を焚き茶を煎じ（中略）尋《つ》いで本国に反る。（中略）釈迦老子、将《まさ》に円寂せんとする時）（仏全六二・七六中）とあるのが、『護国論』では「拈香煎茶（中略）尋復本国。（中略）釈迦老人、将欲円寂時」（大正八〇・一〇中）となっているところを挙げ、傍点の箇所が『護国論』のほうがおかしいという。確かに、「釈迦老人」は見かけないし、「復」よりも「反」のほうがよいかもしれない。しかし、「拈香」は禅籍でふつうに使う言葉であり、「将欲」と二字重ねるのは、これも禅籍にしばしば見える俗語的な表現である。それゆえ、『護国論』の語法はそれほどおかしいわけではなく、むしろ当時の禅籍に見える俗語的な表現を摂取していると見ることができる。

同様のことは、今枝がおかしいとする「到得臘月三十日、摠用不著」（十二月三十日〔人生の最期〕にいたっても、まったく使いおおせない）（同・一一下）の傍点箇所についても言える。「得」は俗語的な表現であるし、「用」も「用不著」で「使いおおせない」という意の俗語的な表現であるから、『護国論』の言い方で十分に理解できる。

このように、『護国論』の文体は、栄西が努力して当時の中国語を習得し、禅籍を学んだ成果を示すものと考えて不自然ではない。逆に、もし江戸時代の人が『釈書』を使って偽作したものだとすると、その偽作者は、一方で禅籍の俗語的な表現に相当よく通じていたにもかかわらず、他方で禅の常識を必ずしもしっかりと身につけておらず、『釈書』の文をおかしく改変していることになり、はなはだ矛盾した性格ということになってしまう。この矛盾は、五十歳近くなって入宋した栄西が、一所懸命に語学を習得しながら、これまで日本で学んできた密教とまったく異質で、当時まだ日本で学ぶことのできなかった禅籍と格闘して、そこから学び取ろうとしたために生じたと考えるほうが、よほど自然である。

今枝の挙げる第二点は、『護国論』の中のさまざまな不正確さ、杜撰さを指摘しているが、いずれも栄西の著作と考えても別にさしつかえない範囲のことである。例えば、建仁寺がまだできていないのに、建仁寺に併設された真言院・止観院について言及しているのはおかしいというが、これは建仁寺という特定寺院についていっているのではなく、一般的な禅寺のプランであるから、それを建仁寺で実現したと考えれば、矛盾はない。ただ、氏が『護国論』とともに疑問視する『日本仏法中興願文』のほうは、もう少し慎重な検討を要するところがあるかもしれない。

栄西の意図したところ

以上、今枝の『護国論』偽撰説を検討することにより、本書が栄西の著作であると認めてよいと同時に、そこに彼の禅の受容が先駆的であるが故に抱える矛盾が見られることが分かった。実際、『護国論』を読んでみれば、そこには宋代の祖師禅、公案禅が必ずしも十分適切に紹介されているわけではないことが分かる。例えば、巻頭の令法久住門では、禅よりも戒律護持の重要性を盛んに力説している。

恐らく栄西は宋において禅を学んだといっても、必ずしも祖師禅の方法や発想に全面的に傾倒し、完全に摂取したというわけではなかっただろう。むしろ、きちんと規律に従って、しっかりした実践を行なう禅寺のあり方に感銘し、仏教本来のあるべき姿を見たのではないだろうか。そこから、それを支えている禅とはどういうものかを学ぶことになったのであろう。

『護国論』には、禅プロパーの文献の引用が意外に少なく、むしろ、一般の大乗経典や天台をはじめとする教学の文献の引用が多い。これは、禅を知らない日本の土壌で、それを認めさせるという目的もあるが、栄西自身が完全には禅独自の発想の中に入っていけず、自分自身のためにも、まず禅を一般仏教の中に位置づけるということが必要だったからではないだろうか。その中で、教禅一致を説く永明延寿（九〇四—九七五）の『宗鏡録』（九六一）が重視されているのは注目される。本書は栄西だけでなく、兼修的な傾向の強い鎌倉期の禅でずっと用いられ続けることになる。

他方、『護国論』には、密教に関してはほとんど言及がない。どうして第二回の入宋まであれほど傾倒していた密教への言及がないのであろうか。これは、いささか難しい問題であり、しっかりした検討を必要とするが、推測していえば、禅の摂取を契機に、栄西は密教の閉ざされた伝授の世界から、より広い日本仏教全体の変革という大きな課題に向かって出発したのではなかったか。それゆえ、確かに禅宗を紹介し、その日本への定着を図ろうとしたのは事実であるが、より大きな目標は、しっかりした戒律に基づいて、日本の仏法全体を興隆に導くことではなかっただろうか。晩年の東大寺勧進としての活動にいたるまで、その精力的で広範囲な活躍ぶりは、禅宗という枠では捉えきれるものではない〔追塩、二〇〇五〕。むしろ総体としての仏法興隆の中に、禅も位置づけられると見るほうがよいのではないかと思われるのである。

参考文献

稲葉伸道（二〇〇三）「大須観音宝生院真福寺所蔵『因明三十三過記』紙背文書――栄西自筆書状の出現」（『愛知県史研究』七）
今枝愛真（一九八五）「『興禅護国論』『日本仏法中興願文』『興禅記』考」（『史学雑誌』九四―八）
追塩千尋（二〇〇五）「勧進聖としての栄西」（北海学園大学大学院文学研究科『年報新人文学』二）
国文学研究資料館編（二〇〇六）『中世先徳著作集』（『真福寺善本叢刊』第二期3、臨川書店）
末木文美士（一九九五）「高山寺所蔵禅籍小品について」（『平成六年度高山寺典籍文書綜合調査団研究報告論集』）
同（二〇〇六）「『無名集』『隠語集』解題」（国文学研究資料館編（二〇〇六）所収）
同（二〇〇七）「真福寺蔵・栄西『改偏教主決』をめぐって――中間報告として」（『中世寺院の知的体系の研究』、平成一五―一八年度科学研究費補助金研究成果報告書、研究代表者・阿部泰郎）
多賀宗隼（一九六五）『栄西』（吉川弘文館）
同（一九八五）「秘宗隠語集」（『論集中世文化史』下、法藏館）
高柳さつき（二〇〇四）「伝栄西著『真禅融心義』の真偽問題とその思想」（『禅文化研究所紀要』二七）
中尾良信（二〇〇五）『日本禅宗の伝説と歴史』（吉川弘文館）
西村冏紹・末木文美士（一九九二）『観心略要集の新研究』（百華苑）
白水生（一九二〇）「秘宗隠語集」（『禅宗』二七―一）
柳田聖山（一九七二）「栄西と『興禅護国論』の課題」（『中世禅家の思想』日本思想大系一六、岩波書店）

III　鎌倉仏教の展開

第六章　日蓮の真偽未決遺文をめぐって

一　遺文の真偽論をめぐって

日蓮（一二二二―一二八二）は、親鸞の『教行信証』や道元の『正法眼蔵』のような長大な著述に生涯をかけるということはなかったが、消息類を含めてきわめて多数の著述を残しており、時期により、対手により、多様な思想の表現がなされている。それ故、それらの遺文の収集と整理は早くから大きな課題となっており、録内・録外の遺文の収集から始まった作業は、『昭和定本日蓮聖人遺文』でひとまず集大成された。また、それらの遺文の中には真偽が疑わしい著作も少なくなく、それらをどのように扱うかで、日蓮の思想解釈が大きく異なってくる。いくつかの著作の真偽問題はすでに江戸時代の宗門の学者によって提起されていたが、明治以降では、山川智応によって近代的、科学的な遺文研究の先鞭が付けられ〔山川、一九二九〕、いくつかの著作について詳細な検討がなされた。その後、浅井要麟は文献学的な遺文研究の方法論を確立するとともに、思想面から遺文の真偽を判定する統一的な基準をはじめて提唱した〔浅井、一九四五〕。それは、天台本覚思想と関係する文辞の見られる遺文を偽作の疑いのあるものと考える、というものである。この基準は、いくらかの修正を蒙りながらも、田村芳朗などによって受け継がれ〔田村、一九六七〕〔同、一九七五〕、今日に至るまで、大きな流れを形作っている。

他方、『立正安国論』上奏に見られるような日蓮の国家権力に接近した活動は、近代に至って国家主義的な日蓮解釈を大きく発展させることになった。それへの反省から、戦後日蓮の国家観を見直す動きが盛んになされたが、その方面で大きな成果を挙げたのは戸頃重基であった〔戸頃、一九六五〕。戸頃が日蓮解釈の転換に当たって大きく問題にしたのが、『三大秘法抄』(『三大秘法稟承事』)である。『三大秘法抄』は、戸頃以前にも一部で疑問視されていたが、戸頃は特にその本門戒壇論に焦点を当てて偽撰説を強く主張した。この説もまた、田村芳朗などに受け継がれて今日に至っている。

このように、思想的な観点から遺文の一部を偽撰視する批判的研究に対して、強く異議を唱えたものに花野充昭(充道)の論などがあるが〔花野、一九七五〕、特に近年ではジャクリーヌ・ストーンが、たとえ偽撰の可能性の高い文献であっても、内容的に再評価すべきものがあることを詳細に論じ、偽撰文献、あるいは真偽未決文献の見直しを提唱した〔Stone, 1990〕。また、真偽未決文献に主要な拠り所を求めた松戸行雄の「凡夫本仏説」の主張も注目されるところである〔松戸、一九九四〕。

そうした真偽未決文献の再評価の気運の中で、特に大きな問題を投げかけたのが、伊藤瑞叡らによる、コンピューターを用いた計量文献学の方法による『三大秘法抄』の研究であり、伊藤らはその結果として、同書が真撰である可能性が高いことを主張した〔伊藤、一九九七a〕〔同、一九九七b〕。これは、従来の文献学と大きく異なる新たな方法に基づくものであり、その点で遺文の真偽問題は新たな段階を迎えている。

こうした状況では、『三大秘法抄』を従来のように簡単に偽撰扱いすることはできず、少なくとも真撰の可能性のあるものとして、その思想を考えていかなければならなくなっている。『三大秘法抄』に関してそのような状況であるならば、他の真偽未決文献も、従来のように単純に除外して日蓮の思想を論ずるのではなく、真撰が確実である著作に基づく日蓮思想と、それらがどう関係するかが、改めて問われなければならなくなる。

ここで、仮に真撰が確実である遺文を日蓮A、真偽未決のものを日蓮B、偽撰がほぼ確実なものを日蓮Cと呼ぶことにしたい。ここでの問題は、要するに日蓮Bをどのように位置づけるか、ということである。戦後の批判的な研究は、日蓮Bを日蓮Cの側に追いやり、日蓮本人の思想は日蓮Aによってのみ解明される、と考える。その場合、日蓮Aは、おおよそ以下のような基準で決められる。

1、真蹟のあるもの、及び現存しないが、かつてあったことが確実であるもの（真蹟曾存）は、問題なく日蓮Aに属する。真蹟現存、及び真蹟曾存の文献でも、思想的に矛盾がある場合がある。それは、佐前・佐渡時代・身延時代などの時期的な思想変化や、対告衆の違いに原因があるものと考え、整合性を求める。ここから遺文の系年論が大きな問題となる。また、多数の真蹟遺文の中でも、三大部・五大部のような中心的な著作が、それぞれの時代の思想を判定する基準となる。もっとも厳密な立場としては、以上の真蹟現存・曾存遺文のみを日蓮Aと認めることが考えられる。それでもかなりの量は確保されるが、それを補うものとして、次の基準が考えられる。

2、真蹟現存でもなく、曾存でもないものでも、現存・曾存遺文と較べて矛盾がないものを真撰と認める。録内であるか、録外であるかは基準にはならないが、概して録外の方が疑問のある遺文を多く含む。古写本の存在は大きな基準となりうる。

他方、日蓮Cは偽撰であることが今日ほぼ確実視されているもので、『昭和定本日蓮聖人遺文』の続篇に収録された遺文は、ひとまず日蓮Cと考えられる。しかし、日蓮Bと日蓮Cの間は流動的で、必ずしもはっきりとした線が引けるわけではない。

以上のように日蓮Aと日蓮Cが定まったとき、その中間にあって真偽に関し学者の間で説が一致しないものが日蓮Bである。『昭和定本』では、日蓮Bは正篇に含められており、その点では日蓮Aと区別がつかない。それを選り分けて、日蓮Aと日蓮Bの区別をはっきり立てたのが、戦後の批判的研究の大きな成果である。しかし今日、日蓮Aと日蓮Bの間が次第に曖昧化してきており、その関係が改めて問われなければならなくなってきている。ただし、言うまでもなく、日蓮Bもまた、様々な種類の遺文を含むから、その中で日蓮Aに近いもの、日蓮Cに近いものと、その程度差が考えられる。

もちろん、今後研究が進められれば、日蓮Bのうちのあるものは日蓮Aであることがはっきりしたり、あるいは逆に日蓮Cであることがはっきり証明される場合が出てこよう。しかし、たとえコンピューター解析を用いても、あくまでも蓋然性の問題であり、真蹟が新たに発見されるような場合を除いて、絶対確実な判定は極めて困難な場合が多いであろう。そこで、そのことを承知した上で、では、日蓮Bがどのように位置づけられるかが問題とされなければならないのである。即ち、日蓮Bの遺文のあるものが真撰である可能性があるとしたら、それは従来考えられている日蓮Aと矛盾せずに解釈できるか、また、それを加えることによって、日蓮Aのみで考えられた場合と、どのように日蓮思想の解釈は違ってくるのか。そうした点が慎重に検討されなければならない。

以下、まず『三大秘法抄』を取り上げ、次に本覚思想と関連して問題となる最蓮房宛ての御書類を検討して、日蓮Bをどう扱うべきかという問題を考える手がかりとしたい。

二　『三大秘法抄』――宗教と国家

『三大秘法抄』の概観

『三大秘法抄』、正確には『三大秘法稟承事《ぼんじょうじ》』は、弘安四年（一二八一）卯月八日の日付を有し、大田金吾に宛てられている。日蓮六十歳の最晩年の著作である。古写本としては、嘉吉二年（一四四二）の日親の写本があり、『昭和定本』の底本とされている。

本書はまず、『法華経』神力品を引いて、そこに「以要言之」と言われている「要言之法」とは何か、という問に対して、それこそ本門寿量品の本尊・戒壇・題目であると答える。即ち、三大秘法である。

夫れ釈尊初成道の初めより四味三教乃至法華経の広開三顕一の席を立ちて、略開近顕遠を説かせ給ひし涌出《ゆじゆつ》品まで、秘せさせ給ひし実相証得の当初修行し給ひし処の寿量品の本尊と戒壇と題目の五字也。

（昭和定本、一八六二頁）

釈尊は、この秘法を普賢・文殊にも譲らず、上行等の四菩薩を召し出して説いた。その仏は、「所居《しょご》の土は寂光本有《ほんぬ》の国土也。能居《のうご》の教主は本有無作《むさ》の三身也」とされる。

続いて、この法門はいつ流通すべきものか問い、それに対して、「仏の滅後正像二千年過ぎて、第五の五百歳、闘諍堅固《とうじょう》、白法隠没《びゃくほうおんもつ》の時」であると答える。

第三問答は、秘法を末法に限るとすれば、釈尊の慈悲は平等でなく、偏頗があるのではないか、という問いに対して、それぞれの時期に「機法相応」ということがあり、末法に入っては、「但専ら本門寿量品の一品に限って出離生死の要法」であると答える。

第四問答で、その点の教証についてのやり取りがあった後、第五問答で、いよいよ、「三大秘法、其の体如何」と本質的な問題に入る。まず、本尊については、「五百塵点当初以来、此土有縁深厚、本有無作三身の教主釈尊、是也」と言う。次に題目を取り上げ、これには正像と末法の二意があるとして、正像の題目は自行のためだけであり、「理行の題目」であると言う。それに対して、「末法に入りて、今日蓮が唱ふる所の題目は前代に異なり、自行化他に亙りて、南無妙法蓮華経なり。名・体・宗・用・教の五重玄の五字なり」と言う。

その後、問題となる戒壇が論じられる。三大秘法そのものは『撰時抄』はじめ、他の遺文にも見られるが、それらはなぜか本尊と題目については説明しても、戒壇については説明がなく、本書は唯一本門の戒壇について説く遺文である。本書が重視されるのも、まさにその故に他ならない。

戒壇とは、王法、仏法に冥じ、仏法、王法に合して、王臣一同に本門の三大秘密の法を持ちて、有徳《うとく》王・覚徳比丘の其乃往《ないおう》を末法濁悪の未来に移さん時、勅宣並びに御教書を申し下して、霊山浄土《りょうぜんじょうど》に似たらん最勝の地を尋ねて、戒壇を建立すべきものか。時を待つべきのみ。事の戒法と申すは是なり。三国並びに一閻浮提の人、懺悔滅罪の戒法のみならず、大梵天王・帝釈等も来下して蹋《ふみ》給ふべき戒壇なり。此戒法立ちて後、延暦寺の戒壇は迹門の理戒なれば益あるまじき処に、……。（昭和定本、一八六四―六五頁）

このように、この箇所では王仏冥合《みょうごう》、即ち政治と宗教の一体性を明白に説き、後に国立戒壇論の根拠とされるものである。本書をめぐる論争は、何よりもこの箇所をどう扱うかという点に集約される。その点は後に見てみよう。

こうして三大秘法のそれぞれについて述べた後、それを総結する。

此三大秘法は二千余年の当初、地涌《じゆ》千界の上首として、日蓮慥《たし》かに教主大覚世尊より口決相承せしなり。今日蓮が所行は霊鷲山《りょうじゅせん》の稟承《ぼんじょう》に芥爾《けに》計りの相違なき、色も替はらぬ寿量品の事《じ》の三大事なり。（同、一八六五頁）

最後に第五問答では、一念三千の証文を問い、方便品と寿量品の文を挙げた後、次のように本書の意図を述べて全文を結ぶ。

今日蓮が時、盛に此法門広宣流布するなり。予年来己心に秘すと雖も、此の法門を書き付けて留め置かずんば、門家の遺弟等、定めて無慈悲の讒言を加ふべし。其後は何と悔ゆと叶ふまじきと存ずる間、貴辺に対して書き送り候。一見の後、秘して他見あるべからず。口外も詮なし。法華経を諸仏出世の一大事と説かせ給ひて候は、此の三大秘法を含めたる経にて渡らせ給へばなり。秘すべし、秘すべし。（同、一八六五頁）

本書はこのように三大秘法のそれぞれについて詳しく説いている。特に本門の戒壇は、本書以外に具体的に説いたものがないだけに、重視されるとともに、その王仏冥合観が問題となるのである。

『三大秘法抄』の真偽論とその政治性

本書については、江戸時代の宗門学者の間にすでに真偽の論が闘わされており、その段階でも国立戒壇是非の問題と関わっていた。近代になってから、山川智応が真撰説の立場から詳細に論じて偽撰説を破した。その際、山川の立場は、「本抄における王仏冥合、戒壇国立の思想は、実にこれ国家の完全なる宗教化であって、世界文化史上における、過去にかつてなかった一大思想である」（山川、一九二九、四二九頁）というもので、積極的に国立戒壇論を主張するものであった。このように、本書を真撰として認めるか否かは、直ちに国立戒壇の是非に結びつくという、はなはだ厄介な問題を含んでいるのである。

こうした事情から、戦後になると、戦前の国家主義的な日蓮主義への反省から、本書に改めて疑問が呈せられることになった。その点、特に注目されるのは、国家主義的日蓮解釈批判の先頭に立った戸頃重基が、本書の王仏冥合論を正面から批判し、「日蓮を汚す三大秘法鈔」として、偽撰論を唱えたことである〔戸頃、一九六五〕。

由来、日蓮の本門戒壇を勅許の国立戒壇の意味に解釈しようとするものは、ほとんど例外なく「三大秘法鈔」真撰説を熱心に唱えてきた。「法華経」に天皇を帰依させ、その権威の余光をかりて一国同帰を実現させようとする国粋主義者が、とくにその熱心な真撰論者であったのはいうまでもなく、……〔同、一五二頁〕

また言う。

「三大秘法鈔」偽作論は、今に始まったわけではなかった。それなのに偽作論よりは、傾向として、真撰論の方が日蓮門下のあいだではるかに支配的であったのは、学問的な理由によるのでなく、むしろ政治的な理由によるものであった。すなわち戦前の国粋的な日蓮系学者は、「三大秘法鈔」を、王仏冥合を説く唯一の遺文として、政治的に利用し、これを教線拡大の口実としたのである。……「三大秘法鈔」は、じつに日蓮の宗教を歪曲する不潔きわまる偽撰遺文として日蓮門下は進んで廃棄しなければならない。〔同、一六六頁〕

同様の立場からの偽撰説の主張は、田村芳朗にも見える。田村もまた、本書が「国粋主義的な日蓮信奉者の珍重するところとなった」ことを指摘し、本書は「あきらかに偽書と断定することができよう」〔田村、一九六七、一四四頁〕と言いきっている。

戦後の議論を複雑にしているもう一つの要因がある。それは、創価学会が本書に基づいて国立戒壇の設立を目標として、激しい活動を展開し、さらにその実現のための政党である公明党を結成したことである。戦前の国家主義とは異なる新たな政教一致論が、またしても本書から出てきたことになる。こうしたきわめて生臭い現実との絡みから、本書に関する議論は冷静な議論である前に感情論となり、そこから心ある研究者はかえって本書をタブー視して触れないということにもなった。例えば、佐藤弘夫のような日蓮の国家観を論じて大きな成果を上げている研究者も、本書には触れていない〔佐藤は近著において本書に触れ、真偽未決だが、日蓮の思想と矛盾しないとしている〔佐藤、二〇〇三、三一八頁〕〕。

ところでひるがえって、戸頃はどのように本門の戒壇を解するのであろうか。

日蓮の従前の主張によれば、本門戒壇は、主観的には「法華経」行者所住の場所であり、客観的には、立正安国、四海帰妙の理想実現の状態を意味する以外のものでなく、したがってその主張は、特定の場所を選んで、そこに国立戒壇を建立することを述べている「三大秘法鈔」のそれと根本的に矛盾している〔戸頃、一九六五、一五七—一五八頁〕。

戸頃の主張は、宗門の用語を用いれば、理壇説であり、国立戒壇を主張する事壇説に対するものである。戸頃はいくつかの根拠を挙げて本書の偽撰を主張するが、結局のところ、日蓮の戒壇論は理壇であり、事壇でないということを中心とするものであり、その点では、その議論は決して新味のあるものではない。真撰説＝事壇説、偽撰説＝理壇説という図式は、コンピューターによるもっとも新しい分析を用いた伊藤瑞叡の真撰説にも引き継がれる。

> 戒壇建立の基本原理（国家が正法の機関となり、正法が社会の精神的秩序となるという法国冥合＝正法が法律の根柢にあるものとなること）、社会的基盤（国家共同体が正法秩序に帰するという歴史的情況）とか、内的外的条件（国家社会が正法を護持する誓願社会となること、国家社会意志の確認、場所や時期、仏教徒の自覚と戒法）、精神文明上の世界史的意義とかを、具体的、かつ簡明に説示しています。これによって戒壇法門の帰結は事壇であり、宗徒の行目、行程は一国同帰を期して不断の努力をなしつつ、その時期をまつという事壇への戒法を持つことであり、宗門の究極的目標は事壇建立であると知られます。〔伊藤、一九七七a、三二五頁〕

国立戒壇という言葉こそ用いないものの、完全に政教一致論の主張となっている。さすがに、日蓮宗のほぼ公式的な立場を示す『日蓮宗読本』は、事の戒壇説を取りながらも、慎重に政教一致的な表現を避けている。

> 宗祖が意図する戒壇は園林山谷に分立される私の戒壇ではなく、世界が妙法に帰依した暁、最勝の地を尋ねて公に建てられるべき戒壇である。……これは全世界を五字の信仰に統一し、一切の我見と闘争と

を絶無する寂光浄土を現実に建立せんとの大理想の顕われに外ならぬ。〔同書、一六七頁〕

伊藤との相違は、第一に、国家ではなく、世界のレベルで問題にしていること、第二に、政教一致的な問題としてでなく、あくまで宗教的な理想として提示していることである。それは、今日における宗教教団の目指すべき方向としては納得の行くところであるが、『三大秘法抄』の戒壇論からすると、その危険なところをオブラートで包んで隠したという印象を免れない。

『三大秘法抄』の検討

(1) 無作三身説

以上のように、『三大秘法抄』の真偽論は、現代における日蓮主義の政治論・国家論と密接に結びついている。まさに日蓮Bを認めるか否かで、大きく日蓮解釈の分かれるところである。しかし、従来の文献学とは異なる、コンピューターを用いた計量的、統計的方法によって真撰の可能性が高いと認められたことは、研究の新たな段階を画するものと言ってよい。もっとも、計量文献学の方法は、それ自体がまだ形成中のものであるから、さらに方法自体が一層精密化されるとともに、専門家による検証・確認がなされ、学界の承認を得られるようにならない限り、現時点でその結論をそのまま直ちに決定的と言うことはできない。また、このような新しい方法が開発されたからといって、従来の文献学的方法が効力を失うわけではない。だが、他方、王法冥合論に批判的な立場を取る場合にも、本書をまったく無視することは、今後はなはだ困難になったということはできよう。そこで、改めて本書をどのように位置づけることができるか考えてみよう。

まず、国家論・政治論と異なる観点から、本書が疑問視される根拠を考えてみたい。中でも特に、本書に本覚思想的な用語が見られることが問題となる。とりわけ無作三身説が提示されていることは、本書の特徴である。無作三身は、後述のように、最蓮房宛の遺文など、真偽が疑問視される日蓮Bの遺文の中に主として見られるものである。本書における該当箇所はすでに引いたが、「能居の教主は本有無作の三身也」という箇所と、寿量品の仏を「本有無作三身の教主釈尊」と規定するところである。無作三身説についてはすでに多くの論者によって論じられているが、もとは最澄の『守護国界章』に見えるもので、「有為《うい》報仏は夢裏《むり》の権果《ごんか》にして、無作三身は覚前の実仏なり」と言われている（大正七四・二二二c）。この「覚前の実仏」は解釈が難しいが、「覚りに対して現前する実仏」の意で解することができる。すなわち、覚りを開いた状態で体得される仏で、それが現象世界に展開している随縁真如のことと主張されている〔末木、一九九五、四三四頁参照〕。

ところが、後の本覚思想においては、この「覚前」が「覚る前」と解され、凡夫の状態そのままの意に取られることになるのである。このような本覚思想的な無作三身説が最初に見えるのは、『三十四箇事書』であると言われる。すなわち、その「本地無作三身」の項で、「最初成仏の時の三身を以て無作三身と云ふ事、常のごとし」として、最初成仏の時の三身を無作三身と呼ぶ通常の説を批判し、「無始本有として一切の諸法は皆三身の体」であるとして、一切のあるがままの存在を具えているのが無作三身であるとしている〔多田他、一九七三、一七三頁〕〔末木、一九九三、三二七―三二八頁参照〕。

ここで「常のごとし」と言われるのは、成仏したときの仏身であり、必ずしも非人格的とは言えない。したがって、無作三身を非人格的で世界に遍在する随縁真如と解する最澄に較べても、「常のごとし」の説は、本覚思想的な無作三身説と大きく離れている。それに対して、『三十四箇事書』が独自の説として主張する無作三身説の方は、最澄説を発展させた本覚思想独特のあるがまま主義であるということができる。ちなみに、院政期の学匠証真は、本門で無作三身が証得されるという説を批判しているが（『法華玄義私記』巻七、仏全二一・二八八頁）、その批判対象はむしろ『三十四箇事書』に言う「常のごとし」といわれる説に近い（末木、一九九三、二九二頁）。

以上を前提にして『三大秘法抄』の無作三身説を見ると、用語こそ本覚思想に共通するものであるが、そこで言われている内容は本門寿量品の五百塵点劫の釈尊のことであり、したがって、進んだ本覚思想であるよりは、『三十四箇事書』で言われる「常」の説や、証真によって批判される説に近いと考えられる。このような釈尊観は、『観心本尊抄』に、「我等が己心の釈尊は、五百塵点乃至所顕の三身にして、無始の古仏なり」（昭和定本、七一二頁）と言われている仏身観と、必ずしも大きく隔たっておらず、本覚思想と同一視できないのである。

（2）王仏冥合

さて、そこで日蓮の国家観・政治観からして、本書がどのように位置づけられるかを見てみよう。日蓮がしばしば誤解されるような国家仏教の主張者ではなく、一貫して仏法を王法より上位に置き、現実の政治に対して批判的な態度を貫いたことは今日広く認められている。初期の『立正安国論』上呈に見られるような積極的な現実対応に対して、後期における来世の霊山浄土思想への転換は、しばしば日蓮における挫折とか、現実超越として理解されがちであるが、佐藤弘夫によれば、決してそうではない。佐後（佐渡流罪以後）に強められた釈尊御領観は、釈尊の絶対性を強めることによって、初期以上に日本の現状とその政府に対する厳しい姿勢を取らせることになった。そこから、霊山往生信仰も、「その前提となる、現世での謗法者への折伏を強化することにつながった」（佐藤、一九七七、五八頁）と考えられるのである。

こうした傾向に対して、『三大秘法抄』の「王法、仏法に冥じ、仏法、王法に合して」という、いかにも王法と仏法が同等で並ぶような書き方や、「勅宣並びに御教書を申し下して」というような、王法が仏法を左右するような考え方は、一見異質のように見える。しかし、必ずしもそうは言えない。この点のヒントとなるのは、「有徳王・覚徳比丘の其乃往を末法濁悪の未来に移さん時」と言われる、有徳王と覚徳比丘の故事である。これは『涅槃経』（北本）巻三・金剛身品に出る話で（大正一二・三八四上）、『立正安国論』（昭和定本、二二二頁）はじめ、日蓮が好んで引くところである。それによると、覚徳比丘が正法を説いたとき、破戒の比丘たちが悪心をもって覚徳に迫った。そのとき、有徳王は破戒の悪比丘たちと戦って命を落とす。覚徳比丘は王を称え、阿閦仏国《あしゆくぶつこく》に生まれることを確言する、というものである。

もし仏法と王法が対等、あるいは王法の方が上と考えるならば、あえて王が正法のために命を落とすような話を引いて、そのようなときに戒壇を建立するというのはいかにもおかしく、それ故に偽撰説の根拠ともされたのである。だが、山川の言うように、「正法を護る為めには、亡国をも厭はないといふ誓願が、此の王臣一同に立つた時」（山川、一九二九、四二一頁）と解することができ、そうとすれば、ここでもやはり仏法が王法の上に立つものとされていることは明らかである。

ちなみに、佐後においては、初期と異なり、ユートピア的な未来が描かれるようになったことが注目される。

法華折伏破権門《しゃくぶくはごんもん》理の金言なれば、終に権教権門の輩を一人もなくせめをとして、法王の家人となし、天下万民諸乗一仏乗と成て妙法独り繁昌せん時、万民一同に南無法蓮華経と唱へ奉らば、吹く風枝をならさず、雨、壌《つち》を砕かず、代は羲農《ぎのう》の世となりて、今生には不祥の災難を払ひ長生の術を得、人法共に不老不死の理顕れん時を各各御覧ぜよ。(『如説修行鈔』、昭和定本、七三三頁)

もちろん、『立正安国論』にも「羲農の世」が理想として言われていた。しかし、それは国中が正法に帰するという当為に主眼が置かれて、その結果として言われていた。しかし、『如説修行鈔』の言い方は、折伏の結果いずれ必然的に来るべき世界の理想状態という、未来記的な性格を強めている。『三大秘法抄』の未来記的な記述も、その流れに立つ一種のユートピア論と考えられよう。また、弘安元年の『諸人御返事』では、「我が弟子等の出家は主上上皇の師となり、在家は左右の臣下に列ならん。将《ま》た又一閻浮提、皆な此の法門を仰がん」(昭和定本、一四七九頁)と言われており、未来記的な記述の中に、王臣が正法に帰する様子が記されている。これも『三大秘法抄』と関わるところがあるように考えられる。

以上のように見るならば、『三大秘法抄』が必ずしも日蓮の思想と絶対的に相容れないとまでは言えないように思われる。日蓮Bに属しつつも、日蓮Aに接近した位置に立つものと考えることができよう。

それでは、このような日蓮の宗教優位の思想は、どのように評価すべきものであろうか。中世という歴史的な場の中で見たとき、その説はきわめて新鮮なものを持っていたと考えられる。いわゆる旧仏教諸派は基本的に王法と仏法を車の両輪のように同等のものと考えた。それに対して、法然の一派は仏法を王法の問題と切り離してその純粋性を保とうとした。仏法の王法に対する優位を説く日蓮の思想は、きわめて特異であり、新しいものである。このような発想はこの後、中世後期に、一向一揆やキリシタンにおいて展開するものと近似している。

しかし、それを現代の問題として考えるとき、そこには危険な要素がないとは言えない。宗教優位の政治批判、国家批判は、批判としては有効であるが、今度は宗教主導の政治が目指されるとしたら、それがまた別の危険を生み出すことは明白である。もし日蓮的な法華信仰があらゆる人に強制されるとすれば、他の信仰を持つ人たちにとって、恐怖政治以外の何物でもないであろう。また、法華信仰を広めるためという大義名分のもとに、侵略が正当化される恐れもないとは言えない。

とは言え、近代的な政教分離が唯一の政治と宗教の適切な関係であるかどうか、イスラム原理主義の運動を待つまでもなく、今日なお両者の間にはさまざまに問いなおさなければならない緊張関係が孕まれている。日蓮の思想は、ある意味ではきわめて危険できわどいものである。しかし、まさにその危険さの故に、安全なところで展開される人畜無害な思想が頬被りしてやり過ごす大きな問題を、提起しているということができよう。

三　最蓮房宛遺文――本覚思想との関係

最蓮房宛遺文について

日蓮遺文の中には本覚思想的な文句や思想がしばしば見られるが、興味深いことに、五大部を中心とする真蹟の現存する遺文にはそのような要素がきわめて少なく、古くから偽撰を疑われてきた遺文に多い。そこで、本覚思想的な言辞が見られるか否かが、遺文の真偽を決める大きな基準として立てられることになった。これが浅井要麟の打ち立てた画期的な方法であった。日蓮が活動していた頃から、関東天台で本覚思想の展開が著しく、浅井らの研究は、同時に中世天台の本覚思想の解明や、その文献の成立年代の考証へと向けられることになった〔浅井、一九四五〕。

しかし、日蓮自身が、本覚思想的な要素を含む当時の天台教学を学んでいたことは、若い頃、『授決円多羅義集』を書写していることからも明らかであり、日蓮の思想に本覚思想の影響が皆無であったということは、成り立ちがたい。そこで、浅井説を修正した田村芳朗は、初期の日蓮は本覚思想の影響下にあったが、その後、本覚思想的な一元論を否定したため、後の遺文に本覚思想的な要素が見える場合は、偽撰の可能性が大きいと考えた〔田村、一九六七〕。

こうした浅井―田村の方法論は、その後も日蓮遺文の真偽考証に当たって、大きな影響を与えてきた。しかし、田村の言うほどきれいに時期によって分けられるかどうかは、なお疑問がある。遺文の真偽をはっきり切り分けるこうした方法に対して、もっとも徹底した批判を展開したのが花野充昭（充道）であり、真偽判定のみに走らず、日蓮の思想自体の中に矛盾した要素が多く含まれていることを認め、「完全に偽書と断定できる遺文はさておき、日蓮の遺文相互間における一見矛盾と感じられるものが、いかに日蓮の胸中で統一されていたかを追求することも必要であろうと思われる」と論じている〔花野、一九七五、一五頁〕。これは、私の用語を用いれば、日蓮Bを可能な限り日蓮Aの体系に組み込んで、統合しようという方法である。もちろん、日蓮Bもまた多様な内容を持つのであり、一概にすべて同等に扱うことはできないが、それらを個別的に分析しながら、日蓮Aとの関係を考えてゆくことが必要と思われる。
ところで、本覚思想的な要素を持つ遺文として、もっとも注目されるのが最蓮房《さいれんぼう》宛の遺文である。その遺文は十二通残っているが、いずれも真蹟がなく、本覚思想的な言辞が多く含まれ、そのうちの二通は『昭和定本』編纂段階で疑問視され、続篇に編入された。そもそも最蓮房という人物が実在したかどうかさえ、一時は疑問視された。今日、その実在は確かとされ、天台宗の僧であったが、佐渡に流され、そこで日蓮の教化を受け、帰京後も日蓮と交流があったと考えられている。現存する遺文は以下の通りである。

生死一大事血脈鈔（昭和定本九五、文永九、録外、和文）
草木成仏口決（昭和定本九七、文永九、録外、和文）
最蓮房御返事（昭和定本一〇二、文永九、録外、和文）
得受職人功徳法門鈔（昭和定本一〇三、文永九、録外、漢文）
祈禱経送状（昭和定本一一五、文永十、録内、和文）
諸法実相鈔（昭和定本一二二、文永十、他受用御書、和文）
当体義鈔（昭和定本一三四、文永十、録内、漢文）
当体義鈔送状（昭和定本一三五、文永十、録外、漢文）
立正観抄（昭和定本一五八、文永十一、録内、漢文）
立正観抄送状（昭和定本一六五、文永十二、録内、漢文）
当体蓮華鈔（昭和定本続三九、弘安三、録外、和文）

十八円満鈔（昭和定本続四〇、弘安三、録外、漢文）

以上のように、続篇の二つを除くと、文永九年（一二七二）から十二年（一二七五）に集中している。和文と漢文のものがあるが、比較的始めの方に和文のものが多い。

ひとまず続篇に入っている二つを除いて、それ以外の遺文に見える思想を、他の遺文に見えるものと整合的に理解できるかが問題になる。最近の中条暁秀の研究でも、直ちに真撰と認めることには慎重な姿勢を取っている〔中条、一九九六〕。もちろん、そこには多様な要素があり、一概には論じきれないので、ここではその一端のみを考えることにしたい。

凡夫本仏説

松戸行雄は、日蓮の思想を凡夫本仏という点を根本において解釈し、現実のわれわれの生活に根ざしたところから、新たな実践仏教として日蓮思想を理解しようとしている〔松戸、一九九四〕。それは、現代の立場から日蓮の思想を見直そうとする注目すべき試みである。その際、松戸は日蓮の凡夫本仏説を本覚思想と異なるものとしているが、そこで論拠とされるものには、日蓮Bに属する遺文が少なくない。その中でも「凡夫本仏」という言葉を用いているのは、最蓮房に宛てた『諸法実相鈔』である。

されば釈迦多宝の二仏と云ふも用の仏也。妙法蓮華経こそ本仏にては御座《おはし》候へ。……如来秘密は体の三身にして本仏也。神通之力は用の三身にして迹仏ぞかし。凡夫は体の三身にして本仏ぞかし。仏は用の三身にして迹仏也。然ば釈迦仏は我等衆生のためには主師親の三徳を備へ給ふと思ひしに、さにては候はず。返て仏に三徳をかふらせ奉るは凡夫也。其故は如来と云ふは天台の釈に如来とは十方三世の諸仏・二仏・三仏・本仏・迹仏の通号なりと判じ給へり。此の釈に本仏と云ふは凡夫也。迹仏と云ふは仏也。（昭和定本、七二四頁）

ここで言われていることは、次のようにまとめることができるであろう。

本仏＝妙法蓮華経＝如来秘密＝体の三身＝凡夫
迹仏＝釈迦・多宝＝神通之力＝用の三身＝仏

すなわち、凡夫の方が仏より根源に置かれるのである。同様のことは、例えば、『当体義鈔』にも次のように言われている。

問ふ、妙法蓮華経とは其の体、何物ぞや。答ふ、十界の依正、即ち妙法蓮華の当体なり。
問ふ、若し爾れば、我等が如き一切衆生も妙法の全体なりと云はるべきや。答ふ、勿論なり。（昭和定本、七五七頁）

あるいはまた、『生死一大事血脈鈔』では、「妙は死、法は生也。此の生死の二法が十界の当体なり」と言

われている（昭和定本、五二二頁）。さらにまた、

釈迦・多宝の二仏も生死の二法なり。然れば久遠実成の釈尊と皆成仏道の法華経と我等衆生との三つ、全く差別なしと解つて、妙法蓮華経と唱へ奉る処を生死一大事の血脈とは云ふなり（昭和定本、五二二頁）

と、『華厳経』の「心仏衆生是三無差別」を念頭に置いた表現も見られる。

しかし、それにしても、これらの表現は衆生と仏の同等性を言ってはいるが、『諸法実相鈔』のように凡夫の方を根源に置くような言い方ではない。『諸法実相鈔』は、その点でもっとも極端な立場にあるといえよう。同書にはまた、次のような表現も見える。

実相と云ふは妙法蓮華経の異名なり。諸法は妙法蓮華経と云ふ事なり。地獄は地獄のすがたを見せたるが実の相なり。餓鬼と変ぜば地獄の実のすがたには非ず。仏は仏のすがた、凡夫は凡夫のすがた、万法の当体のすがたが妙法蓮華経の当体なりと云ふ事を諸法実相とは申すなり。（昭和定本、七二五頁）

このような言い方は、直ちに本覚思想文献である『三十四箇事書』の、次のような箇所を思い起こさせる。

本門実相とは、事を以て実相と名づく。地獄は地獄ながら、餓鬼は餓鬼ながら、乃至仏界は仏界ながら、

改変せず、法爾自体実相なりと談ず。……故に本門の意は、迷妄の衆生の当体即ち実相なり。外見の衆生の直体即ち実相なり。〔多田他、一九七三、一七四頁〕

円教の意は、衆生を転じて仏身と成るとは云はざるなり。衆生は衆生ながら、仏界は仏界ながら、倶に常住と覚るなり。全く取捨なき故に、増減なきなり。〔同、一七六頁〕

『諸法実相鈔』の場合は極端ではあるが、『当体義鈔』『生死一大事血脈鈔』の上記のような箇所も、本覚思想的な凡夫即仏論を展開している。これらはどのように解したらよいのであろうか。田村芳朗のように、本覚思想の影響を初期に限定する限り、これらは偽書と断定せざるを得ない。しかし、佐藤弘夫は初期と後期の日蓮が、必ずしも絶対的に断絶しているとは見ない。

佐渡期以降の日蓮の思想においては、来世的性格の色濃い霊山浄土の彼岸志向と初期以来の立正安国の現世志向とが、顕著な二重構造を形成するに至った。換言すれば、後期の日蓮の思想には、法然の西方浄土に比定しうる死後に往くべき対象としての来世浄土と、現実世界に君臨する外在的・人格的仏陀、並びに天台教学の影響下に成立したところの此土を変革して建立さるべき浄土と、凡聖不二の理念に依拠する内在的仏陀という、二つの異質的な浄土および仏陀の観念を同時に看取しうるのである。〔佐藤、一九八一、二五三頁〕

佐藤は、真偽未決の日蓮Bの遺文についてはその扱いを避けているが、もしその説が妥当するならば、最蓮房関係の遺文に見られる本覚思想的な要素も、その延長上に見ることができる。周知のように、『観心本尊抄』には、「我等が己心の釈尊は五百塵点乃至所顕の三身にして無始の古仏なり」と言われている（昭和定本、七一二頁）。また、この世界にそのまま永遠を見ようとするところも見られる。

今本時の娑婆世界は三災を離れ四劫を出でたる常住の浄土なり。仏既に過去にも滅せず、未来にも生ぜず。所化以て同体なり。此れ即ち己心の三千具足三種の世界なり。（同、七一二頁）

ここで言われているように、この説は天台の観心論に基づいており、その中核は十界互具・一念三千論に求められる。十界互具・一念三千の立場からすれば、凡夫の中に永遠の仏の世界が厳然と存在する。この立場からすれば、本覚思想的な仏陀観ときわめて近似してくる。では、どこが本覚思想と相違するのであろうか。

釈尊の因行・果徳の二法は、妙法蓮華経の五字に具足す。我等、此の五字を受持すれば、自然に彼の因果の功徳を譲り与へたまふ。（昭和定本、七一一頁）

外在的な仏陀としての釈尊は、自ら覚った真理を「妙法蓮華経」の五字に含めて衆生に与えた。衆生はそれを受け取ることによって、真理に目覚めるのである。その点から言えば、凡夫はあくまでも外在する他者としての釈尊と関わるのである。すなわち、佐藤の言うように、『観心本尊抄』においても、仏陀は外在者としての面と、内在者としての面の両方を持つのである。後世、人本尊か法本尊かという問題が生ずるのも、この日蓮の両義性に由来する。いわば、日蓮の思想は、両者の緊張関係の上に成り立っているということができる。

このように見るならば、最蓮房宛遺文に見られるような凡夫即仏説、ひいては凡夫本仏説も、その一方の延長上に考えることができる。もちろん、だからと言って、直ちにそれらの遺文を真撰と言えるかというと、さまざまな観点からの検討を要する問題である。すなわち、これら最蓮房宛の遺文を直ちに日蓮Aに属させることはできないが、日蓮Bとして、日蓮Aとの関連をつけることはできると思われるのである。

四重興廃説

『立正観抄』は、『当体義鈔』と並んで録内に収められ、最蓮房宛遺文の中でも重要な位置を占めるもので、身延三世の日進の写本があることから、真撰としての可能性が大きいものと考えられている。本書は、「法華止観同異決」という表題もあるように、法華と止観との優劣を論じたものである。すなわち、「当世、天台の教法を習学するの輩、多く観心修行を尊んで、法華本迹二門を捨つと見えたり」（昭和定本、八四四頁）と言われるような当時の天台宗の傾向を論破し、それらが禅の影響であることを言い、止観は「迹門の正意」であり、「妙法は一心三観（の止観）に勝れたり」と主張する（昭和定本、八四四頁）。なお、『立正観抄送状』も同趣旨の論を展開しているが、ここでは、恵心流では、「止観の一部は本迹二門に亙る」のに対して、檀那流では、「止観は迹門に限る」と主張し（昭和定本、八七〇頁）、「若し此の意を得ば、檀那流の義、尤も吉きなり」（昭和定本、八七一頁）と、檀那流に賛意を表している。

「止観勝法華」の思想は、天台の本覚思想文献において強調されるところで、そのもっとも定型化された表現は、四重興廃の教判に見られる。四重興廃は、爾前→迹門→本門→観心の順で、次第に前者を廃して後者に進んでいくことを論じたものである。ところが、そのもっとも定型的な表現が『立正観抄』に見られる。すなわち、「迹の大教起れば、爾前の大教亡じ、本の大教興れば、迹の大教亡じ、観心の大教興れば、本の大教亡ず」（昭和定本、八四六頁）と言われている通りである。同様の定型的な表現は、『十法界事』にも見える。

法華本門の観心の意を以て一代聖教を按ずるに、菴羅果《あんらか》を取りて掌中に捧ぐるが如し。所以は何。迹門の大教起れば、爾前の大教亡じ、本門の大教起れば、迹門・爾前亡じ、観心の大教起れば、本・迹・爾前共に亡ず。（昭和定本、一四〇頁）

ところで、四重興廃の成立については、これら日蓮遺文と関連して、従来から研究が盛んである。もし四重興廃の成立が日蓮以後であれば、四重興廃を述べたこれらの遺文は偽撰ということになるからである。四重興廃の成立については、類似の思想が法然の門下の幸西に見えるとして、その成立を遡らせる説も出されたが、これは誤解であり、四重興廃とは関係ない（末木、一九九三、二九五頁）。ただ、『自行念仏問答』には四重興廃のもとになるような四重の弥陀説が見える。すなわち、爾前の阿弥陀・迹門の阿弥陀・本門の阿弥陀・観心の阿弥陀を立てるのである。

爾前の阿弥陀――『悲華経』等に説く阿弥陀仏
迹門の阿弥陀――大通智勝仏の十六王子の一人としての阿弥陀
本門の阿弥陀――久遠実成の阿弥陀
観心の阿弥陀――四智のうち、妙観察智に対応する阿弥陀

しかし、この場合も、後の段階が起これば前の段階が廃されるという興廃とは異なっており、後の四重興廃に直接繋がるものではない〔末木、一九九八、二九〇頁〕。

そうとすると、文献的にはっきり四重興廃が見えるのは、従来考えられていた通り、『漢光類聚』が最初ということになる。『漢光類聚』は忠尋作とされるが、実際には静明の頃、あるいはその弟子の頃の成立と考えられている〔末木、一九九八、三六七頁〕。そうであれば、ほとんど日蓮と同時代か、場合によって日蓮よりも多少遅れることも考えられる。しかし、本覚思想文献の場合、必ずしも文献の成立とその内容が同時とは限らず、それによって日蓮遺文との先後関係を確定することは、必ずしも有効とは言えない面がある。ただ、『漢光類聚』の止観勝法華説に禅の影響があることは確かであり、『漢光類聚』に纏められるような思想が、『立正観抄』の論破の対象となっていたことは間違いないと言えよう。

『立正観抄』には、他にも、「天台大師自筆の血脈」など、疑問のあるものを引いている。しかし、その思想自体が日蓮Aと矛盾するかというと、止観勝法華を破して、法華の優越性を主張する点において、必ずしも矛盾するとは言えない。確かに日蓮は、「二乗作仏・久遠実成は法華経の肝用にして諸経に対すれば奇たりと云へども、法華経の中にてはいまだ奇妙ならず。一念三千と申す法門こそ、奇が中の奇、妙が中の妙に

て」（『小乗大乗分別鈔』、昭和定本、七七〇頁）と言っており、通常、迹門・本門の中心と考えられる二乗作仏や久遠実成よりも、観心的な一念三千をより高く評価している。『観心本尊抄』もまた、一念三千論を中心に展開していることは言うまでもない。だが、あくまでそれは『法華経』の中に読まれるべきものであって、『法華経』を超えたところに位置するものではない。すなわち、止観勝法華は成り立たない。

もっとも、『立正観抄送状』で強く主張されるように、止観をあくまで迹門に限るという主張は、日蓮の主張としては奇妙であり、直ちに真撰ということは躊躇される。

以上のように見るならば、本書を偽撰と決めつけることは難しいが、だからと言って、直ちに日蓮Aに含めてしまってよいかというと、やはりまだ検討すべき課題が多すぎる。日蓮Bに位置しつつ、日蓮Aとの整合性が問われていくべきものと考えられる。

結　び

以上、日蓮遺文の中から、真偽に問題のあるものいくつかについて、簡単に検討を試みた。それらは、多く既に先学が詳細に検討を加えており、新たに付け加えるべきことはほとんどない。ただ、花野充昭が指摘しているように〔花野、一九七五〕、従来の研究はあまりに真偽判定を優先させすぎてきたきらいがある。真偽を判定しうるはっきりした基準を求めることも重要であるが、必ずしも決定的な証拠はつかみにくい。たとえコンピューターを使った統計処理でも、現段階ではそれをもって決定的とは言いがたい。そうであるならば、真偽にばかりこだわらず、真偽未定の日蓮Bの領域を確保し、真撰が確実な日蓮Aとどのように関わるか、という観点から検討を加えてゆくのも一つの方法ではあるまいか。本章は不十分ではあるが、そのような方向へ向けての試行錯誤の一つである。

参考文献

浅井要麟〔一九四五〕『日蓮聖人教学の研究』（平楽寺書店）
伊藤瑞叡〔一九九七ａ〕『なぜいま三大秘法抄か』（隆文館）
　同　〔一九九七ｂ〕『三大秘法抄なぜ真作か』（隆文館）
佐藤弘夫〔一九八一〕「鎌倉仏教における仏の観念」（『神観念の比較文化論的研究』、講談社）
　同　〔一九七七〕「日蓮の後期の思想」（『日本思想史学』九）
　同　〔二〇〇三〕『日蓮』（ミネルヴァ書房）
末木文美士〔一九九三〕『日本仏教思想史論考』（大蔵出版）
　同　〔一九九八〕『鎌倉仏教形成論』（法藏館）
　同　〔二〇〇〇〕『日蓮入門』（ちくま新書）
多田厚隆他〔一九七三〕『天台本覚論』（『日本思想大系』九、岩波書店）
田村芳朗〔一九六七〕『予言者の仏教』（筑摩書房）
　同　〔一九七五〕『日蓮』（日本放送出版協会）
戸頃重基〔一九六五〕『日蓮の思想と鎌倉仏教』（冨山房）
中条暁秀〔一九九六〕『日蓮宗上代教学の研究』（平楽寺書店）
花野充昭〔一九七五〕「純粋日蓮義確立の問題点」（『暁雲』二）
松戸行雄〔一九九四〕『日蓮思想の革新』（論叢社）
山川智応〔一九二九〕『日蓮聖人研究』一（新潮社）
立正大学日蓮教学研究所〔一九八二〕『日蓮宗読本』（平楽寺書店）
Stone, Jacqueline〔1990〕*Some Disputed Writings in the Nichiren Corps: Textual, Hermeneutical, and Historical Problems*. UCLA (dissertation).
ibid.〔1999〕*Original Enlightenment and the Transformation of Medieval Japanese Buddhism*. Univer-

sity of Hawai'i Press (in print).
Sueki, Fumihiko〔1999〕"Nichiren's Problematic Works." *Japanese Journal of Religious Studies*, Vol. 26, No. 3-4.

＊本章は英文でも発表された〔Sueki, 1999〕。また、末木〔二〇〇〇〕は、本章で論じた問題を含めて、日蓮の全体像を描こうとした試みである。

第七章　密教から見た諸宗
——頼瑜の諸宗観

一　『諸宗教理同異釈』

頼瑜（一二二六—一三〇四）は加持身説法の主唱者で、新義真言宗の確立者として知られるが[1]、それにとどまらず、十三世紀後半、鎌倉時代後期を代表する真言学者であり、その博学は密教だけでなく、顕教諸宗に亙っている。このことは、『十住心論衆毛鈔』の詳細な諸宗の検討や、『真俗雑記問答鈔』における博学多識ぶりから十分にうかがうことができる。しかし、その広範な問題にわたることは困難であるから、本章では、『諸宗教理同異釈』ならびに『顕密問答鈔』という二つの比較的短い論文に限定して、その内容を追いながら、頼瑜の諸宗観の一端をうかがうことにしたい。

まず、『諸宗教理同異釈』一巻[2]は、その奥書に「建治二年（一二七六）二月一日記畢。雖憚下愚之才判五宗之理、難背上綱之命。綴一章之文而已」とあり、その撰述の時と事情が知られる。同書は、冒頭に「真言問答云」とあり、以下、問答形式で進められ、全部で八問答があるが、その答文が非常に長いところがあったり、答文が続いているなかを割って別の問答があったりして、必ずしもバランスがよくない。以下、順次その内容を見ていこう。

まず、第一問答は本書の序文的な短い問答である。「真言教に証する所の理と、顕教を修行して得る所の理とは、勝劣ありや」（五五上）という問いに対して、「究竟の真実の理においては優劣なしと雖も、但だ教門の力に遅速を致すのみ。又、一往の分斉に約して浅深の異なきにあらず」（同）と答える。そして、「教に就いて同異を弁ずれば、大いに分別するに五宗の差別あり」（五五中）として、「然るに今真言宗に四家を察して、浅深を判じ、此の自宗を顕わして究竟と為す」（同）と基本的な立場を示す。

四家は法相・三論・天台・華厳の四宗で、五宗はそれに真言を加えたものである。ここに述べられたように、本書は、究極的にその真理に関しては優劣はないものの、実際の教に関しては優劣を認め、真言宗の立場からそれら諸宗の浅深を判定することを課題とする。四宗の順は上記のとおりで、これは『十住心論』における並べ方の順に従ったものである。

続く第二問答はもっとも長いもので、本書の過半を占め（五五中―五九上）、本書のもっとも中心となるところである。第三―第五問答は、この第二問答の答えの中に入っている。問いは「諸宗各各立教の方、如何」という短いもので、それに対して、答えは二つの部分に分かれる。

まず、諸宗の教判が示される（五五中―五六上）。

法相宗――「深密・瑜伽等に依って、三時教を立つ」

三論宗――「法華・智度に依って、二蔵教・三法輪を立つ」

天台宗――「法華・涅槃等に依って、五時八教を立つ」
華厳宗――「華厳・楞伽経等に依って、五教十宗を立つ」
真言宗――「大日経・菩提心論等に依って、二教十住心を立つ」

以上のそれぞれに対して、各宗の祖師の著作からその証拠となる文章を引く。それは比較的一般的なものであり、特に目新しいところはないが、ただ天台宗に関しては、智顗だけでなく、「智証釈云」として、円珍『諸家教相同異略集』を引いているのが注目される。

これら諸宗の教判論を提示したあと、「此等の諸教中、顕教の諸乗は三大遠劫を談じ、真言は即身成仏を明かす。或いは顕中に三乗遠劫と一乗頓成とあり。謂く、頓中に顕密あるが故に。故に但だ教門の力、遅速を致すのみと云う」（五六上）と二説挙げている。顕教の中にも頓を認めるか否かである。また、「三乗・一乗、岐を別ち、顕教・密教、途を殊にす。破邪・顕正の義、権実是れ同じ。出迷・証覚の旨、顕密豈《あ》に異ならんや」（同）と、その基本の構造が顕密で相違がないことを付記している。この限りでは、顕密の相違をあまり強く出していない。

次に、各宗の教理から、浅深を判定する。「諸宗究竟の理に就いて、亦た横竪二門に依って、応に同異二義を作すべし」（同）とあるように、同と異の二つの立場が論じられる。同の面は比較的簡単で、「若し二教対弁の意に依らば、諸教絶離す。皆な密蔵の本分なるが故に」（同）と、どの立場も相違がないことをいう。その限りでは「五家に差別なし」なのである。それに対して、異の面が詳しく論じられる。「若し住心浅深の義に依らば、五宗所証の真理、浅深なきにあらざるが故に、一往の分斉、浅深なきにあらずと云う」（同）

として、以下、五宗の教理を順次検討する。

①法相宗

法相宗については、「有為の諸法の実性を無為の真理と云う。所謂る性相永く異なり、事理全く別なり。故に真理は諸法にあらず、是れ性なるが故に。諸法は真理にあらず、是れ相なるが故に」（五六中）と、この立場では、真理＝無為＝性と諸法＝有為＝相とが各別であることが特徴とされる。五宗中もっとも低い位置に置かれる。

②三論宗

この立場では、「色空不二なるが故に、諸法の外に真理なく、真理の外に諸法なし」（同）と言われる。それ故、「事理不二にして、（法相宗の）性相別論の義と異なれり」（同）というところに特徴が求められる。本宗をめぐっては、二諦を教でなく理として解釈できる可能性をめぐっての問答（第三問答）が付属している。

③天台宗

この立場は、「三諦不思議の妙理を明かす」（五七上）というところに特徴がある。そこから一念三千や真如の随縁・不変が問題にされる。即ち、「不変の故に一念なり、万法是れ真如なるが故に、即ち真諦なり。随縁の故に三千なり、真如是れ方法なるが故に、即ち俗諦なり」（五七中）と言われる。

このように真俗二諦を立てるところから、「若し然らば前の覚心乗（覚心不生心。三論宗）の真俗二諦義と何ぞ異ならん」（五七中）と問われ、第四問答が展開する。その答えは、「覚心乗、真俗の旨を明らむと雖も、未だ必ずしも随縁真如の義にあらざるか」（同）ということがポイントとなる。三論だけでなく、法相宗の立場でも真俗不異を説くが、やはり随縁真如説はない。したがって、随縁真如説が天台宗の特徴となる。

また、理智不二という点でも三宗の相違がある。法相宗では、理は無為だが智は有為、三論宗では仏智を有始無終[3]と説き、「既に無終の義は相宗に勝ると雖も、有始の説は還って彼に同じきが故に、何ぞ天台の無始無終の理智に同ぜんや」（五七下）と言われる。

④華厳宗

ここでは、「六相円融、十玄無礙、是れ因分の法門にして、全く果分不可説の理にあらず。既に円融無礙の外に更に果性不可説の理を指して十仏の自の境界と為す。此れ豈に同じく三諦円融の妙理を以て極と為さんや」（同）と言われている。天台のように円融を最終的な境地とするのでなく、さらにその外に果性不可説を立てる点で、天台を超えているというのである。

そのほか、天台宗との優劣関係については、いくつかの根拠を挙げる。中でも天台の性具《しょうぐ》と華厳の性起《しょうき》は両宗の教理の根本とされるものである。それについて、頼瑜は、「性具は理に約し、性起は事に約す。故に両宗差降し、性起猶お勝る。何に況や果性不可説の理をや」（五八b）と言っており、もっとも重要な根拠とされている。

この説明の中に第五問答があり、『十住心論』に華厳を「真如法界は自性を守らず、随縁の義」としているところを引いて、真言からの華厳評価を疑問視している。この箇所はやや分かりにくいところがあるが、華厳の立場はいまだ事の立場に留まり、「性仏性然の位」に入っていないという指摘がなされている（五八下）。

⑤真言宗

「性徳輪円の妙理を明かし、無尽荘厳の本具を顕わすなり」（同）として、六大・四曼・三密を説明し、「諸教絶離」の密教の立場を明らかにする。

この延長上に第六、七問答が設定されている。第六問答では、天台の性具三千は密教の性徳輪円と同じであり、華厳の円融十玄は密教の六大無礙と同じではないかという問い（五九上）に対して、同一視できないことをいくつかの論点から述べる。まず、「凡そ教の浅深は是れ仏の優劣に依るべし。法身・応化の説、勝劣なからんや。理の浅深、亦た教の遮表に任すべし。一心・三密の理に階級なからんや」（同）として、顕の天台・華厳と密教とでは差別のあることを述べる。その後は、さまざまな文を引用し、顕教は「摂相帰《しょうそうき》性《しょう》」であり、それに対して密教は「性相歴然」であるという点を重要なポイントとして指摘している。

「摂相帰性」と「性相歴然」は、顕密の差異を表わす重要な概念であるが、本書にも取意引用するように、『秘蔵記』の文（『弘法大師全集』二、二五頁）に由来する。「摂相帰性」は水波の喩えで表わされるように、波が収まり水に帰るように、相（現象）は性（本質）に帰るものである。それに対して、「性相歴然」は日月とその光明の喩えで表わされるように、性と相は本有のものである。この差異は『顕密問答鈔』でも重要視されている。

第七問答ではさらに、顕教は摂相帰性で、密教は性相歴然という説が成り立つかどうかという疑問を提示し（六〇上）、法身説法説などに説き及んでいる。

最後の第八問答は、問いが明記されていないが、「或るひと云く、相即の三身は是れ迹門の意なり。若し本門に依らば、三身何ぞ密に異ならん」（六〇下）以下の部分が問いに当たると考えられる。迹門・本門はもちろん天台系の仏身論の問題であるが、華厳の仏身もあわせて取り上げられている。それに対しては、当然ながら密教の立場からの仏身論が論じられ、顕教との違いが言われている。

以上、本書の概要を見てみた。基本的に密教の優位を前提にしているが、顕教に対してもきわめて広範な知識を持ち、その位置づけを試みている。本書は概論的に諸宗を見渡すような記述になっているが、もう一つの『顕密問答鈔』のほうが諸宗の比較評価という面を正面に出している。

二　『顕密問答鈔』

巻上――諸宗の比較

『顕密問答鈔』(4) は著作年代などは不明であるが、『諸宗教理同異釈』よりも諸宗の比較評価という点に重点を置いている。また、上下二巻からなり、下巻ではもっぱら禅宗の問題を扱っている点が注目される。やはり問答形式を取っており、巻上は七問答、巻下は九問答からなる。

まず巻上から見ていこう。第一問答では、「顕密大乗の修行に五種住心あり。爾らば其の五種とは何等ならんや」(二三上)という問いに対して、「一には他縁大乗心(法相宗)、二には覚心不生心(三論宗)、三には一道無為心(天台宗)、四には極無自性心(華厳宗)、五には秘密荘厳心(真言宗)なり」(同)と答える。これは常識的なところである。

次に第二問答では、「何が故に次第、是の如くなる」(同)と問い、「浅より深に漸《いた》り、劣より勝に向う次第、是の如くなるが故に」(同)として、以下のようにそれぞれを特徴づける。

前四――縁起因分、他受応化所説の顕教

後一――性徳果分、自性法身所談の密蔵
顕―┬初二――三乗┬初一――相宗。三乗の体、始終倶別にして五性成不の談を成す（法相）
　　│　　　　　　└後一――性宗。三乗の体、始別終同にして悉有仏性の旨を述ぶ（三論）
　　└後二――一乗┬初一――一心三観を要と為す。境智不二を極と為す。遮三を義と為す（天台）
　　　　　　　　└後一――円融無礙を宗と為す。法界縁起を本と為す。表体を宗と為す（華厳）

以上は比較的短い序論的な問答であるが、第三問答は、「若し爾らば五重の浅深委しく弁じて疑殆《ぎたい》なからしめよ」（同）と問いは短いものの、答えは詳しく、巻上の中でも中心となるところである。その答えは二説挙げている。

第一説は、法相・三論・天台はこの順に差別があるというものである。しかし、「天台・華厳は同乗同劫にして、事事円融、全く差別なし」（同）とする。ただし、「天台の十界互具は亦華厳の相在に同じ。相在相是は天台には文なけれども其の理亦あり。……天台には俗諦常住を要と為し、華厳には真如随縁を宗と為す。然れども天台に随縁の義なく、華厳に俗常の旨を闕くにはあらず」（二三下）としている。即ち、表に出すところは天台・華厳では相違するが、それぞれ他方の要素を含まないわけではないというのである。

しかし、両者は差異がないわけではない。「二宗の所詮、同じなりと雖も、所存終に別なるが故に二宗を浅深と立つるなり。矧《いわ》んや天台は自宗の所詮を以て究竟と為す。此れ酔いて而も醒めたりと謂えり。華厳は自宗の所詮を以て因分と為す。此れ酔の中に酔を知る。寧ろ両宗の浅深にあらずや」（二三下―二四上）と言われるように、その理論が因分であって果分でないことを自覚している華厳のほうが、自覚している分だけ優れているというのである。これに対して、「真言の酔中の酔を醒せるが如きは、即ち是れ果位なり」（二四a）と言われるように、果分そのものを表現できる真言がいちばん上に位置することになる。

第二説では、法相と三論の関係については、「法相宗の意は仏智の無常を許す」（同）、あるいは、「他縁心は境智混ぜず、覚心乗は理智冥合す」（二四下）などの点から、明らかに差別があるとする。覚心（三論）と一道（天台）とは、前者が実智と権智の区別を立てるのに対して、後者が「権の捨つべきもなく、実の取るべきもなし」（二五上）とする点で、後者が優れているとする。天台と華厳の区別がいちばん問題になるが、天台は「中道を以て法華の体と為す。法華の体とは謂く仏智」（二五下）であるのに対し、「華厳の意に於ては、一実中道は是れ諸大乗の通門なり。今、華厳の一門に至って十重無尽、主伴具足、円融自在を以て局って仏智の究竟と為す」（同）のであり、それ故、天台と華厳の間には差異があり、後者のほうが上に位置することになる。秘密乗は、さらにその上で、「果海性徳の仏智、法身内証の法門なり」（同）と言われるのである。

以上の二説を較べると、第一説が所詮の理に関しては天台・華厳が同一であるとするのに対し、第二説では「天台・華厳の両宗の所談に於て浅深を許す」（二五下）と、内容自体に浅深を立てている。この二説に対して、頼瑜は「義理の浅深」を立てる「後義を勝と為す」（二六上）。しかし、「天台は自宗の所詮を極と為し、華厳は自宗の所談を因と為す。仍て浅深の別なり」（同）とする前説に対しても、「又巧妙なるかな」（同）と評価している。

次の第四問答は、問いがかなり長い。そこで問題にされているのは、天台と華厳の関係である。即ち、天台の性具三千説や華厳の称性具徳の説は、真言の本具輪円や即事而真《そくじにしん》の説と同じであり、それ故、「若し爾らば何ぞ顕密の階級を分ち、更に権実の差異を定めんや」（二六上）と疑問が提示される。その後、知礼《ちれい》『十不二門指要鈔』の長い引用がある（大正四六、七〇六中―七〇七上）。その引用は途中を省略しながらのものであるが、性悪説を述べ、当体全是《とうたいぜんぜ》の説を展開するもっとも重要なところである。そして、その引用の後、「他の円（＝華厳）は性起と云て性具と云わず」（二七下）というところを根拠に、「応に天台は華厳に勝るべし。若し爾らば三宗の浅深疑雲未だ晴れざるか」（同）と疑問を提示する。

それに対して、改めて天台・華厳・真言の教理を検討する。その結果、天台を性具、華厳を事具、真言を本具と、それぞれの特徴を規定する。

> 天台は是れ全性起修・全修成性の義を明かすと雖も、性具を以て要と為す。華厳は是れ全理の事《じ》・全事の理を明かすと雖も、事具を以て宗と為す。此等は甚深なりと雖も、他受用等の四種の言語の説にして、猶し未だ自性法身の如義言説の談に及ばず。所以に全性起修并《ならび》に全理の事は皆是れ摂相帰性して事の常住を談ずるが故に。而るに今の宗は諸教に絶離する所の本具性徳を明かす。故に性具と事具と本具と、是れ三宗の浅深の差別なり。（二九下）

性具は性と修の関係から、事具は事と理の関係から見られたものである。これらはいずれも他受用等の仏の説いたものであり、摂相帰性を免れない。それ故、自性法身の説いた本具性徳の説に及ばないというのである。

第五問答も、天台・華厳についての補足である。即ち、天台でいう一念は理法ではなく事法であるから、事具ということができるし、華厳のほうも性具という面を持っているから、一概に天台は性具、華厳は事具と言えないのではないか、という問いに対して、やはり天台は理を中心とし、華厳に及ばないと答えている（二九c―三一a）。

第六問答になると、それでは、「真宗の本具輪円の義を示し説け」（三一下）と、密教の教説そのものを問題にするが、さらに第七問答では、それが「顕家の円融と如何が異なる」（三二下）と、顕密の比較の問題に再び戻ることになる。

顕乗の縁起因分は全事の理・全理の事なるが故に、理事即入にして円融を談ず。永く理事各各の無礙なし。今の宗は然らず。性徳果海の事理は是れ性相歴然として本有なるが故に、事・理各各差平の義を具するが故に、但だ事事円融し、唯だ理理渉入す。又事理相即するなり。（三二下）

と、ここでも「性相歴然」というところに密教の特徴を見出している。

巻下――禅宗をめぐって

巻下では、新来の禅宗を正面から取り上げており、注目される。第一問答では、「近来、禅門の人ありて、達磨を高くして顕密を降せり」（三三下）として、当時禅宗が流行しつつあった情況を述べている。「諸教は皆是れ対治《たいじ》の道を起して、如幻の障を断じ、本有の理を証する」（同）のに対して、禅門は「既に心体を悟れば、迷悟を受けず、断障を用いずして出離を得る」（同）ことができる。また、「諸教の極位、初住に過ぎざる」（三四上）のに対して、禅宗では「実人、処処に得入することを遮げず」（同）というのである。

　これに対して、頼瑜は「予が身は密家に入ると雖も、心、未だ禅門に遊ばず」（同）と断わった上で、禅宗の位置づけを図ろうとする。空海の教判などでは、禅門の位置づけが明らかでないからである。そこで諸師の教判説を見ると、「或いは三乗の離言と云い、或いは一乗の極理と云う」（三四下）。より詳しく見れば、「或いは天台の前に居し、或いは真言の下に安んじ、或いは天台に斉《ひと》しからしめ、或いは三論に同じ、或いは論宗に通ず」（同）などの説がある。

　以下、諸師の説を挙げ、それが十住心のどこに位置するかを具体的に解釈する。

円珍『教相同異』――禅宗を天台の前に安んず。
安然『教時諍論』――天台の上に禅を置き、下に華厳を列ぬ。
慈行大師釈――真如門を以て達磨に同ず。真門は又頓教に当る。三乗の離言。
同　　釈――天台と同じ。

　次に末学の説を検討し、結局のところ、「諸義の中において、三乗極理の義を以て正と為す」と結論する。それは、十住心だと覚心乗（三論宗）の極理、論家だと真如門の至理、天台だと別教、華厳だと頓教に位置づけられる（三五上）。

　第二問答では、「以心伝心の義は正しく密乗の極に居し、本無煩悩の談は独り諸宗の頂を歩めり」（三六下）という禅宗の主張に対して反論する。まず、「教の浅深は専ら能説の仏に依り、宗の優劣は伝持の人に任す」という観点から、禅は、能説の仏は「一代応同の化身」であり、伝持の人は「迦葉は浅近の小人」であると批判する（三七上）。

その教理内容の位置づけに関しては、第一問答の答えを踏襲するものであるが、二つの見方を挙げる。第一は、「達磨の本性了然、及び本無煩悩の義」（三七下）は真門であり、「三乗頓教の分域」、即ち、「覚心乗（＝三論宗）の言亡慮絶、不三無所得の理」（同）に当たるとする説である。第二は、禅宗を「顕乗の最頂、密乗の初門」（三八上）に位置づけるものである。だが、いずれにしても、一見禅の主張は密教と似ているにしても、あくまで「摂相帰性」「妄体性空」（三八下）の顕教に位置するものであり、密教とは較べられないものとする。

第三問答では、顕教では「無相一心」を至極とするが、真言もそうであるかという問い（三九上）に対して、まず密教の立場では、「無相と云うと雖も而も実には有相なり」（同）というもので、「密には有相を以て極と為す」（同）とする。さらに、菩提心の無相に四重を立てる（三九下）。

初　　重――浄菩提心の非青非黄等の義（顕教の極理、真〔言〕宗の浅略）。
深 秘 釈――無相と説くは劣恵を誘う軌則。
秘中深秘釈――無相は相として具せざるなし。
秘秘中深秘釈――中台自証の極理、実に是れ無相。

第四問答以下は、密教自体の問題になる。第四問答では、六大すべてが有相・無相に通ずるのかという問いに対して、いくつかの説を挙げ、最終的に、「若し色形の有無に約すれば、六大は無相、四曼は有相なり。若し性空妙有に約すれば、六大皆な有相・無相に通ずるなり」（四〇下）と結論する。次に第五問答では、「顕宗には一法界と談じ、密宗には多法界を明かす。若し爾らば六大互いに異なるが故に多法界と云うか」（同）という問いに対して、栂尾の説などを挙げて答える。第六問答では、「菩提心とは顕には自性浄心と云い、密には心月輪と名く。爾らば心月輪の法喩の分別如何」（同）という問いに対して、先徳の秘釈として、①心は所況の法、月輪は能譬の喩え、②心と月とは同じく是れ一法、③心も月も法と喩えに通ず、という三つの説を挙げる。第七問答では、その第二の解釈についてさらに問答を重ね、第八問答では、具体的に心月輪を観ずる行相を問題にし、第九問答では、月輪観の時に妄念雑記をどうするかという疑問に答えている。

以上、『顕密問答鈔』の内容を概観した。このように、本書は『諸宗教理同異釈』と同様に、密教の立場から諸宗を位置づけたものであるが、後者に較べて議論が立ち入っており、また、禅宗を正面から取り上げているところに特徴がある。なお、天台に関しては、後者でも触れていたが、知礼の『十不二門指要鈔』を重視しているところが注目される。同書は、日本天台の本覚思想とは少し違った角度から天台哲学を深めた書であり、必ずしもこの時代の日本では影響は大きくない。それを重視したところに頼瑜の炯眼がある。諸宗の教理を比較検討することは、頼瑜自身引用しているように、平安期には、空海の『十住心論』のみならず、円珍の『諸家教相同異略集』や安然の『教時諍論』に見られるが、頼瑜と近い時代には、円爾の『十宗要道記』や凝然の『八宗綱要』など、再び関心が高まっていた（末木、二〇〇八）。そのような中で頼瑜のこれらの書も著述されたのであり、時代の課題に対して、真言宗の立場から対応しようと試みたものであるということができよう。

註

（1）頼瑜に関しては、智山勧学会編〔二〇〇五〕に、詳細な年譜並びに関係論文目録を収録しており、便利である。また、本章のもとになる論文を収めた三派合同記念論集編集委員会編〔二〇〇二〕は、頼瑜に関する多くの有益な論文を収めている。

（2）大正七九、仏全（鈴木版）二九所収。大正七九（底本・大正大学所蔵刊本）による。なお、国訳一切経・諸宗部二五に那須政隆による書き下しが収められ、特に出典に関して詳細な注がある。以下、引用に当たっては、書き下しに改め（必ずしも那須に従っていない）、大正蔵の頁と段を本文中に注記する。

（3）三論に関して、「義疏釈仏智云、法仏寿量、有始有終」とあり、仏全本も同じであるが、該当する吉蔵『法華義疏』巻十には「有始無終」となっており（大正蔵三四・六〇三上）、それに従って訂正が必要である。那須の国訳は「始め有り終り無し」としているが、根拠は示していない。

（4）続真言宗全書二三所収本により、引用に当たっては頁数のみ記す。

参考文献

三派合同記念論集編集委員会編〔二〇〇二〕『頼瑜僧正七百年御遠忌記念論集・新義真言教学の研究』（大蔵出版）

末木文美士〔二〇〇八〕「顕密体制論以後の仏教研究」（『日本仏教綜合研究』六）

智山勧学会編〔二〇〇五〕『中世の仏教——頼瑜僧正を中心として』（青史出版）

第八章　無住の諸行並修思想

一　『聖財集』にみる無住の実践仏教

求道者無住

無住一円（道暁、一二二六―一三一二）は『沙石集』の著者として名高く、文学史の上でその名を逸することができない。しかし、仏教思想家としては従来ほとんど評価されてこなかった。説話のおもしろさに較べて、思想的には平凡陳腐であり、わざわざ取り上げるほどの価値のないものと考えられてきた。しかし、果たしてそうであろうか。そもそも、無住には『沙石集』や『雑談集《ぞうだんしゅう》』の他に、仏教思想書というべき『聖財集《しょうざいしゅう》』があるが、従来ほとんど研究されてきていない。それに注目しているのは、山田昭全・小島孝之ら、文学研究者に多く、説話研究の延長上に本書を取り上げている。仏教思想の方面からの研究はきわめて少ないのが現状である(1)。

しかし、無住は鎌倉後期の仏教を考える上で、きわめて重要な思想家である。無住は、おそらく最初天台系の教学を学んだ上で、律に転じ、さらに禅・浄土・密教に関して本格的な研鑽を積んでいる。禅においては、東福寺の円爾の門人として、かなり重きをなしていたようである。しかし、そもそも鎌倉期に大きな勢力となった円爾系の聖一派は、後の禅の常識で律することのできない独自の家風を誇り、教学一致・諸行兼修・禅密一致など、興味深い思想動向を有していた。無住もその傾向を受け継ぎ、これらの傾向を積極的に推し進めた。

当時の諸宗兼学の代表としては、しばしば東大寺の凝然が挙げられるが、凝然が八宗兼学を誇りながらも、あくまでも教学の範囲に限って実践には十分に及ばないのに対して、無住は教学的な深さや博学よりも、実践の面から諸行を追求しており、凝然とは異なる傾向をもつ。また、凝然の八宗兼学があくまで既成の八宗であって、新興の禅や浄土は付属的な位置しか与えられないのに対して、無住は積極的に新しい動向である禅や浄土を学んでいる。そもそも彼の関わった叡尊系の律の運動もまた、単なる復古とはいえない当時の新興の運動であった。

それでは、それらの諸行を無住は無秩序に手当たり次第に実践したのであろうか。決してそのようないい加減な態度でないことは、『聖財集』を読めば明らかであろう。無住は生涯きわめて真剣な求道者であった。

従来、無住などが低い評価を与えられ、その思想が十分に解明されてこなかったのは、いわゆる新仏教を中心と考え、一行のみを専修するやり方が優れたものと考えられ、諸宗兼学や諸行併修は不徹底で不純と否定的に見られてきたからである。だが、それほど簡単に否定されてよいものであろうか。それはそれで十分に注目に値するものではあるまいか。無住に限らず、従来否定的に見られてきた思想動向が、今日もう一度検討されなおさなければならないのである。

本節では、無住の仏教関係の代表的な著作である『聖財集』について、最初の総論的な部分と、巻下の禅教に関する四句の分析について、紹介検討してみたい[2]。後者は、無住の諸行・諸教観をうかがうのにもっとも適当だからである。巻上・中の四句の分析は次節に譲ることにしたい。本書は、巻下識語により、永仁七年（一二九九）の著作であると知られる。無住七十四歳である。本書は、東北大学狩野文庫・天理図書館に写本が現存するが、いまはとりあえず東京大学図書館所蔵の版本によることにしたい（諸本については、小島〔一九九九〕参照）。なお、原文は仮名の多い和風漢文であるが、引用に当たっては、他章と同様に書き下し、また、現代仮名遣いに改めた。

『聖財集』の基本的立場

刊本の『聖財集』には、各巻冒頭に目次に当たる「惣別題」が付されている。これは、もともとは長母寺本にはなく、元来なかったものと考えられる。実際、必ずしもそれは適切なものとはいえないところがある。巻上の惣別題は次のようになっている（割行の注を除く）。

一煩悩即菩提与断煩悩証菩提不同事
　七聖財事
一信二戒三四は慚愧五多聞六智恵七捨離　　已上
一般若
十之四句

この後、第一今世後世四句以下、十の四句に入る。これらは、惣別題では最初の「煩悩即菩提」云云などの項目と並列に立つように書かれている。しかし、むしろ十の四句を本文と考え、それに入る前の部分を各論に対する総論、あるいは本論に対する序論と見るほうが分かりやすい。十の四句についての詳細は次節で論じることにしたい。

ここではまず、序論もしくは総論部分からもう少し詳しく見ていこう。最初の部分は、経典を引きながら、煩悩即菩提を言い、それを「大乗の極理、頓悟の法門」（上三オ）であるとする。しかし、単純に「煩悩即菩提」ですべて押し通すわけではない。

立処と云は縁起なり。不覚と始覚と迷悟と染浄とは殊なれども、皆立処なり。真如は無心にして自性を守らず、法爾《ほうに》として縁起すれども、亦法爾として不変なり。（上三ウ）心に真妄あれども、是の性は法性なり。不変の理心は妄心随縁の相なり。其の体、全く一なれども其の相、仮に分れたり。（上四オ）

真如は一方で不変の法性でありながら、妄心に随縁して縁起する。いわゆる不変真如と随縁真如である。そこから、不変真如的な煩悩即菩提に対して、随縁真如の面からは煩悩を断じて菩提を得るということが可能となる。

仏、機を見て説法したまう故に、増上慢の者の為には煩悩を断じて菩提を得と説き、増上慢無き人には煩悩の性即菩提なりと説き給えり。常見の凡夫、煩悩即菩提と聞きて通達解了せず、観心坐禅等の調伏《ちょうぶく》の行無くして、貪瞋癡等を恣《ほしいまま》にせんは、癡人の氷即水と聞きて解《とか》さずして用いんが如し。喉も破れ身も疲れ損じなむ。但空の二乗、煩悩を断ずと聞きて身心を滅するは、氷を棄て水を求むるが如し。喉も燥《かわ》き身も疲れなん。（上四オ―ウ）

水と氷の譬は分かりやすい。煩悩即菩提といっても、あくまで煩悩の性が菩提ということであり、煩悩がそのまま菩提だということではない。それ故、そこに行が必要とされる。

貪瞋癡の性、如来蔵なるが故に、之を用うるとき得失あり。迷悟本と唯一の霊性《りょうしょう》有るべし。生死を悪厭するも是れ瞋なれども極まれば智恵なり。……涅槃を欣求するも貪なれども、此の貪を極むれば二転の妙果を得ること、慈親に遇うが如し。……是の故に世間の財宝を求むる心を棄てずして出世の聖財を求めんと思う。是れ五欲を離れずして諸根を浄むる金言を信ずるなるべし。（上四ウ―五オ）

貪瞋癡の煩悩も使い方次第である。世間の財宝を求める貪瞋癡の煩悩を、そのまま聖財を求める方向に用いれば、そこに悟りへの道が開かれる。貪を涅槃を求める方向に用い、瞋を生死を悪厭することに用いればよいのである。これこそ本書を一貫する思想であり、どういう手段であれ、悟りに向かうことを第一として、それのみを基準にあらゆる行為の価値を図ろうというのである。きちんと定められた手段をとって定められた通りに悟りに向かうのではなく、どのような手段をどのように用いても、最終的に悟りの方向をめざして進むものであれば認められる。逆に、悟りから遠ざかるような行為や、さまざまな悟りへの道を閉ざすような行為は厳しくとがめられることになる。

では、具体的に悟りに至るために手に入れるべき聖財とは何であろうか。無住は、『涅槃経』（南本）巻十一・聖行品（大正一二、六七五b）により、七種の聖財を立てる。信・戒・慚・愧・多聞・智恵・捨離の七である。ちなみに、『沙石集』にもこの七種の聖財は見える（巻十末・一）。本書でも、続いてこの七種についてそれぞれ論じてゆく。その中でも、智恵については、改めて取り上げ、権・実、体・用を分ける。般若の体（実）は無知である（知を超えている）が、その用（権）は「知らざるところ無し」というはたらきを示すのである（上八ウ）。前者が不変、後者が随縁に当たる。この両面がともに必要であり、「体用無礙」（上九オ）であることが求められる。

引き続いて、「欣厭愛恚等も能く用いる時は始覚の相に順ずべし」（上九オ）と、始覚の立場から、般若（智恵）と同じように、欣・厭・愛・恚のような煩悩も積極的に用いるべきことに、再び話が戻る。改めて「世間に財利を求むる欲心を廻して聖財を求むべし」（上九ウ）ということが強調される。

権は実より施し、実は権に依て顕る。果実より根茎を出し、華葉より果実を成ずるが如し。権智の欣厭なくば、解脱の道に進むべからず。然れば凡身を捨て、仏身を望み、穢土を厭い、浄土を願うべし。（上一〇オ）

このように、終局的には「有念は終《つい》に無念に帰し、有相は終に無相に会《え》すべし」（上一〇ウ）と言われながらも、その過程において、「実」よりも「権」を積極的に用い、欣・厭・愛・恚のような煩悩をもプラスの方向に向けて、できる限り活用しようというところに無住の思想の実践性が見られる。卑近で日常的な問題でも、貪欲に食らいついて、そこから仏道へと進んでいくという立場は『沙石集』にも顕著であるが、ここに理論的な根拠があるのである。『沙石集』の本地垂迹に基づく神祇崇拝も、和歌陀羅尼説に基づく和歌の愛好も、このような本筋を離れては無意味になる。すべては「仏道へ」という方向を持つことによって、はじめて意味を認められることになる。

このように、煩悩をも活用しながら、仏道へ進むという発想は、もちろん理論的には、無住がしばしば典拠として引く『維摩経』などの経典や、『肇論《じょうろん》』、天台などの思想に根拠が求められよう。しかし、それをきわめて実践的な方向に推し進めたところには、禅・密教・浄土教など、無住が学んだ当時の実践仏教から来ている要素を無視できない。これらはいずれも煩悩を断じてしまうのではなく、煩悩のままの実践を重視している。無住はこのような当時の実践仏教を総合するという位置に立つのである。この点があくまで教学面に立つ凝然などと異なるところであり、巻中奥書に「八宗兼学の明師、顕密禅の達者」と呼ばれている通り、教学と実践を併せる仏教者であったのである。

無住の諸行観

（1）禅教四句の内容

『聖財集』では、続いて四句の分別を用いてさまざまな問題が論じられていく。しかし、その分析は次節に譲り、本節では巻下の禅教四句の箇所を見ることにしたい。そこに無住の諸行観が詳しく展開されているからである。即ち、そこでは禅教のみならず、顕密・聖道浄土・有相無相など、諸種の範疇を検討し、それらがいずれも究極的には一致し、したがって相互に誹謗しあうことなく、認め合わなければならないことを述べている。刊本巻頭の惣別題によると、全体は三十八項目に分かれる。

①禅教四句　②顕密禅共四大師の相伝なる事　③密宗は日本の相伝正意なること　④真言の伝法、国王に親しき事　⑤真言・禅門の同異の事　⑥禅・真言、悟り全く同じき事　⑦起念を行うべからざる事　⑧顕密の差別の事　⑨大日経の三句の法門の事　⑩六大・四曼・三密、真言の勝用なる事　⑪四家大乗は四菩薩の三摩地なる事　⑫止観の行者の念仏の事　⑬真言行者、口称念仏すべき事　⑭諸仏は只大日・釈迦・弥陀の三仏なる事　⑮九識転じて五智五仏と成る事　⑯如来方便の説を知らずして一宗一門を執する謗法罪の事　⑰真言・念仏、末世極悪の機に相応する事　⑱念仏にも必ず三力を具する事　⑲加持即感応道交する事　⑳法々平等加持の事　㉑同本性の加持の事　㉒薬師に就て三重の守護の事　㉓行者、仏に向えば、仏、行者に向わざる事　㉔無心の道人を供養するは諸仏を供養するに勝る事　㉕念仏、余行に勝る事　㉖来迎引摂の事　㉗中諦・中道不同の事　㉘諸菩薩并禅教の祖師皆、西方を願う事　㉙闇禅・観空・但妄の三人、極楽を願わざる事　㉚智覚禅師の徳行の事　㉛事理の修行、必ず兼備すべき事　㉜禅観の人も必ず称名念仏すべき事　㉝法照禅師、念仏の奇特の事　㉞禅師、弥陀に帰して臨終に将錯就錯等の頌を作る事　㉟諸宗の偏見、四句の情計に随する事　㊱有念・無念に重々の不同有る事　㊲有相・無相の法門の

事　㊳有相・無相の行者に有作善・無作善の四句の事

本書の他の項と同じく、全体が必ずしも十分に体系的に構成されているわけではないが、大まかな傾向は指摘できる。即ち、最初に禅教の問題から出発するが、その後、主として密教と諸教の関係を論ずる。⑪以後は念仏の問題を中心に、他の仏信仰を含めて、諸教・諸行との関係を論ずる。最後のほう（㉟以下）は、最終的に執着することを戒める。このように、全体の題目として禅教が挙げられ、確かに禅を大きな柱としていることは確かであるが、全体としては、密教や念仏にもかなりの分量を割いている。

このことは、そもそも最初に禅教・顕密・聖道浄土の三つの範疇が挙げられている（下四オ）ことからも理解できよう。禅・教が禅を中心として全仏教を二分化した教判であるのに対して、顕・密は密教を中心とした教判、聖道・浄土は浄土を中心とした教判である。このように、禅・密教・浄土という三つの立場からの教判を用いて、諸行の同等性を主張しようというのである。その際、教学の立場からの教判ではなく、実践の立場からの教判を基準としているのは注目される。また、近年の研究で注目されている顕密という範疇は、すでに鎌倉後期のこの頃には、それが唯一の分類ではなくなっていることを示している。なお、同時代の凝然が八宗にこだわり、浄土・禅を付録扱いにしているのに較べると、無住の先取的な立場が理解できよう。

（2）禅と諸行

まず、禅教四句は以下のようなものである（プラス・マイナスはそれぞれ価値評価）。

禅	教		
知（十）	不知（一）	単句	中品
不知（一）	知（十）	単句	中品
知（十）	知（十）	倶句	上品
不知（一）	不知（一）	非句	下品

禅こそ仏の本意を示すものであるならば、それ以外の教は不要に思われる。しかし、無住はそうではないという。「迦葉《かしよう》、正法眼蔵を伝えて後、三蔵の法門を結集《けつじゆう》せり。経律論もし他法にして利益なくば必ずしも結集せじ」（下四オ）という。即ち、迦葉が拈華《ねんげ》微笑《みしよう》によって禅の真髄を伝えたにもかかわらず、仏滅後結集を開いて三蔵を伝えていることを考えると、禅だけでなく、それらの三蔵にも当然利益があるはずである。それ故、「昔は講者の禅を誹り、禅者の教を謗ずる事なかりけり」（同）と、両者が相互に認め合うことが必要であるという。「大方は教と禅と源《みなもと》同じき故に、一往方便の門分れたれども、実証は必ず同じかるべし」（下八オ）と、両者は最終的には同じ悟りに帰するというのである。

そればかりでなく、当然両者を兼備していることがもっとも望ましいことである。無住はその例として、南岳・天台を挙げ、禅の流れでは、慧忠《えちゆう》・大珠《だいじゆ》（慧海）がそうであるという（下七ウ）。また、智覚禅師（永明延寿）の『宗鏡録』をしばしば引くとともに、無住が承けている東福寺の教えを、この流れに位置づけている。即ち、「東福寺の法門の大体、『宗鏡録』の義勢なり。彼の録、禅教偏執なくして末学の亀鏡備えたり」（下八オ）と、『宗鏡録』から東福寺の法門の流れを讃えている。

②では顕密について論ずるとともに、禅門を「顕教の極致」（下八ウ）と位置づけ、それらの伝来を空海・最澄・円珍らに見ている。③では、それに引き続いて、日本の仏教のあり方を中国と較べ、「当時宋朝に真言教のまことしき無し。禅門の人学し習わず。『宗鏡録』に諸宗の法門あれども密宗の事、委細に見えず」（下九ウ）と、中国に密宗のないことを述べる。それに対して、「近代日域の真言師、昔の大師の如く、内証霊験希《まれ》なりと云えども、効験まことに聞え侍り、時に随う利益多し」（同）と、日本における密教の隆盛を述べる。他では当時の仏教の堕落を訴えることの多い無住ではあるが、ここでは真言がなお当時の日本で機能していることを認めている。

この後、主として密教を中心に論じてゆく。⑤⑥は、禅と密教の関係で、両者の同一性と差異をいう。⑤ではまず、禅師と真言師が互いに相手を見下している状況を批判しながら、「三密の中の印明《いんみょう》等は禅門には習わず」（下一〇オ）と密教の独自性を主張するが、結局は「(大日経) 疏の文、并びに大日経の文は、禅門の風情に似たり」（下一〇ウ）と両者の近似性が言われることになる。以下、さまざまな点から、究極的に両者の境地が等しいことを証明してゆく。⑦では、密教も無念無想を重んじることをいい、「行業の落居する所は皆無相無念なり。密も禅も其の意同じかるべし」（下一二ウ）と、両者の同一性をいう。このあたりは、密教を著しく禅に引きつけて解釈している。⑧では、禅密のみならず、顕教の教説も最終的に一致することをいう。

ところが、⑨⑩ではやや論調が異なり、究極的なところでは両者は一致しても、その説きかたにおいて密教に優越性があることをいう。即ち、「拙の方便は顕、巧の解行は密なり」「顕教の行業、密家の因たる事、疑うべからず」（下一四ウ）と、密のほうが上であることを認めている。さらに、「一心の体を談ずる事、顕密全く同じかるべし。但三密をこまやかに談ずる事は、密家最も勝れたるべし」（下一五オ）と、具体的に三密を詳しく説くところに密教の優越を認めている。結局のところ、「方便の位には差別なきにあらず、内証の法門には強ちに勝劣を論ずべからざるをや」（下一六オ）というところが結論となるのである。即ち、究極の境地は同一でありながら、方便という面では密教に優位性を認めるのである。

無住というと通常は禅の立場と考えられ、また、本項が「禅教四句」とあるように、禅が表に出ていることも事実である。にもかかわらず、ある面で禅に対する密教の優位を主張していることはきわめて興味深い。鎌倉期の禅密関係は後世の常識では判断できないところがあり、例えば、栄西作と伝える『真禅融心義』〔中尾、一九八〇〕でも、禅密一致を主張しつつも、密教の顕教に対する優位を認めている。無住における密教優位もまた、このような流れの中で見るべきものであろう。(3)

（3）念仏と諸行

⑪以下は、念仏と諸教・諸行の関係に移る。⑫では止観の四種三昧で弥陀を宗とすることを述べ、⑬では「密家に弥陀を大日と習う」（下一七オ）という。⑭では、「内証の仏は大日の三身三仏に極まり、浄土の能化は弥陀、穢土の能化は釈迦に極まるべし。此の外に他仏御坐《いま》すべからず」（下一八ウ）と、諸仏はすべて大日・弥陀・釈迦の三仏に収まるとする。⑮では九識が五仏に転ずることを述べるのは、通例であるが、ここでも⑭の延長で、大日・弥陀・釈迦に特別の位置が与えられる。

釈尊の本地は久成正覚《くじょうしょうがく》の大日、常在霊鷲《じょうざいりょうじゅ》の仏の常住法身なり。垂迹は宝海梵士《ほうかいぼんし》等の身を示す。……弥陀の悲願、浄土を構え玉える、衆生を養育せんが為なり。実に此の二仏、父母の如きなり。終には内証大日の花台《けだい》に処すべし。（下二〇オ）

最終的に「内証大日」に帰するということは、衆生の本来成仏ということである。しかし、その場合も、「菩提心開発し、本来成仏を知る時、自証の成仏と云うなり」（下二〇ウ）と、「菩提心開発」の重要性が言われるのである。

⑯では、「先達の禅教・顕密・聖道浄土、広く学し聞けるは、……偏執の心なし」（下二二オ）と偏執のないことを称えるとともに、「是非偏執する人は愚癡小聞の貌なるべし」（下二二オ）と批判する。続いて、「浄土門の人、殊に在家の愚蒙の輩、諸宗を習わずして、聖道は末世の機に相応せずと誹《そし》り」（下二二オ）と、浄土宗の人たちによる聖道門誹謗の事実に触れて批判している。これは言うまでもなく、法然門流を指すものと考えられる。法然が自覚的に「愚癡」「少聞」の者の救済を正面に出したのに対して、それを真っ向から批判したものといえる。とりわけ真言を誹謗している事を重大視し、「殊に念仏門、真言教に符合せる法門なり」（下二二ウ）と、念仏と密教の合一を主張している。

⑰は、ここから発展して、「真言と念仏の他力の法門と、重障根鈍の機を摂する風情、同じかるべし」（下二二ウ）と、念仏と真言の同等性をいう。真言にも「重障根鈍の機を摂する」という性格を与えたところが注目される。その背景には、「近代在家の男女、陀羅尼を習う事、年を逐て盛んなり。律僧等、禅師等の中にも真言を行ずる人多し」（下二三オ）という状況が反映している。

以下も念仏と諸行の関係が論じられているが、いま詳細は略して、基本的な構造にのみ触れておこう。根底において、「凡聖一如」（下二八オ）、「凡夫も本来の仏」（同）などという発想が置かれている。ここから、「達磨の直指人心見性成仏と云える、真言の衆生の色心毘盧の全体と云える、全く之と同じ。是心是仏の詞、頓教一乗なり」（下二五ウ）と、真言・禅・浄土の根拠がひとつであることが明白にされる。たしかに阿弥陀仏の四十八願のうちで、「称名を宗として一願に立て、諸行をば惣じて十九の願に摂し」（下二九オ）たのは、念仏が諸行に優越することを述べているが、しかし、その名号とは、「種子《しゅじ》の真言」（下三〇オ）に他ならないから、それ自体密教的なものである。それ故、密教者のみならず、禅者もまた浄土や念仏を重んじなければいけない。「禅門の人も大用《だいゆう》現前の前には浄土を見る」（下三九オ）のである。このように、念仏も諸行融合の中に置かれることになるのである。

ところが、「古人は諸宗隔つる心なし」（下三九オ）であったのが、近代になって相互に誹謗しあうようになってしまった。㉟は、このような近代の状況を論じている。「近代は禅師は念仏を軽しめ、律僧は禅を誹る。変成就の真言師は、無相の法門（＝禅）に疎く、一向専修の念仏者は心地の法門に暗し。皆偏屈の失なり」（下三九ウ）と言われる通りである。ここで、禅師・律僧・真言師・念仏者の四が挙げられているのは注目される。当時行なわれていた主要な行は、この四つに集約されると考えられる。無住はその四つのすべてに通じていた。それだけにそのそれぞれの行者が、自らの実践にのみ固執し、他を誹謗することに耐えられなかったのであろう。彼らをそれぞれ、偏見の禅師（荒禅《あら》）・専修の一向念仏の行人・土真言師・木律僧とも呼んでいる（下三九ウ）。

㊱・㊲・㊳では、有念・無念、有相・無相という概念を用いて、再びその仏教観を整理する。特に㊳は本

書の纏めに当たり、作善の行を有相・無相によって整理している。即ち、凡夫が有相の善に固執するのに対して、二乗は無相に執着する。大乗はその両者を超えて、法界の全体を幻と見る。しかし、無住はこのような大乗の一般的な真理観をひとまず主張しながらも、さらに踏み込んでゆく。それは、末世という時代認識に基づく実践の必要性である。「末世の機根、自力実に浅劣なり。有縁の一仏一菩薩を深く憑みて、有縁の一宗一行を勤習すべし」（下四三オ）という一種の専修主義が認められるのである。

ただし、それはあくまで他なる実践の可能性を認めた上でのことであり、偏執的な自己の絶対性の主張は厳に誡められる。そしてまた、「大乗の法門通達しなば、強《あなが》ちに妄念悪行、怖るべからず」（下四三ウ）というような思い上がりも許されないことである。無住は最後にその主張を繰り返し、「順修の善行を専らにし、逆修の悪行を棄つべし」「障道の因縁をば除き、助道の修行をば思い染むべし」（下四四オ）と、修の必要を改めて強調している。

以上、本節では無住の『聖財集』の最初の総説部分と最後の禅教四句の部分を分析して、その思想の特徴をうかがってみた。それによると、無住は世俗的な煩悩であっても、それを悟りに向けて用いればよいという立場をとり、単純な世俗否定でもなく、本覚思想的な煩悩への居直りでもない、現実的でありながら、かつ向上的な方向を見出した。それは不覚的でなく、始覚的な道であった。そのような立場から、どのような行でも悟りに向かって進むものは認められ、究極的には一致するものとされた。

禅教四句のところでは、具体的にそれら諸行の関係を追求し、ただ、他の立場を理解せずに、自らの行のみに固執するようなやり方には厳しい批判を浴びせた。密教を重視していることは明らかであるが、だからと言って密教のみに偏ることもまた認められない。

無住のような諸行兼修の立場は、従来ともすれば低く見られ、十分な評価を受けてこなかった。しかし、当時の状況の中で、新仏教とは異なる実践仏教を展開したものとして注目され、また、今日的な観点から見ても、見直されるべき利点を十分に持っているように思われる。(4)

二　『聖財集』における四句の体系

煩悩の積極的活用

無住一円は『沙石集』の著者として名高いが、また、円爾に禅を学んだ他、律・浄土・密教などを幅広く修め、特徴ある実践思想を展開した。前節において無住の仏教思想に関する主著である『聖財集』について取り上げ、巻上の最初の総論的な箇所と巻下の禅教四句についていささかの検討を加えた。本節では、巻上の大部分と巻中で展開される四句の分析の箇所を取り上げて解明することにしたい。

前節で見たように、『聖財集』はまず、七種の聖財について述べる。これが書名の由来でもあるが、本書の構造からみると、序論的であり、その後、十の四句について述べるところのほうが本論ともいうべきものである。とは言え、七種の聖財の箇所では、本書を貫く重要なモチーフが提示されている。即ち、煩悩を否定して悟りを求めるのでもなく、煩悩のままでよしとするのでもなく、煩悩を巧みに悟りに向かって活用していこうという発想である。それによって、単純な世俗否定ではなく、かと言って、本覚思想的に世俗をそのまま肯定するわけでもなく、世俗を通して世俗を超越するという独自の道を開くことが可能になった。そこから、どんな世俗のことでも悟りに生かしうるという現実的で、かつ応用力のある道が生まれることになった。こうした態度が基礎にあって初めて、貪欲な世俗への好奇心に基づく説話集の編纂も可能になったと考えられる。逆にそのような立場は、利用しうるものは何でも利用してよいというのであるから、ひとつの立場だけを偏執するような態度に対しては厳しく対峙することになる。

本節では、このような基本的な態度がさらに詳しく展開されていく十の四句のうち、前節で検討した第十の禅教四句を除く九つの四句を検討してみたい。

四句の論法

十の四句は、以下のようになっている。

第一　今世後世四句
第二　外典内典四句
第三　神明仏陀四句
第四　多聞智恵四句
第五　福徳智恵四句　（以上巻上）
第六　解行四句
第七　乗戒四句
第八　根遮四句
第九　染浄四句　（以上巻中）

第十　禅教四句　（以上巻下）

必ずしもバランスはよくないが、第十は禅教関係や顕密関係を論じる教学的に重要な箇所で、問題が多岐にわたっているので、多くの分量を要するのである。大まかに言えば、十の四句のうち、第一から第三までは仏法と世俗の関わりが問題にされ、第四から第九までは修行のあり方について、第十は禅教・顕密などの諸行の関係を問うものと言える。四句というのは四句分別の応用で、二つの概念を組み合わせて、それぞれプラスの価値とマイナスの価値の配分によって、次のような四つの分類を作るものである。

A	B		
＋	−	単句	中品
−	＋	単句	中品
＋	＋	倶句	上品
−	−	非句	下品

単句・倶句・非句というのはあまり一般的でない用語であるが、AもBもプラスの価値をもつ場合が倶句、どちらもマイナスの価値をもつ場合が非句、一方がプラス、もう一方がマイナスの場合が単句である。単句には、Aのほうがプラスの場合と、Bのほうがプラスの場合と、二つの場合が考えられるから、結局四句にまとめられることになる。例えば、第一の今世後世四句だと、次のようになる。

今世	後世		
富貴(＋)	悪道(－)	単句	中品(劣)
貧賤(－)	人天浄土(＋)	単句	中品(勝)
富貴(＋)	人天浄土(＋)	倶句	上品
貧賤(－)	悪道(－)	非句	下品

なお、二つの単句の中品には勝劣があり、この場合、今世富貴・来世悪道よりも、今世貧賤・来世人天浄土のほうが優れている。以下、第十句まで、基本的にこのパターンが使われ、各項目がさらに細分化して論じられる場合にも、しばしば同じ論法が見られる。無住が議論を進めるのに、この論法が適当なのは、第三の複合的なプラス価値（上品）を理想としながらも、中品の単句にもそれなりの評価を認めることで、許容範囲が広がり、それだけの多様性を受け入れる余地ができることである。以下、もう少し具体的に各項の内容をみてゆこう。

四句を用いた分析

（1）今世後世四句

先に記した通りであるが、ここでは富貴という世俗的な幸福が、必ずしも否定されていないことが注目される。この下にさらに二項目が立てられる。

①今世の楽の四句

身と心について四句を立てる。

身	心		
貧賤（－）	楽（＋）	単句	中品（勝）
富貴（＋）	憂（－）	単句	中品（劣）
安穏（＋）	安穏（＋）	倶句	上品
苦（－）	苦（－）	非句	下品

この場合にも、貧賤でも心安らかで、特に仏道を求めるのが評価される。しかし、富貴であればなおさらよいわけで、そこから、今世で苦であれば、来世を願うべきことが言われる。

②業因四句

今世	後世		
楽（＋）	苦（－）	単句	中品（劣）
苦（－）	楽（＋）	単句	中品（勝）
楽（＋）	楽（＋）	倶句	上品
苦（－）	苦（－）	非句	下品

①に較べて分かりやすく、また実践的である。第二句は、「持戒・梵行・精進・苦行・頭陀等」（上一四オ）の行であり、第三句は、「観心・坐禅・五相（密教の五相成身観）・三密の行法・誦経・念仏等」（上一四オ―ウ）の大乗の修行である。ここから大乗の諸行が勧められることになる。

（2）外典内典四句

外典	内典		
学（＋）	不学（－）	単句	中品（劣）
不学（－）	学（＋）	単句	中品（勝）
学（＋）	学（＋）	倶句	上品
不学（－）	不学（－）	非句	下品

外典は「孔子・老子の教」（上一五オ）である。それらも、「孔子は儒童《じゅどう》菩薩、老子は迦葉菩薩の垂跡《すいじゃく》」（同）であるから、学ぶことが勧められるが、もちろん内典には劣る。いずれも学ぼうとしないのは、「木石畜生に等しかるべし」（上一六オ）と厳しく断罪される。

ここに付属するものとして、権実四句がある。

権　　実

学(+)	不学(−)	単句	中品(劣)
不学(−)	学(+)	単句	中品(勝)
学(+)	学(+)	倶句	上品
不学(−)	不学(−)	非句	下品

権は「孔老の教・小乗・権大乗等の不了義」であり、実は「一乗円教・禅門・密教」である（上一六オ）。ここでも、従来の教学であれば、一乗円教が実とされるのは当然であるが、それに「禅門・密教」を加えるところに、無住の独自性と新しさがある。

　さらに、この権実四句は次の神明仏陀四句につながる点でも注目される。即ち、「劣機の得道は偏に方便の教によれり。西天の三乗の教、漢土の儒道の二教、日本の神明、皆方便の権跡、実教の基本なり。若し此の方便なくば、只地獄・鬼畜の悪道に入るべし。……実に外典の権教、神明の方便なくば、実教本地の利益はあらわれ難かるべし」（上一六ウ）と言われている。

　権教の外典や神明の教えも方便であり、しかもその方便を通さなければ真実に達せられないというのである。方便はあってもなくてもよいのではなく、不可欠のものとされる。「本地の藍より出て藍よりも青きは垂迹の慈悲の色深かるべし」（上一七ウ）と言われるように、「本地」以上に「垂迹」の重要性が主張されるのである。

（3）神明仏陀四句

神	仏		
信(+)	不信(−)	単句	中品(劣)
不信(−)	信(+)	単句	中品(勝)
信(+)	信(+)	俱句	上品
不信(−)	不信(−)	非句	下品

無住が神祇信仰を重視したことは、『沙石集』巻一に多くの神祇関係の説話を集めていることからも知られる。本項はその理論的根拠を展開したものとして注目される。「和光同慶の御本意は生死をすてて仏道に入らんと思し召す」（上一八オ）と言われるように、垂迹である神明はあくまで仏道を進む人を助けるところにその役割がある。それ故、「神明・仏陀は智恵慈悲仁義質直なるをあわれみ守り給うべし。殊に後世菩提の志あらば、祈らずとも二世ともにこまやかにあわれみ給うべし」（上一九オ）と、「菩提の志」こそ何よりも優先されるのである。

仏と神の関係では、当然仏のほうが優先される。「仏陀を信ぜん人、たとい神明を信ぜずとも、後世の志まことあらば、神もすて給わじ」（上二〇ウ）。この優先順位の明確化は、無住が無原則的に何でも認めていたわけではないことを示している。とは言え、もちろん「本地・垂迹、相並びて信敬せんは、二世の悉地《しつじ》、二利の行願、定めて果たし遂げんものか」（同）と言われるように、神仏いずれをも信ずるのがまさることは言うまでもない。「日本は神国なり。何れの宗の人も仏法守護のためにも垂迹威光をば信じ憑《たの》むべきをや」（上二〇ウ―二一オ）と、神祇信仰が勧められるのである。

（4）多聞智恵四句

多聞	智恵		
有（＋）	無（－）	単句	中品
無（－）	有（＋）	単句	中品
有（＋）	有（＋）	倶句	上品
無（－）	無（－）	非句	下品

多聞というのは、「広く内典・外典・大小権実の教門を学び知る者」（上二一オ）であり、智恵は、「広く聞かずとも、恵性ありて義理を通達して疑心なき貌」（同）である。二つの中品の上下は必ずしも明らかでない。

（5）福徳智恵四句

福徳	智恵		
有（＋）	無（－）	単句	中品
無（－）	有（＋）	単句	中品
有（＋）	有（＋）	倶句	上品
無（－）	無（－）	非句	下品

福徳は六度（六波羅蜜）のうちの前五であり、智恵は第六（般若）である。注目すべきは、ここでは、中品の一方のみというのは認められず、両者は「鳥の二つの翼、車の二輪」（上二四ウ）のようなものとして、両者ともに不可欠と考えられていることである。特にここで厳しく戒められるのは、「近代の大乗の行人の中に偏《ひとえ》に遮詮《しゃせん》の法門を執して事善を軽くし、福徳の施戒等を行ぜざる」（上二五オ）ような態度である。「邪見の人は、悪をば空なりとて怖れず、善をば著なりとて行ぜず、実に顛倒の邪見なり」（同）。これは一種の造悪無礙的な態度であり、当時このような態度を取る人たちがいたことを示している。無住はそれに対しては断固たる厳しい態度を取る。着実な行業を積み重ねる以外に仏道はありえないのである。

ここではさらに悲智四句が論じられている。

悲	智		
有（十）	無（一）	単句	中品
無（一）	有（十）	単句	中品
有（十）	有（十）	倶句	上品
無（一）	無（一）	非句	下品

有悲無智は、三蔵菩薩と凡夫中で慈悲ある者。有智無悲は、二乗と凡夫外道のうちの智恵ある者。このふたつのうちでは、自証は智あるものが勝れ、利他は慈悲あるものが勝れている。悲智を具足しているのは大

乗菩薩である。これに三種ある。智増・悲増・智悲平等である。智増は、まず自分の浄土を得てから衆生救済をしようというもの。弥陀や観音であり、悲増は、自利を忘れて穢土で衆生救済を目指すもので、釈迦や地蔵である（以上、上二六ウ—二七ウ）。しかし、智恵のない慈悲もありえないし、慈悲のない智恵もありえないので、実際には「智悲平等の菩薩のみいますべし」（上二八ウ）ということになる。それ故、どの仏・菩薩を信ずるかで争ってはならない。「意楽《いぎよう》に任せ、宿習《しゆくじゆう》によりて、浄土の往生をねがい、穢土の利生を志さば、互に相誹るべからず」（上二七ウ）。これはしばしば説かれる無住の基本的態度に他ならない。

（6）解行四句

以下、巻中に入る。

解	行		
有（十）	無（一）	単句	中品
無（一）	有（十）	単句	中品
有（十）	有（十）	倶句	上品
無（一）	無（一）	非句	下品

解《げ》と行は分かりやすいが、無住が引く例は興味深い。解は「天台の名字即、真言の発一切智、禅門の得旨等なり」（中三オ）と、天台・真言・禅の場合を挙げ、行についても、「観心・坐禅・三密の行法、乃至読

誦・念仏等」（同）と、当時行なわれ、また無住が関心を持っていた行が挙げられる。二つの中品にはさまざまな場合が考えられる。その中には、「解了《げりよう》明らかならざるとも、只仰信の分にして正見ならば、志実《まこ》と有りて、何れの宗にても一行を専精に行ぜん」（中五オ）と、一行専修を挙げているのは注目される。

ここで、無住は「尤も正解《しようげ》分明にして何れの行をも修すべし」と「正解」の重要性を言い、そのために「肝要の法門の大綱、少々之を記すべし」（中五ウ）と、理論的な問題を追究する。無住における仏教理論の展開は、この箇所がもっとも詳しいであろう。巻中巻頭の目録によると、それは次のような内容からなる。

①真心・妄心分別の事　②妄体空成の事、真〔如〕不変・随縁の事
③性・相、体・用、自相・共相の事　④遮詮・表詮の事
⑤機法分別の事　⑥法爾曼荼羅随縁迷悟転の事
⑦三科七大皆如来蔵の事　⑧法相三量法門の事
⑨如来蔵・頼耶、体一・用異の事　⑩信位・人位の事
⑪幻化法門の事　⑫真言金剛幻の事
⑬解行具足の行者、国宝たる事　⑭欣求浄土も般若無著の力に依る事

なお、目録の第一行に、「有解無行、有行無解、々行具足、解行倶闕《か》けんとするなり」とあるが、これは項目ではなく、全体の四句をあげたものである。

⑬⑭は解行関係であるが、⑫まではもっぱら解の対象としての真理論の展開ということができる。必ずし

も体系的とは言えないが、ごく概略的にその発想を言えば、現象面と本体面を分け、後者を基本としつつ、しかしそれが現象面ではたらいているところを重視するということができる。それは一見、現象面中心に見えるが、現象面だけに執《とら》われ、そこから本質的な真理の体得、即ち悟りに向かわない態度はもっとも厳しく批判される。もちろんそのような発想は必ずしも独創的とは言えず、中国・日本の仏教思想から見て常識とも言える。しかし、単純に二面を分けるだけでなく、向上する実践を重視する点に無住の特徴がある。無住はその立場を「始覚」と表現している（中七ウ）。本覚でもなく、不覚でもなく、始覚として向上を求めるところに、一貫した無住の立場がある。即ち、解を論じながらも、それは当然、行に発展していくべきものとして理解されている。

もう少し詳しく見てみよう。①では、「心体の本性」（中五ウ）である真心と、「起念分別覚知縁慮憶想等」（同）である妄心とをはっきりと区別する。続いて、②では妄の体を空として、それに対して真如に不変と随縁を立てる。妄体の空と真如の不変とは、同の面と異の面があるとされる（中七オ）。③④⑤を大まかに図式化すると、次のようになろう。

不変＝一霊性　＝性＝体＝自相＝遮詮＝法
随縁＝染浄諸法＝相＝用＝共相＝表詮＝機

⑥では、「世間の万物、皆曼荼羅にして即事而真なり。是れ法爾の曼荼羅なり」（中一〇ウ）としながらも、「近代邪見の土真言師の変成就の中に、妄情の見を以て全く仏知見に同じくして、婆《ば》祖《そ》を両部の大日と習い、

和合するを理智冥合なんどと号して邪業を怖れず」（中一一オ）と、真言の邪見を厳しく批判する。「迷う時は両部の大日即婆祖なり。悟る時は実に男女両部の尊なるべし。邪見の人は大日を猶男女となす」（同）として、邪見の立場が向上を捨て、逆に迷いの世界に転落していることを指摘し、「今世尚安穏ならず、後世定めて大地獄に沈むべし」（中一一ウ）と指弾する。こうした単純な現世肯定に対する態度は一貫して厳しい。ちなみに、このような邪説の出典として、ここで『受法用心鈔』を挙げている（同）のは注目される。これは『受法用心集』として知られるもので、いわゆる立川流の邪説を破した書として知られる。この箇所では、同書に言及するとともに、「越前の誓願房と云う上人の作なり。山本の僧正覚済助筆せられたり」（同）と、同書の成立に関して重要な証言を残している。

⑦以下もまた、本体と現象の二面の問題に関する議論を続ける。⑦では、三科（五蘊・十二処・十八界）や七大（六大と根）がもと如来蔵であることを明らかにして、根源を「一霊性」（中一二オ）「唯一霊性」（中一二ウ）として規定する。⑧では、法相宗の説に基づいて、現量・比量・非量の三量を立てる。現量は無分別心、比量は分別計度する心、非量は青色を黄色と見るような誤りである（中一三ウ）。ここでも現量こそが求められるべきものであり、それにも似現量と真現量があり、「無知の般若に相応する心」が正しく真現量である（中一四オ）。

⑨では、如来蔵と阿頼耶識の関係について述べるが、基本的な構造は他と同じである。⑩では、信位と人位という範疇を立てるが、これはいささか興味深い。信位と人位は禅語で、仰山慧寂の語として知られる。無住はそれを「信位は容《ゆる》す。人位は未だし」という形で引いている。『伝灯録』巻一一には、「汝解猶在境。信位即是、人位即不是」と見える。『禅学大辞典』には「信位は向上の悟りの位、人位は向下の衆生救済の

位」と解しており、その解釈も成り立つが、むしろ、無住の解釈するように、信位は仏境界で比量に属し、それに対して、人位は「凡なく聖なく、生仏未分位なり」（中一五ウ）とするほうが適当であろう。無住はそれを現量によるものとする。人位は「衆生は衆生なり」という立場であり、本覚的な立場であるが、興味深いことに、信位を仏境界とするのに対して、人位を魔界としている（中一六オ）。そして、「仏境界に入ることは則ち易く、魔界に入ることは則ち難し」という古人の語も引いている（同）。無住は、本覚的な人位を安易に前面に出すことを警戒しているのである。

⑪⑫は、真理と現象の関係を「幻」という概念から解明する。即ち、⑪では「一心の外に万法なし、只一心の故に万法別体なし」という状態を真幻化として、それをまた密宗の不思議幻・金剛幻と同一視している（中一七オ）。この金剛幻が⑫で論じられる。通常は「真妄和合して諸法縁起す」と説くのであるが、密宗では「但真」であり、「法界を全くして幻なり、幻を全くして法界なり」と説く（中一八ウ）。即ち、幻といっても否定的な概念ではなく、法界全体の真理がそのまま幻と言われるのである。

これは一見、本覚思想的な発想に見えるが、その後を見ると、むしろ迷妄のままでよしとするような本覚思想に堕することを、厳しく戒めている。即ち、「幻と知らば妄幻には心を留めずして之を捨て、無染汚幻《むぜんま》なりとも、金剛の幻をば心を留むべし。是は始覚の行人なる故なり」（中一九オ）と言われており、金剛幻は妄幻とは異なること、妄幻を捨てて金剛幻を求めるべきこと、それは始覚の立場であることが主張されている。ここでも無住の立場は一貫していて、あくまで始覚の立場で、悟りを求めて前進することを要求しているのである。

こうして、無住においては、解の問題は必然的に解行具足に至らざるを得ない。⑬では再びこの問題に戻り、国師・国用・国宝・国賊の四つを立てる。行がなくとも解がすぐれていれば国師たりえ、行があれば師の徳がなくとも国用たりうる。解行具足したものはまさに国宝である。それに対して、無智無行の者は国賊でしかない。しかしながら今や、「在家出家、国賊の数に入らぬ人希なるべし」（中二一オ）と、当時の情勢を批判する。そこから、戒律無視の現状を批判し、「無智無戒にして名利の心計りにて、後報を怖れざる、只畜類に異ならず」（中二二オ）と、さらに厳しく糾弾する。

⑭は、行の中でも特殊な念仏について取り上げる。念仏においても、あくまで現世への執着を離れなければならないが、しかし、厭欣（厭離穢土・欣求浄土）の心はすでに執着であり、般若の理に背くのではないか、という疑問が提示される。それに対して、無住は「此の欲は即ち菩提の大欲なり」（中二三ウ）として認め、「欣厭の心は始覚般若の権用《ごんゆう》なり」（中二三オ）と、ここでも始覚の立場を強調するのである。

（7）乗戒四句

乗	戒		
急（十）	緩（一）	単句	中品（勝）
緩（一）	急（十）	単句	中品（劣）
急（十）	急（十）	倶句	上品
緩（一）	緩（一）	非句	下品

乗は「止観定恵」であり、戒はここでは律儀戒であるという（中二四ウ）。前項からの連続で、ここでは

行について、戒と大乗の諸行を較べる。中品の二つのうちでは、乗急戒緩のほうを勝《すぐ》れているとする。

戒に関しては、さらに戒律儀と根律儀の別を分かつ。戒律儀は「先ず身・口を制して漸く意地を制す」（中二五ウ）。それに対して、根律儀は「意地を守る大乗戒の貌」（同）である。定・恵の基となるのは、根律儀である。

（8）根遮四句

根	遮		
利（十）	有（一）	単句	中品
鈍（一）	無（十）	単句	中品
利（十）	無（十）	倶句	上品
鈍（一）	有（一）	非句	下品

乗戒が今世の因によって来世の果を得ることを明らかにするのに対して、根遮は今世の果から過去世の因を知るものである。遮は罪障のことである。根利有遮は央掘摩羅《おうくつまら》のような場合、根鈍無遮は周梨槃特《しゅうりはんとく》のような場合、根利無遮は舎利弗のような場合である。ここでも無住は「世に根鈍有遮の人のみ多し。悲しむべし。いつか解脱の道に入らんや。因果の道理を信じて、妙果を願って妙因を修すべし」（中二八ウ）と戒める。

（9）染浄四句

内	外		
浄（＋）	染（－）	単句	中品（勝）
染（－）	浄（＋）	単句	中品（劣）
浄（＋）	浄（＋）	倶句	上品
染（－）	染（－）	非句	下品

中品の二つでは、明らかに内浄外染のほうが勝れている。「内浄外染は菩薩の本なり」（中二九ウ）といわれる通りである。ここでは関連して、以下のような問題が論じられる。

①身心出家四句
②善人悪人臨終平生苦楽有四句
③感応四句
④真実の法行を願うべきこと
⑤善悪交雑の修行は皆魔事なること
⑥内染外浄の故に魔道に堕する貴僧のこと

①は染浄四句とほぼ同じ。③は臨終の重要性をいう。③は機と感応にそれぞれ顕と冥を立てる。④は以上をまとめて、内外倶浄の法行を求めるべきことをいう。⑤は天狗について述べ、内染外浄を批判し、⑥は外

を飾った貴僧が魔道に堕ちた話を挙げて戒めている。

結　び

以上、本節では、『聖財集』の十の四句のうち、第一から第九までについてその内容を概観し、特徴を明らかにしようと努めた。そこには、序論に該当する七種の聖財の議論で明らかにされた無住の思想の特徴、即ち、世俗的な煩悩を最大限活用しながら、しかし、本覚的な立場に居座るのではなく、始覚の立場で修行を進めていくべきことが詳しく展開されている。

前節で検討したように、第十の禅教四句では、禅だけでなく、密・浄土など、さまざまな行業を取り上げ、それらが究極的には一致するものであるから、いずれを行じてもよく、ただ一行だけを正しいものとして他を誹謗するような態度を厳しく誡めている。無住は聖一派の禅の流れを汲みつつも、密教と禅を較べては、方便の面で密教のほうに優位さえ認めている。

このように、本書には無住の一貫した立場が見られ、それは従来のいわゆる「新仏教」的な仏教とは異なりながら、決して軽視してよいものではなく、今日においても示唆するところの大きな思想といわなければならない。

註

（1）文学のほうからの研究として、下西〔一九七五〕、山田〔一九七六〕、三木・山田〔一九八九〕（山田による『聖財集』冒頭部の訳注、及び解説「無住の思想」を含む）、小島〔一九九九〕（論文「『聖財集』の成立過程について」を含む）などがある。思想史の面からは、和田〔二〇〇二〕に本書が活用されている。

（2）本節の概略は、末木〔二〇〇一〕に記した。

（3）和田〔一九七四〕では、無住の立場を「主密客禅」と見ている。

（4）近年、円爾系のいわゆる「兼修禅」に対する見直しがなされつつある〔高柳、二〇〇四〕〔市川・菅、二〇〇六〕。和田〔二〇〇二〕は、そのような流れに立って、無住の思想の再評価を図ったものである。

参考文献

市川浩史・菅基久子編〔二〇〇六〕「特集・中世の禅を読む――円爾弁円とその周辺」（『季刊日本思想史』六八）

小島孝之〔一九九九〕『中世説話集の形成』（若草書房）

下西　忠〔一九七五〕「聖財集における説話」（『中世文芸論稿』一）

末木文美士〔二〇〇一〕「思想家としての無住一円」（『新編日本古典文学全集』五二・月報、小学館）

高柳さつき〔二〇〇四〕「日本中世禅の見直し」（『思想』九六〇）

中尾良信〔一九八〇〕「資料紹介『真禅融心義』」（『駒沢大学大学院仏教学研究会年報』一四）

同　〔二〇〇五〕『日本禅宗の伝説と歴史』（吉川弘文館）

三木紀人・山田昭全〔一九八九〕『無住・虎関』（『大乗仏典　中国・日本篇』二五、中央公論社）

山田昭全〔一九七六〕「無住の「聖財集」をめぐって」（『仏教文学研究』第二期二）

和田有希子〔二〇〇二〕「無住道暁と鎌倉臨済禅」（『文芸研究』一五三）

和田悌一〔一九七四〕「中世における臨済禅と密教」（『日本大学人文科学研究所紀要』一六）

第九章　『夢中問答』にみる夢窓疎石の思想

一　夢窓疎石とその思想史的位置づけ

夢窓疎石（一二七五―一三五一）は、その多面的な活動によって中世の文化史・政治史の上で大きな役割を果たした一方、それ故にかえって禅者としては不純であり、宗峰妙超（大灯国師）などの純粋禅に劣るとの評価が一般的である。例えば、標準的な日本禅宗史である今枝愛真『禅宗の歴史』では、以下のように夢窓の禅をまとめている。

従来も密教を兼修し、なかには伝法灌頂をうけたものもみられたが、修禅そのものは宋朝風の純粋禅にならったものがほとんどであったが、夢窓になってからは、禅風自体が和様化され、内面的に顕密との妥協がすすみ、禅院の諸行事に顕密的なものが多く、換言すれば、融合禅ともいうべき一種の新しいタイプの禅宗の一派ができあがったのである（今枝、一九六二、一一四頁）。

これによれば、夢窓の禅は鎌倉時代の兼修禅以上に密教的であり、顕密と融合的であることになるが、はたしてどうであろうか。近年、ようやく固定化された観念にとらわれずに、夢窓に対する思想史の立場からの研究が行なわれるようになってきているが[1]、夢窓の位置づけはいまだ必ずしも十分に明確になっているとは言いがたい。

本章では、『夢中問答』を手がかりに、夢窓の禅思想をうかがい、その思想史における位置づけを再考してみたい。あえて語録ではなく、『夢中問答』を取り上げるのは、定型化された語録よりも、自由な形で在家者に対して説いた『夢中問答』のほうが、世法と仏法の関係、禅と教法や諸行との関係など、広範な問題を扱っており、その思想をうかがうのに適当と考えられるからである。

結論を先に言えば、夢窓の禅思想は、決して今枝の言うように顕密と融合したものではなく、禅の優位をはっきりと主張している。ただ、禅の絶対的な優位性を前提としながらも、その下に諸行や世法を方便として認めるという現実主義的な立場を取った。それが諸行と禅の積極的な兼修を進める聖一派などの鎌倉期の禅とも、後に主流となる応・灯・関の純粋禅とも異なる夢窓の禅思想の特徴であり、そこから政治や文化の多方面にまで及ぶ夢窓の活動が生まれ、また、多数の弟子を育成することにもなったと考えられる。しかし、そのマルチタレント性は、夢窓という天才的な個性をまって成り立つものであり、後継者においては次第に形骸化してゆくこととなったのである。

本論に先立ち、ごく大まかに夢窓の生涯とその活動をまとめておきたい[2]。夢窓は伊勢の生まれ。四歳のときに甲斐に移り、その年に母を亡くした。九歳のとき、白雲山平塩寺で空阿《くうあ》について出家。十八歳に南都で受戒。密教を学び、天台を兼学する。十九歳のとき、天台の講師の死を契機に禅の修行に入り、夢窓疎石と名乗るようになった。諸国に師を訪い、三十一歳のとき、常陸の臼庭で大悟、仏国禅師高峰顕日《こうほうけんにち》（一二四一—一三一六）の印可を得た。その後、甲斐に帰り、さらに喧騒を嫌って諸国に山居を続け、いわゆる「聖胎《しょうたい》長養《ちょうよう》」の生活を約二十年続けた。

正中二年（一三二五）、後醍醐天皇より南禅寺に入寺することを請われ、再三の固辞が容れられず、住持となり、夢窓の社会的活動期が始まる。一年で南禅寺を退いたが、その後も北条高時の請で浄智寺・円覚寺などに住し、また、甲斐の恵林寺などを開いた。元弘三年（一三三三）、鎌倉幕府滅亡後、後醍醐天皇の請で京に上り、臨川寺・南禅寺などに住した後、暦応二年（一三三九）、後醍醐天皇崩御の後、足利尊氏が勅を奉じて天皇追修のための道場として創建した天竜寺の開山となり、同寺を中心に活動する。天竜寺造営費用捻出のために天竜寺船による元との貿易、戦死者の霊を弔う安国寺利生塔の建造など、その活動は多方面に及ぶ。一万を超える弟子たちを育て、ここに総合的な性格を持つ室町期の五山文化の基礎が築かれた。観応二年（正平六年、一三五一）、臨川寺三会院にて七十七歳で没した。

二　『夢中問答』の思想

『夢中問答』三巻[3]は、夢窓が足利直義の問いに答えるという形で、九十三問答よりなる仮名書きの法語である。康永元年（一三四二）、梵僊の二つの跋を付して公刊された。必ずしも体系的に論じられてはいないが、巻上では世法と仏法の関係について比較的多く論じ、その後、仏法内の問題や、禅の修行や境地について論じてゆく。

世福の祈り

世法に対する夢窓の態度は一貫している。あくまで求めるべきものは仏法であり、世法は仏法の補助として、あるいは仏法にいたる方便としてのみ評価される。たとえ世福を祈る為であっても、経呪を誦することは結縁になるからよいのではないか、という問いに対して、「たまたま人身を得て、会ひがたき仏法に会うて、無上道をば求めずして、あたら経呪を誦持して、世福を求むる人は、ことに愚なるにあらずや」(上二)と厳しい答を与えている。

「ただ世間の名利のためなる欲情にて仏神を帰敬し、経咒を読誦せば、いかでか冥慮《みょうりょ》にかなはむや」(同)と、世間の名利のためであれば、仏神に帰依しても役に立たないと否定する一方、「もし身命を助けて仏法を修行し、衆生を誘引する方便のためならば、世間の種々の事業をなすとも、皆善根となるべし」(同)と、仏法の方便のためであるならば、世法もまた認められることになる。要はその目的の可否である。名利のための祈願は、いかに神仏でもそれを満たしてはくれない。

仏菩薩の誓願さまざまなりといへども、その本意を尋ぬれば、ただ無始輪廻の迷衢《めいく》を出でて、本有清浄の覚岸《かくがん》に到らしめむためなり。しかるに、凡夫の願ふことは、皆これ輪廻の基なり。かやうの願ひを満つるを、聖賢《しょうけん》の慈悲といはんや。しかれども、先づ衆生の性欲《しょうよく》に随つて、やうやく誘引せむために、かりに所願をかなふることあり。もし人、世間の所願の満足せるに誇りて、いよいよ執着を生じて、放逸無慚愧の心を発すべき者には、その所願をかなふることあるべからず。これ則ち聖賢の利益なり。されば末代の凡夫の祈ることのしるしなきこそしるしなりけれ。(上六)

「しるしなきこそしるしなりけれ」という厳しい断定は、神仏の奇蹟に頼らないきわめて合理的な精神ということができる。そのことについて、夢窓は枇杷《びわ》の核《さね》を祈る尼を例にして、はなはだ印象的な説明をしている。ある老尼公が清水の観音に対して、「願わくは大悲観世音、尼が心にいとはしき物を早く失ふてたび候へ」と繰り返して祈っていた。傍らの人が不思議に思って、何を祈っているか問うたところ、この尼は若い頃から枇杷が好きだったが、枇杷の核が多いことを苦にしていた。そこで、「この枇杷の核を失ふてたび候へと申せども、いまだしるしもなし」と答えたという(上六)。枇杷の核を祈るなど、愚かなことであると誰でも笑うであろう。だが、「世間の福寿を保ち、災厄を免れむため」に、「仏神に参り、経陀羅尼を読みて、身を祈る人」は、所詮はこの尼と大差ない。

だが、夢窓の思想はここで屈折する。枇杷の核を祈るような愚昧を徹底して否定するのかというと、必ずしもそうではない。

しかれども、枇杷の核を祈るほどの愚人は、たとひかやうの教訓によりて、この祈りをとどめたりとも、さらば仏神に参りて菩提を祈らむと思ふ心あるべからず。かやうにて一期を過ごしなば、仏菩薩に参詣して、値遇の縁を結び奉ることも亦やみぬべし。さればかやうの人には、清水に詣で枇杷の核を祈り申せかしと、わざとも申し勧むべし。制しとどむることはあるべからず。密教の中に調伏・息災等の、有

相の悉地を設くることはこの謂れなり。（上八）

結局はもとに戻って、結縁のため、という理由で、枇杷の核を祈ることもまた認めてしまうのである。この二枚腰の論法に夢窓の特徴がある。すなわち、原則論に立つときは、きわめて厳しく世法を祈る態度を否定するが、方便の立場に立つときは、今度は非常に柔軟に世法を祈ることを認めるのである。夢窓が一面で厳しい禅者でありながら、他方で、多方面に活動し、また、多数の弟子が集まることになったのは、この二面性に由来する。

だが、方便を無制限に認めてしまうならば、原則の厳しさは結局なし崩しになってしまうのではないか。それを果たして原則の厳しさに方向づけてゆくことができるのか。これは抽象的な思想の問題ではなく、実際にどのように実践し、弟子を指導したかという現実の成果の問題となる。毀誉褒貶の中でその微妙なバランスを巧みに保ちえたのは、夢窓という個人の天才的な能力によるところが大きかったのであり、それは必ずしも伝統として定着しえなかったのである。

王法と仏法

夢窓は、その前半生の隠遁志向から転じて、五十歳を過ぎてからは、後醍醐天皇をはじめとする天皇、足利尊氏・直義兄弟など、権力者の帰依を受け、権力の中枢に大きな影響力を保ちながら、天竜寺の経営を進めてゆく。政治家、経営者として抜群の才を発揮したものといわなければならない。世俗の権力者との関係をあえて避けることなく、積極的に関与したのはどのような根拠によるのであろうか。これに関しても、原則はきわめてはっきりしている。

たとひ三皇五帝の代なりとも、仏法流布の時ならねば、仏法者の願ふべきことにあらず。乱世なりとも、もし仏法だに世に住せば、嘆くべきにあらず。しかれば、禅・教・律かはりたりといふとも、仏弟子となれる人は、同じく天下太平・仏法紹隆と祈り給ふべし。もし爾らば、天下に誰にても仏法を興行しましますべき宿習も威勢も具はり給ふ人、この祈りをば受け取り給ふべし。（上九）

これはきわめて強い仏法中心主義である。三皇五帝の理想の時代でも、仏法がなければ意味がない。どれほどの乱世でも、仏法があれば望ましい時代だというのである。天下太平を祈るのも、結局はそれによって為政者が仏法を外護し、仏法の繁栄を招くことになるからであり、国家の繁栄自体が目的とされるわけではない。

すでに指摘されているように、この仏法中心主義は、鎌倉期に広く見られた王法・仏法相依論と異なり、仏法の王法に対する絶対的優越を主張するものであり、鎌倉期の新仏教、特に日蓮の思想と近似している〔玉縣、一九九八〕。ただ、日蓮が『法華経』絶対の立場から、現実の政権と対峙したのに対し、夢窓は現実の政権を説得して、仏法に向かわせるという方策を取ったのである。ここにも夢窓の現実主義的態度が明白に見て取れる。ここでも、きわめて厳しい原則論と、柔軟な方便論とが表裏一体の関係にある。それ故にこそ、天皇や将軍を動かし、天竜寺の造営や安国寺利生塔の創建という大事業を成し遂げることができたのである。

だが、ここでも非常に難しい問題が出てくる。「古への大師高僧の、国家を祈り災厄を払ひ給ふことは、これを方便門として、衆生を接引して、大菩薩を証せしめむためなり」（上一〇）と言われるように、方便として「国家を祈り災厄を払ひ給ふ」ことが認められる。それは実際に国家全体を仏法へと高めていくことになるのか、それとも仏法が国家と妥協することになるのか。仏教と国家の関係は、仏教があくまで国家に対する批判として立つ限り、原則ははっきり貫ける。しかし、現実の国家を動かそうということになれば、そう簡単にはいかない。国家を仏法へ誘引することと、仏法が国家に妥協することは紙一重、あるいは同時的に成り立ちうる。ここでもまた、夢窓はそのきわどい綱渡りをやってのけるのである。

ちなみに、足利直義に宛てられたという本書の性格もあり、夢窓が念頭に置くのは政治的権力者であり、その権力による仏法の振興である。それだけに、為政者に対する倫理的要求は厳しい。

仏法は国王大臣、有力の檀那に付嘱すと説けることは、下賤の人は、各々の宿習にまかせて、何れの法にても、一宗を信じぬれば、出離の要道不足なし。然れども、外護となり、檀那となりて、あまねく仏法を流通することあたはず。この故に、国王大臣、有力の檀那に付嘱すと宣へり。然らば則ち、この法の付嘱をうけ給へる人は、偏《ひとえ》に一法をのみ御信ありて、余宗を捨て給ふことあるべからず。……先づ仏の付嘱に背かじと大願を発して、外には大小の伽藍を興隆し、内には真実の道心に安住して、諸宗を流通して、普く善縁を結び、万人を引導して、同じく覚果を証せしめんと、深く誓ひましますべし。（上一〇）

庶民ならば仏法のどれかひとつを信ずれば足りる。しかし、為政者はそれでは足りない。仏法全体に配慮して、「あまねく仏法を流通する」ことが求められるのである。しかも、「ただ世俗の御祈りにあてさせ給はば、それも亦よろしからず」と、祈りを国家権力のために利用することを誡める。権力はあくまで仏道流通という目的のためにのみ認められるのである。

仏教側からの為政者へのこの厳しい注文は、単なる抽象論ではなく、実際に激しい戦乱を生き抜き、その悲惨を目の当たりにしてきたところから生じている。

元弘以来の御罪業と、その中の御善根とをたくらべば、何れをか多しとせむや。この間も御敵とて亡ぼされたる人幾何ぞ。その跡に残り留りて、浪々したる妻子眷属の思ひは、いづくへかまかるべき。御敵のみにあらず。御方とて、合戦して死にたるも、皆御罪業となるべし。その子は死にて、父は残り、その父は死にて、子は存せるもあり。さやうの歎きある者、数を知らず。せめてその忠によりて恩賞を行なはれたらば、慰む方もあるべきに、その身大名にもあらず、強縁も持たぬ人をば、御耳に入るる人もなければ、訴詔も達せず。その面々の恨みも謝しがたし。（上一七）

これほど痛烈な政治批判がかつて日本の仏教者によってなされたことがあったであろうか。「仁義の徳政はいまだ行なはれず。貴賤の愁歎はいよいよ重なる」という状況の中で、為政者は何をなすべきか。何よりもまず、自らの罪業に目覚め、「心を善根に傾ぶけ」なければならない。

「有漏の善根」はあくまで方便的なものである。それ故、究極的には「有漏の善根をば制して、正法を行ずることをすすむる」のであるが、そもそもそのレベルまで至らない段階では、まず罪業から善根へと転じなければならない。そうなれば、「あはれげに、御意のごとく、諸人も一同に心を善根に傾け給はば、この世界やがて浄土にも成りぬべし」（上一七）という結果を招くとされるのである。

しかも、夢窓は、為政者の仏法尊崇が必ずしも真の仏法優位にならないことを十分に認識しているリアリストでもあった。「昔より国王大臣として、天下を統領しましますス人、仏法を信敬し給へること、異国本朝少なからず。その中に、或は世法を成就せむために、仏法をあがめ給へる人あり。或は仏法を興行せむために世法をつかさどり給へる人もあり」（上一七）。もちろん、「仏法のために世法を興し給へる」ことこそ求められるべきであり、梁の武帝のように、そのために王位を奪われたとしても本望である。このように、現実の政治と妥協するぎりぎりの線まで行きながらも、夢窓は妥協に堕ちることなく、あくまで仏法の優位を貫き通しているのである。そして、天竜寺の開創にしても、安国寺利生塔の創建にしても、このような信念のもとに初めて実現したものであった。

従来の仏教研究では、あまりに政治からの潔白さを要求するあまり、仏教の立場からの政治倫理の可能性に目をつぶることになってしまった。しかし、仏教は世俗と離れてあるものではない。戦乱が続き、秩序が崩壊し、人々が苦難にあえぐ時代の中で、仏教の立場から政治はどのようにあるべきかという問題に正面から取り組んだ夢窓の態度を、改めて見直す必要があるのではないだろうか。

禅と諸行

鎌倉期に全盛を誇った聖一派が禅密の一致を積極的に推し進めたのに対し、夢窓はあくまで禅の優位を貫いている。

密宗は、十界の凡聖、本位をあらためず。全くこれ大日如来なりと談ず。……しかれども、いまだこの深理に達せざる人を誘引せんために、有相の悉地を明かせり。かやうの方便をば、教門に譲る故に、禅門には、直に本分を示すのみなり。（上一五）

教導のための方便を密教の有相の立場や教門にゆずり、禅はあくまで端的に真理そのものを直接に指し示す。前章に見たように、聖一派の無住が方便を有する点で禅よりも密教に優位を認めるのに対して、夢窓はまさにそれ故にこそ、禅のほうが優位であるとするのである。だが、現実家の夢窓は、ここでも当時禅寺で行なわれていた密教的な要素を必ずしも排除しない。

唐土の禅院には、毎朝粥《じゅく》の後、大悲《だいひ》咒《じゅ》一遍なむど誦するばかりなり。これ則ち、坐禅を本とする故なり。楞厳会《りょうごんえ》とて楞厳咒をよむことも、近代より始まれり。それもただ夏中《げちゅう》ばかりなり。毎日の晩ごとに放参と名づけて、楞厳咒をよむことは、日本より始まれり。……蒙古の襲ひ来りし時、天下の御祈りのために、日中に観音経をよみたりける。そのままにしつけて、今は三時のつとめとなりたり。かやうの勤めも、禅家の本意にはあらねども、年来しつけたることなれば、後代の長老達もとどめ給ふことなし。（上一五）

この最後の一文に注目すべきである。あくまでそれらが「禅家の本意」でないことを押さえながら、しかし年来の習慣として認めているのである。同時にそのことは、「禅僧は御祈りも申さぬ者」という非難をかわすことにもなっている。ここでも夢窓の現実的な配慮が行き届いている。

禅門にとって、教禅関係に対してどのような態度を取るかは大きな問題である。教禅一致に立つか、それとも不立文字、教外別伝の立場を貫くか、という問題である。これに対しては、そもそものような問題設定そのものを夢窓は批判する。

浄土・穢土隔てあり、迷悟凡聖同じからずと思へるは、妄想なり。聖凡の隔てもなく浄穢の別なしと思へるも亦、妄想なり。仏法に大小・権実・顕密・禅教の差別ありと思へるも、妄想なり。仏法は一味平等にして、すべて勝劣なしと思へるも、妄想なり。行住坐臥、見聞覚知、皆これ仏法なりと思へるも、妄想なり。一切の所作所為を離れて別に仏法ありと思ふも、妄想なり。……教外別段の宗旨あることを知らずして、教門を執着するは、教者の妄想なり。教外別伝とて、教門よりも優れたる法門ありと思へるは、禅者の妄想なり。（中二九）

いずれに執着するのも誤っている。禅者が不立文字に執着するのも、教学に固執するのと同様の誤りである。だからと言って、教禅一致というわけでもない。その理由は、「釈迦如来、我は教者とも仰せられず、禅者ともなのり給はず。所説の法門においても、これは教の分なり、これは禅の分なりとも、わけられず。如来の内証は、教にもあらず、禅にもあらざる故なり」（下八〇）と説かれている。

それならば、どうして教禅の区別があるのであろうか。

> 禅門の眼にて見る時は、一代の所説も、皆これ小玉をよぶ手段なり。ある時は諸法無常と説き、ある時は諸法常住と談ず。或は諸法皆これ虚妄と明かし、或は諸法実相と演《の》ぶ。或は一切の文字は、仏法に非ずと示し、或は言説皆これ法身なりと言へり。……如来の本意は、かやうの言句の上にあるに非ず。（下七九）

「小玉をよぶ手段」というのは、女性が召使（小玉）にいろいろ用事を言いつけるけれども、その用事が目的ではなく、忍んでくる愛人に自分の声を聞かせるためだという話で、夢窓によれば五祖法演の法語に出るというが（下七七）、法演の語録には見えず、圜悟の語録に出る（大正四七・七一三下）。すなわち、さまざまな仏説も、その目的は説かれた言葉ではなく、それを超えたところにあるというのである。

もっともそのような言い方は、結局不立文字ということになるのではないだろうか。実際、夢窓自身、「禅門の眼にて見る時」と言っているように、あくまで禅の立場からみた見方である。しかし、夢窓は「禅の眼にて見れば、教法も亦、禅の宗旨なり。教の眼にて見れば、禅の宗旨も亦、教法とことならず」（下七九）と、禅と教のそれぞれの立場からの見方があることを認めている。

そもそも禅と教との優劣を争うのは愚かなことである。「面々ただ我が心得たるを本として、我が法門勝れたりと思へども、別人はこれを許さず。世間の沙汰のごとくならねば、上裁とて仰ぐべき人もなし」（下九〇）という状態であるから、いずれが真実とも決めがたい。それ故、「もし我が思ひを本として、この法門は正理なり、余の法門は皆真実にあらずと執せば、これ邪説なり」（同）と言われなければならない。

このように、夢窓はここでも二重性を発揮する。自らは禅門絶対の立場に立ちながら、他方で、教門からの見方もあることを認めている。その立場から、「教者も禅をそしらむと思ひ給はば、先づ禅の知識に参じて、この宗旨を悟り給ふべし。禅者も又、教をそしりたく思ひ給はば、先づ諸々の教門の源底をつくして、解了せらるべし。もし爾らば、諍論自然にやむべし」（下九一）と、両者がうやむやに妥協するのでなく、それぞれの立場をはっきりさせた上で、相互に理解しあう可能性を提案している。

ここから、夢窓は念仏のみに固執する浄土宗に対しては厳しい批判を展開している。

祖師の宗祖を信ずる人は、一切の所作所為、悉く別事にあらずと知る故に、ある時は念仏を申し、経咒をよむ。この故にこの人の念仏するをば嫌はず。よのつね念仏を信ずる人の中に、名号を唱ふるばかりこそ正行なれ、余法余事は皆いたづら事と思へり。この所解は大乗の正理にそむけり。（下八五）

本書の浄土宗批判は、浄土宗の智円《ちえん》の批判（『夢中松風論』）を招き、それに対して、夢窓は『谷響集』を著わして論争となった。たとえ自己の立場に絶対的な信念を持っていても、それでも他者の立場のありうることを認め、他者を尊重しなければならない。他者の存在を無視する独善性に対しては、夢窓は厳しい態度を取ったのである。

禅の核心

本書は、俗人への説示という性格上、世法と仏法の関係や、禅と諸行の問題などにわたって論じられているが、もちろん他方では禅の修行やその究極の立場が正面から論じられている。

すでに当時、禅門の修行の中核は公案を中心に行なわれていたが、「公案を与ふるも、宗師の本意に非ざることを」（中三二）と、公案の絶対視を誡めている。しかし、公案を軽んじるわけではない。古人の問答について、「学者の問ひもかやうに直問なり、知識の答へも亦直答にして、或は即心即仏と答へ、或は庭前の栢樹子《はくじゅし》と示し、或は東山水上行といふ。宗師かやうに答ふること、皆これ本分の直示《じきじ》なり。この語を以て修行の資粮となさしめむためにはあらず」（中五二）と言われるように、古人の問も答も「本分の直示」であり、決して「修行の資粮」ではない。しかし、学ぶ者が鈍でただちに悟ることができないならば、その話題について一両日から、五年十年もの年月をかけてその直示を参決しなければならない。それが修行である（中五二）。

修行によって達せられる境地とはどのようなものであろうか。夢窓は教門と禅門の違いに触れて、「教門は生・仏すでに別れたる処について、衆生を引導して、仏境界に入らしむる法門を設けたり。禅門は生・仏いまだ別れざる本分の田地《でんち》に直に到らしめんとす」（中五〇）と指摘している（下六一も参照）。この「本分の田地」こそが、禅で到達される究極の境地である。巻下では、この「本分の田地」について立ち入って説明している。

凡聖迷悟いまだ分かれざる処は、世間の名相もあづからず。出世の法門も及ばず。しかりといへども、迷人を誘引せむために、仮に語をつけて、或は本分の田地と名づけ、或は一大事と名づく。本来の面目、

主人公なむどと申すも、皆同じことなり。（下六一）

あるいは次のように言う。

本分の田地は、身心の中にあるにもあらず。身心の外にあるにもあらず。身心全くこれ本分の処なりといふも当たらず。有情・非情の品類にもあらず。諸仏・賢聖の智慧にもあらず。諸仏・賢聖の智恵、乃至衆生の身心、及び世界国土は、皆この中より出生せり。しかる故に、仮に本分の田地と名づけたり。（下六三）

ここで、衆生も世界もすべて「本分の田地」から生まれたものだというところは注目される。一種の発生論である。では、「本分の田地」から、どのように世界の多様性が生ずるのであろうか。「本分の田地には、凡聖の相もなく、浄穢の境もなし。無明業識《ごつしき》の一夢起こるが故に、無相の中に浄穢の境界を現じ、無為の中に凡聖の差別を見る」（下六四）と言われており、「無明業識」によって夢の如き現象世界が展開するものと見ている。

だが、不立文字のはずが、これでは一種の形而上学になってしまう。このパラドックスは夢窓のみならず、この頃の禅思想の中にかなり広く見られるように思われる。本分の田地はまた、「心」「性」などとも呼ばれ（下七〇）、唯心論的な発想に結びつく。そして、このような発想は、本覚思想の展開や神道思想にも影響してゆくのである。[5] 本書の「本分の田地」論は、このような思想史的な文脈において、さらに検討を要するものである。

夢窓と大灯

『花園院天皇宸記』正中二年（一三二五）十月二日条に、有名な大灯国師宗峰妙超（一二八二―一三三七）による夢窓批判が見られる。分かりにくいところがあるが、「此の如き問答は都て教綱を出でず。達磨一宗地を掃いて尽く。悲しむべし、悲しむべし」と言われており、夢窓に対する大灯の厳しい批判がうかがわれる。現在用いられている『興禅大灯国師遺誡』は、「示衆法語」（嘉暦二年、一三二七、または正慶元年、一三三二）と「遺誡」（建武二年、一三三五）を結びつけたものであるが（竹貫、二〇〇八、一〇一頁）、「只須《すべか》らく十二時中、無理会《むりえ》の処に向つて究め来り究め去るべし」と、ひたすら修行に専念することを求め、どれほど寺院が繁興しようと、「仏祖不伝の妙道を以て、胸間に掛在せずんば、忽ち因果を撥無《はつむ》し、真風地に墜つ。併《みな》是邪魔の種族なり、老僧世を去ること久しくとも、児孫と称することを許さじ」と厳しい態度を貫いている。

それに対して、暦応二年（一三三九）に三会院で作られた『夢窓国師遺誡』は、いかにも夢窓らしい重層的な態度を示している。即ち、「我に三等の弟子あり。所謂る猛烈にして、諸縁を放下《ほうげ》して専一に己事を究明する、是を上等とす。修行純ならず駁雑にして学を好む、之を中等と謂ふ。自ら己霊の光輝を昧《くら》まして、只仏祖の涎唾《せんだ》を嗜《たしな》む、此を下等と名づく」と三等に分け、それをすべて包容している。しかし、誰でも認めてしまうわけではない。「其心を外書に酔わしめ、業を文筆に立つる者、此は是剃頭の俗人」であり、まして、「飽飲安眠放逸にして時を過す者」は、「既に是僧に非ず。我が弟子と称して寺中及び塔頭に出入することを許さず」として、厳しく誡めている。

大灯のような徹底的な厳しさではなく、だからと言って、ルーズな無原則でもなく、抑えるべきところは厳しく抑えながら、包容できるところは包容しようとする。そこに、いかにも夢窓らしさがあると言える。大灯系の純粋禅のみが正統とされる今日の禅評価の中で、積極的に政治に対して発言し、また利生塔のような社会活動ともいうべき分野にまで手を広げた夢窓の思想と行動は、もう一度見直されてよい面を多分に持っている。

註

（1）例えば、玉懸〔一九九八〕、菅〔一九九二〕、西山〔二〇〇四〕など。なお、思想史とは異なるが、造園という面から夢窓の再評価を試みた枡野〔二〇〇五〕も注目される。

（2）夢窓の伝記は、弟子の春屋妙葩編『夢窓国師年譜』が基本的なものである。主要な史料は、『大日本史料』第六編之五・正平六年（観応二年）九月三十日条に集められている。もっとも最近の研究としては、佐々木〔二〇〇〇〕巻末に「夢窓国師の生涯」が付されている。また、柳田〔一九七七〕解説も示唆するところが大きい。

（3）現在入手しやすいテキストとして、佐藤泰舜校訂『夢中問答』（岩波文庫、一九三四）、川瀬一馬校注・現代語訳『夢中問答集』（講談社学術文庫、二〇〇〇。一九七六年刊本に基づく）がある。本章では、講談社学術文庫版による。同書は康永三年（一三四四）刊五山版を底本としている。

（4）岩波文庫本は「大菩提」。このほうがよい。

（5）禅と本覚思想に関しては、末木〔一九九八a、IV・第一章〕参照。禅と神道思想の関係については、末木〔一九九八b〕参照。

参考文献

今枝愛真〔一九六二〕『禅宗の歴史』（至文堂）
佐々木容道〔二〇〇〇〕『訓註夢窓国師語録』（春秋社）

末木文美士（一九九八ａ）『鎌倉仏教形成論』（法藏館）
同　　　　（一九九八ｂ）「神仏論序説」（『解体する言葉と世界』、岩波書店）
菅基久子（一九九二）「護国と清浄」（源・玉懸編『国家と宗教』、思文閣）
竹貫元勝（二〇〇八）『宗峰妙超』（ミネルヴァ書房）
玉懸博之（一九九八）「夢窓疎石と初期室町政権」（『日本中世思想史研究』、ぺりかん社。初出一九八六）
西山美香（二〇〇四）『武家政権と禅宗』（笠間書院）
枡野俊明（二〇〇五）『夢窓疎石――日本庭園を極めた禅僧』（ＮＨＫブックス）
柳田聖山（一九七七）『夢窓』（日本の禅語録七、講談社）

第十章　仏教と中世神道論——神・仏・天皇論の展開

一　仏教からみた歴史と天皇——『愚管抄』を中心に

天皇論をめぐって

天皇と王権をめぐる議論は、昭和から平成に移る頃から盛んになり、近年は女性天皇の可能性をめぐってさまざまな議論が絶えない。天皇論は近代政治史の課題であると同時に、その歴史的展開を遡ろうとすれば、古代から続く制度として、日本史のほとんど全体をカバーする大きな問題とならざるを得ない。

今日でもしばしば立てられる疑問は、どうして他の国では王朝の交代があるのに、日本では天皇制が古代から現代まで一貫して続いてきたか、ということである。しかし、この問いは実は問いそのものがおかしい。このことは別の例を挙げてみれば分かるであろう。例えば、仏教がどうして日本に定着して、六世紀から現代まで変わらずに続いているのか、という問いを考えてみよう。それに対する単純な答がありえないことは明らかである。日本の古代に高度な文化がなかったため、外来の仏教が定着するのに有利だった、という答が挙げられるかもしれない。しかし、それはその後にも仏教が継続したことの理由にはならない。あるいはまた、なぜ儒教が定着せず、仏教が定着したのか、と問うならば、ますます解答は困難になる。

確かに、海によって大陸から隔てられ、極東のいちばん端にあるという地理的条件は、外からの侵略を防ぎ、古い制度や文化の継続保存に有利だったということはあるであろう。孤立した辺境に古い文化が残りやすいことは一般的に言えることで、日本全体が辺境文化としての性格を維持しつづけたということは認めうることである。しかし、地理的条件ですべて説明できるわけではないこともまた、明らかである。まして、そこに国民性のようなものを想定して、それで説明しようとするならば、それは通俗的な日本人論とはなっても、学問的な手続きを踏んだものとはいえないであろう。

それ故、天皇制についても、単純に同じものが継続していたということではなく、どのように時代的に変遷したかということに着目して、その変化を見ていかなければならない。歴史的な研究が不可欠になる理由である。(1)その際注意すべきは、制度的な問題とともに、それがどのように認識されていたかという問題である。即ち、天皇論、あるいは天皇思想の展開が大きな課題となる。

天皇が特別の血統に連なることがその正統性の根拠であり、それが単に国内的な支配の根拠というだけでなく、国外に向けても日本の優越性を示すものだという民族主義的な万世一系論は、江戸時代の水戸学派などにおいて醸成され、明治維新を生んだ尊皇攘夷運動に連なることになるが、そのより古い形態は北畠親房の『神皇正統記』に求められる。このことは、逆に言えば、親房の時代まで、血統の一貫性がとりたてて日本の優越性に結びつくという観念は、成熟することがなかったということである。中世の天皇論が大きな検討課題として浮かび上がる所以である。

る。それ故、中世天皇論の形成は中世神道の問題と密接に関係している。神道理論からする天皇論は、親房と同時代の慈遍において、より一層詳細に展開されている。慈遍は天台宗の僧侶であると同時に伊勢神道の理論家であり、仏教と神道の両方を踏まえた議論を展開しており、それだけ親房よりも複雑になっている。

以下、まず慈遍や親房と対比する意味で、それより時代を遡る仏教者の見方として『愚管抄』における慈円の天皇論を概観し、それからそれと対照的な親房の場合を見、その上で、両者を踏まえて慈遍の場合を検討したい。

親房は伊勢神道に連なる神道理論家であり、『神皇正統記』もまた、そのような神道理論を背景としてい

仏教から見た歴史と天皇――『愚管抄』

(1) 中世の天皇

中世の天皇は宗教的にどのように位置づけられるのであろうか。天皇は政治的な存在であろうか、それとも宗教的な存在であろうか。もちろん、そのような問い自体がおかしいと言われるかもしれない。宗教と政治を別次元のこととして分けるのは近代的な観念であり、前近代においては政治と宗教は密接に関わっていたのであるから、両者を分けることはできない、というのはもっともなことである。

しかし、それでは王法・仏法相依論というとき、その王法の含む範囲はどのようなものであろうか。そこには天皇と絡む神祇崇拝まで含むのであろうか。この問いは、それほど答えやすくはない。近代の研究は多く、王法・仏法関係を政治と仏教の関係として捉えている。実際、日蓮のように、「国王」を、ある場合には鎌倉幕府を意味するようにも使っている例を見れば〔佐々木、二〇〇六〕、仏法と対になる王法は、宗教性

とは切り離された世俗的、政治的な意味での王権と見るほうが適当ともいえる。[2]

しかし、それでも幕府（将軍・執権）と天皇をまったく同じ種類の王権と見ることはできない。将軍は直接その権力が宗教的に基礎づけられることはない。少なくとも徳川家康が東照大権現として祀られる以前には、そのようなことはなされなかった。東照大権現の場合でも、家康が神として祀られたのは死後のことであり、かつまたその神性が、子孫である歴代将軍に直ちに受け継がれていくわけではない。それに対して、天皇は神祇崇拝と深く関わっている。天皇の権力は、国家の神祇の構造に根拠を持つ出自と祭祀の伝統に由来するものとされ、次第にそれを日本独自のものとして誇示し、意図的に再生産するようになる。

それでは、そのような天皇の権威は、仏教が優位であった中世においてはどのように根拠づけられたのであろうか。ここでは『愚管抄』によって見ることにしたい。著者慈円（一一五五―一二二五）は、一方で摂関家出身の立場から、もう一方で天台座主の立場から、変転する時代を正面から問いただそうとしている。

（2）種姓の一貫性

慈円においても、天皇の血統的一貫性は前提とされている。即ち、「日本国ノナラヒハ、国王種姓ノ人ナラヌスヂヲ国王ニハスマジト、神ノ代ヨリサダメタル国ナリ」（巻七。日本古典文学大系本、三二八頁。以下、頁数のみ記す）と言われている通りである。しかし、そのように定まっていることは、必ずしも天皇の絶対性や神聖性を保証するものではないし、また、他国に対する優越を意味するものでもない。そのことはさまざまな点から検証できる。

まず指摘されるのは、『愚管抄』は「神ノ御世ハシラズ」（巻三、一二九頁）と、その叙述に神代を含まず、神武からはじめていることである。即ち、神代と天皇の歴史とは単純に連続するものではなく、断絶があるものと考えられている。確かに「国王種姓ノ人」は、特殊な種姓であるかもしれないが、あくまで人である点で、ふつうの人と区別されるわけではない。「其人ノ中ニ国王ヨリハジメテアヤシノ民マデ侍ゾカシ」（巻七、三二八頁）と言われるように、国王から「アヤシノ民」まで、同じように「人」という範疇に納められるのである。

「国王種姓ノ人」が国王になることが「神ノ代ヨリサダメタル」ということに関しても、注意が必要である。このことは、国王の種姓だけが決まっているということを意味するものではない。「コノ日本国ハ初ヨリ王胤ハホカヘウツルコトナシ。臣下ノ家又サダメヲカレヌ」（巻七、三四七頁）といわれるように、臣下＝摂関家たる藤原氏の家もまた決まっているのであり、国王と臣下とは「魚水合体」（同、三二九頁）でなければならない。即ち、王家ははじめから臣下の家とセットになっているのであり、王家だけが神代に由来するわけではない。

このことは、皇室の祖神たるアマテラスと藤原氏の祖神たるアマノコヤネとの契約に遡る。即ち、「アマノコヤネノミコトニ、アマテルヲオン神ノ、「トノ、ウチニサブライテヨクフセギマモレ」ト御一諾ヲハルカニシ」（同、三二九頁）といわれるように、両者の関係は神代における祖神同士の取り決めに基づくというのである。(3) このように、王家と臣下の藤原氏とは対等とはいえないまでも、祖神同士の了解のもとに不可分の相互関係で結ばれていることになる。そうであれば、王家のみが神に由来する絶対性を持つわけではないことになる。このように、『愚管抄』では天皇の尊貴性はかなり相対化された性質のものである。

（3）歴史の法則と天皇

しかも、『愚管抄』では百王思想を受け入れたことにより、天皇の継承も未来永劫に続くものではなく、きわめて危機的な状況に置かれることになる。百王思想は宝誌作と伝えられる未来記『野馬台詩』に由来するものであるが〔小峯、二〇〇三〕〔同、二〇〇七〕、慈円は積極的に受け入れている。即ち、「人代トナリテ神武天皇ノ御後、百王トキコユル、スデニノコリスクナク、八十四代ニモ成ニケル」（巻三、一二九頁）と、百王説を認めた上で、すでに八十四代になるのであるから、「百王ヲ数フルニイマ十六代ハノコレリ」（巻七、三四二頁）ということになる。とすれば、天皇家の終わりも間近いことになる。

もっとも実際に百王で終わるかというと、努力次第でその終焉を引き延ばすことは可能と見ている。そのことを、慈円は紙の譬喩で論じている。

百帖ノカミヲヲキテ、次第ニツカフホドニ、イマ一二デウニナリテ又マウケクワフルタビハ、九十帖ヲマフケテツカヒ、又ソレツキテマウクルタビハ八十帖ヲマウケ、或ハアマリニオトロヘテ又オコルニ、タトヘバ一帖ノコリテ其一帖イマハ十枚バカリニナリテ後、九十四五帖ヲモマウケナンドセバ、オトロヘキハナマリテ殊ニヨクオコリイヅルニタトフベシ。[4]（巻三、一四七―一四八頁）

紙を使って残り少なくなったときに補充すれば、また多く使えるのと同じで、百王もその終わりが近づいたとき、また努力によって持ち直すことが可能だというのである。しかし、それも限界がある。総体的に見れば、仏教的な宇宙観に基づく劫の変化の枠を動かすことはできない。

詮ズル所ハ、唐土モ天竺モ、三国ノ風儀、南州ノ盛衰ノコトハリハ、オトロヘテオコリ、オコリテハオトロヘ、カク次第ニシテ、ハテハ人寿十歳ニ減ジハテヽ、劫末ニナリテ又次第ニオコリイデ〳〵シテ、人寿八万歳マデオコリアガリ侍也。ソノ中ノ百王ノアヒダノ盛衰モ、ソノ心ザシ道理ノユクトコロハ、コノ定ニテ侍也。（巻三、一四八頁）

「南州」は人の住む南閻浮州のことだが、必ずしも南閻浮州に限らず、この世界全体が成劫・住劫・壊《え》劫・空劫の四劫を繰り返す。このうち、成劫は人間の寿命は無量であるが、住劫になると、寿命が八万歳と十歳の間を上下して、これが二十回繰り返される（定方、一九七三）。百王もそれと同じように栄枯盛衰を繰り返すが、結局のところ、宇宙のサイクルの劫の変化を免れることはできない。慈円の歴史観によれば、このマクロの宇宙サイクルの中の一部分として、百王が継起し、次第に衰退へと向かう日本の状況があることになる。それが、本書の鍵となる「道理」の構造である。この点で、慈円はあくまでも仏教の原則に忠実である。[5]

一切ノ法ハタヾ道理ト云ニ文字ガモツナリ。……コノ道理ノ道ヲ、劫初ヨリ劫末ヘアユミクダリ、劫末ヨリ劫初ヘアユミノボルナリ。コレヲ又大小ノ国々ノハジメヨリヲハリザマヘクダリユクナリ。（巻七、三二四頁）

劫の中での大小の国々の命運は、基本的に下降するという悲観的な見方である。これは仏教的な末法論の一般歴史への適用ということができる。ただ、それが単純にまっすぐ下降するのではなく、そこに栄枯盛衰の波がありながら、全体としては緩やかに下降していくというのが、慈円の歴史観である。それ故に、どうせ衰退するのだから何をしても同じというデカダン的な態度ではなく、少しでも衰退を防ぐべく努力が必要とされるのである。慈円は同書執筆の動機を次のように言う。

後ノ人ノ能々ツ、シミテ世ヲ治メ、邪正ノコトハリ善悪ノ道理ヲワキマヘテ、末代ノ道理ニカナヒテ、仏神ノ利生ノウツハ物トナリテ、今百王ノ十六代ノコリタル程、仏法王法ヲ守リハテンコトノ、先カギリナキ利生ノ本意、仏神ノ冥応ニテ侍ルベケレバ、ソレヲ詮ニテカキヲキ侍ナリ。（巻六、三一七頁）

百王の残り十六代となって世は衰退していく中で、「仏神ノ利生ノウツハ物トナリテ」「仏法王法ヲ守リハテンコト」こそ、慈円が今の世でなすべきこととして、『愚管抄』で訴えたかったことなのである。

（4）冥なる神仏

先の引用箇所で「仏神」ということが出てくるが、それでは仏神はどのようにこの日本の歴史と関わるのであろうか。また、仏と神とは相互にどのような関係にあるのであろうか。すでに見たように、祖先を遡るときに神に至るという系譜的な関係があるのは事実であるが、『愚管抄』ではそれはあまり強調されていない。祖先神が出るのは、天皇家と藤原氏の契約が歴史以前に遡ることを証明するためであり、天皇家の優越を主張するものではなかった。その契約も単純に神代に遡るだけのものではない。「トヲクハ伊勢大神宮ト鹿島ノ大明神ト、チカクハ八幡大菩薩ト春日ノ大明神ト、昔今ヒシト議定シテ世ヲバモタセ給フナリ」（巻七、三四七頁）と言われるように、歴史のそれぞれの節目に当たって、神々が相談し、背後から歴史を動かしてきたのである。例えば、藤原道家の子頼経が実朝の後、将軍となったことについて、慈円は、「イマ左大臣ノ子ヲ武士ノ大将軍ニ、一定八幡大菩薩ノナサセ給ヒヌ。人ノスル事ニアラズ、一定神々ノシイダセ給ヒヌルヨトミユル、フカシギノ事ノイデキ侍リヌル也」（巻七、三三六頁）と、八幡大菩薩のなしたことだとしている。

このように、人間の営みを超えて超自然的な力がはたらくことは、「冥《みょう》」と呼ばれる。それに対して、現象世界に現われた人間の活動が「顕」である。慈円は、日本の歴史を七段階に分けて、その中での「道理」の貫通を論じているが、その第一は、「冥顕和合シテ道理ヲ道理ニテトヲスヤウ」（巻七、三二五頁）であり、神武から十三代の成務までに当たる。ここまでは子供が継承し、「一向国王世ヲ一人シテ輔佐ナクテ事カケザルベシ」（巻三、一三〇頁）という状態であった。次の第二段階は、「冥ノ道理ノユク〳〵トウツリユクヲ顕ノ人ハヱ心得ヌ道理」（巻七、三二五頁）で、仲哀から欽明までの十七代で、継承関係が乱れ、安康・武烈のような悪王も現われた。第三段階は、「顕ニハ道理カナトミナ人ユルシテアレド、冥衆ノ御心ニハカナハヌ道理」（同）の時代で、敏達から後一条の御堂関白の時まで。この時代には仏法が入ると同時に、国王を後見する臣下が必要となってくる。

「冥」にはどのようなものが含まれるのであろうか。大隅和雄は、それを四種類に分けている〔大隅、一九九九、一二九―一三四頁〕。

一、歴史の時代を超えて存在する神々。
二、冥の世界の存在が顕の世界に仮の姿をとってあらわれる場合。「化身・権化」であり、『愚管抄』には聖徳太子・大織冠（藤原鎌足）・菅丞相（菅原道真）・慈恵大僧正（良源）の四人を「観音ノ利生方便」（巻三・一五八頁）としている。
三、怨霊。
四、天狗・地狗・狐・狸などの邪悪な魔物。

このうち、第三、第四に属するものは調伏の対象となるもので、「日本国の歴史の基本を定めたり、それを具体化して行ったりするような役割を負うことはない」（大隅、一九九九、一三三頁）から、第一、第二の種類に属する神仏が、歴史を動かすもっとも大きな力を発揮することになる。第二は『愚管抄』の中では観音の化身に限られ、やや特殊であるから、そうなると、第一のタイプがもっとも一般的となる。もちろん、その中には神々だけでなく、仏も含まれることになる。

それでは第一の種類の神仏は、どこまで歴史を動かすことができるのであろうか。歴史をデザインし、「顕」の人を動かして自由に歴史を展開してゆくことができるのであろうか。そうではない。既に述べたように、いちばんの大枠は劫の推移であり、その中で一国の運命は常に下降するということが原則となっていた。その枠の中ではじめて神仏のはたらく可能性が出てくる。

コノヤウヲ、日本国ノ世ノハジメヨリ次第ニ王臣ノ器量果報ヲトロヘユクニシタガイテ、カヽル道理ヲツクリカヘ〳〵シテ世ノ中ハスグルナリ。劫初劫末ノ道理ニ、仏法王法、上古中古、王臣万民ノ器量ヲカクヒシトツクリアラハスル也。（巻七、三二六頁）

即ち、劫初・劫末の道理を大原則としながら、その中に仏法・王法の関係、上古・中古の時代差、王・臣・万民の器量などによって道理のさまざまなヴァリエーションが可能で、それらの道理が錯綜することによって、衰えていく時代の中で、道理を「ツクリカヘ〳〵シテ」歴史が展開してきたというのである。それ故、神仏の力といっても絶対的なものではなく、大原則の貫徹する中で、道理を「ツクリカヘ〳〵シテ」ゆくところに神仏の力がはたらくことになる。観音の四人の化身を挙げたところで、「アハレ〳〵王臣ミナカヤウノ事ヲフカク信ジテ、聊モユガマズ、正道ノ御案ダニモアラバ、劫初劫末ノ時運ハ不レ及《バ》レ力、中間ノ不運不慮ノ災難ハ侍ラジモノヲ」（巻三・一五八頁）と言うとおり、「劫初劫末ノ時運」はどうにもならないもので、「中間ノ不運不慮ノ災難」にのみ、神仏の力で対処できるというのである。

（5）仏法のはたらき

それでは、神と仏はどう違うのであろうか。『愚管抄』の中で見る限り、神がもっとも深く関わるのは、国王と臣下の関係であり、国王のみで対処できない事態に際して、それに適切に対応できる臣下を提供し、新たな危機を切り抜ける道を示すのが神の役割である。武士が天下を取ったことに関しても、「人ノシワザトハヲボヘズ。顕ニハ武士ガ世ニテ有ベシト、宗廟ノ神モ定メヲボシタルコトハ、今ハ道理ニカナイテ必然ナリ」（巻六・三〇四頁）と神が考えたこととして認め、あるいは、上述のように、摂関家から将軍が出たことも、すべて神のはからいと見て肯定するのである。

それに対して、仏法はそれ自体が巨大な寺院勢力として「顕」の歴史世界に現われ、王法と対峙する。神の力があくまで「冥」の次元にあり、直接「顕」の世界に出ないのに対して、仏法は化身として人間の姿をとって「顕」の世界に現われることもあるし、寺院勢力として王法に対抗するだけの力を現実世界の中で持っている。そのかわり、「冥」の世界から「顕」の世界の人を動かすという遠隔操作的な機能は弱いことになる。それが神と仏の相違である。

それ故、最古代はさておき、それ以後の時代には、「唯国王之威勢バカリニテコノ日本国ハアルマジ、タヾミダレニミダレナンズ、臣下ノハカラヒニ仏法ノ力ヲ合テ」（巻三、一四一頁）はじめて国が治まると言われるように、仏法は「顕」の世界の臣下と並列される位置づけを持つ。それでは、仏法は臣下と同じように、国王に従属するものであろうか。聖徳太子が蘇我馬子とともに物部守屋を滅ぼしたことについて、「仏法ト王法トヲヒタハタノカタキニナシテ、仏法カチヌトイハン事ハ、カヘリテ仏法ノタメキズ也」（巻三・一三八頁）と、仏法と王法とを対立させ、仏法が王法に勝ったという見方を否定している。そのことは、逆に言えば、王法と仏法はそれだけ拮抗した力を持つことを証している。その調和がとれて、「王法仏法ハタガヒニマモリテ」（巻三・一四七頁）といわれるような状態が理想とされるのである。

このように見れば、『愚管抄』の天皇の力は非常に限定されていることが分かるであろう。そもそも宇宙的な歴史サイクルの「劫」の変転を免れず、その中で百王という限定がなされて次第に衰退していく方向性を持っている。それを何とか持ちこたえるには、「冥」の力を借りなければならない。「冥」の神々の力を媒介にして臣下の助力を得、もう一方で仏法の力が加わることで、百王の危機を超える可能性を見出そうというのである。

このような限定的な天皇から、絶対的な天皇への転換は、北畠親房によって果たされるというのが通説である。確かにそれは間違いとはいえないが、親房と同時代の慈遍の神道説に、親房以上に興味深い天皇論が展開されている。慈遍説の検討に入る前に、伊勢神道の流れと親房について簡単に見ておきたい。

二　中世神道における天皇論——慈遍を中心に

伊勢神道における天皇論

（1）五部書における天皇

伊勢神道においては必ずしも正面から天皇について論じられているわけではないが、伊勢は皇祖神を祀る以上、当然皇室と密接な関係を前提としている。例えば、神道五部書のひとつ『倭姫命世記《やまとひめのみことせいき》』では、天の神と人間界の皇統の必然的な関係が論じられている。

> 天地開闢《ひらけ》し初、神宝日出でます時、御饌都《みけつ》神と大日孁貴《おおひるめむち》と、予め幽契を結び、永《ひたぶる》に天が下を治め、言寿《ことほぎ》宣りたまう。肆《かるがゆえ》に或は月と為り或は日と為り、永く懸って落ちず。或は神と為り皇《すべらぎ》と為る、常《とこ》に似て窮り無し。〔大隅編、一九七七、八頁〕

これによると、ミケツカミ（＝トヨウケ、外宮）とアマテラス（内宮）の幽契をもとにして、前者は「神と為り」、即ち天の神に連なり、後者は「皇と為り」、即ち天孫降臨から地上の支配者としての天皇に連なることになる（菅野、二〇〇一、第二章）。『倭姫命世記』は、この後、天孫降臨から、ニニギ——ヒコホホデミ——ウガヤフキアエズという地上における神々の継承を述べ、神武へと連なる系譜を明らかにしている。

その際注目されるのは、『日本書紀』に、これら地上の三神の支配期間を一百七十九万二千四百七十余歳としている（神武即位前紀）のを受けて、三神の支配期間をそれぞれ以下のように確定していることである。

ニニギ——三一万八五四三年
ヒコホホデミ——六三万七八九二年
ウガヤフキアエズ——八三万六〇四二年
計——一七九万二四七七年

即ち、天の神々と皇統との間に、それぞれ数十万年の支配期間を持つ三神を置くことにより、『日本書紀』に記された年数をより具体化し、神代と天皇をつなぐ媒介としての位置づけを明瞭にしている。この年数は、多少の相違はあるものの、『神皇正統記』に受け継がれている。

ここでは『愚管抄』に見られたアマテラスとアメノコヤネとの黙契はまったく取り上げられない。伊勢神道においては、藤原氏の祖神であるアメノコヤネが問題とならないのは当然であり、その代わりに神宮の内宮と外宮の関係が根底に置かれることになる。その両者の関係は、もともと皇祖神として重んじられていた内宮に対して、外宮はトヨウケ＝アメノミナカヌシ（＝クニノトコタチ）説によって根源神的性格を強め、

『倭姫命世記』に見られるような分担をすることになる。両部神道系統から生まれたと思われる天神七代・地神五代説(6)もそれと結びつくもので、天神七代はクニノトコタチに始まり、地神五代はアマテラスに始まっている。

このように、藤原氏などに流れる系譜が傍らに押しやられることで、神代から天皇へという系譜が正面に据えられてくる。しかし、親房や慈遍以前には、それが特に天皇論として強調され、論じられるということはなかった。度会家行の『類聚神祇本源』は伊勢神道の集大成としての役割を持つものであり、天地開闢から天の神々へと進むが、天皇への系譜はほとんど重きを置かれていない。むしろ天皇論を正面から取り上げる親房や慈遍のほうが特殊といってよい。それは、後醍醐親政から南北朝並立という時代状況を背景とするものである。

（2）北畠親房の天皇論

北畠親房（一二九三―一三五四）は、『類聚神祇本源』などの影響を大きく受けて、伊勢神道の理論書『元元集』（一三三七―三八）(7)を著わしたが、同書では冒頭の天地開闢篇・本朝造化篇に続いて、神皇紹運《じんのうしょううん》篇が置かれ、そこでは神統譜に続いて天皇の系譜が後村上まで書かれている。神皇紹運篇の冒頭には、『日本書紀』一書の天祖のイザナギ・イザナミに対する勅語と、天孫降臨の際のアマテラスの天壌無窮の詔勅が挙げられ、さらに、「皇孫降臨以来、紹運已に九十余代、継体五十余世、積年一百七十九万四千五百有余歳」と、天孫降臨後、今に至るまでの天皇の隆盛を誇っている。また、『元元集』では、神器伝授篇で三種の神器の由来と伝授を説き、神国要道篇で神国論を説くなど、『神皇正統記』の基本思想が伊勢神道の体系の中に埋め込まれている。

この『元元集』の天皇論を歴史論として展開したのが『神皇正統記』（一三四三）である。本書は、「大日本者神国也。天祖はじめて基をひらき、日神ながく統を伝給ふ。我国のみ此事あり。異国には其たぐひなし。此故に神国といふなり」（岩波文庫、一五頁。以下、頁数のみ記す）と、神国の宣言から始まる。神国論は、もともとは日本の優越を説くものではなかったが、『倭姫命世記』に「神明の加被に依りて、国家の安全を得。国家の尊崇に依りて、神明の霊威を増す」（大隅編、一九七七、三二頁）といわれるように、神の恩恵を特別に蒙る国としての意に用いられるようになる。それがさらに、親房においては、天神に由来する天皇の継承の永続性を根拠とした日本優越的な意味に転じるのである。[8]

親房は、仏典や漢籍における天地開闢から人間社会の成立に関する説を引いて、それらとの対比において、日本の優越性を天皇の系譜に見出す。

唯我国のみ天地ひらけし初より今の世の今日に至まで、日《ひ》嗣《つぎ》をうけ給ことよこしまならず。一種姓の中にをきてをのずから傍より伝給しすら猶正にかへる道ありてぞたもちまし〳〵ける。是併《しかしながら》神明の御誓あらたにして余国にことなるべきいはれなり。（二四頁）

この血統の純粋性は、インドや中国と対比した上での日本の優越性の根拠となるものである。即ち、インド（天竺）では王はもともと民衆の推挙によってなったもので、「その種姓もおほくほろぼされて、勢力あれば、下劣の種も国主となり」（二三頁）というように、種姓が乱れており、中国（震旦）も「ことさらみだりがはしき国」（二四頁）であって、民間から出たものでも力によって天子の位に就くこともあるのと対比されている。

ここで、「一種姓の中にをきてをのずから傍より伝給しすら猶正にかへる道ありて」と言われているのが注目される。ただ天祖から天皇家のみが正しく支配者としての系譜を受け継いでいるということだけでなく、その継承が一時的に傍系に渡ったとしても、必ず正系へと戻ることが、その優越性の重要な要因とされている。『神皇正統記』においては、天皇の「代」と「世」を区別し、「代」が皇位継承の即位の順番であるのに対して、「世」は、「初代の神武から当該の天皇までを繋ぐ直系（父子一系）の世数をいう」（河内、二〇〇三、二七頁）のである。

こうして、たとえ一時的に枝分かれしても、父子継承の一直線の系譜のみが「正統」なのであって、それ以外の継承はあくまで一時的なものに過ぎないとされる。そして、そのような「正統」が続く日本の天皇の系譜には、衰退ということは考えられない。『愚管抄』のような百王説に対して、親房は「窮《きはまり》なきを百ともいへり」（四四頁）と、「百」をきわまりないことと解釈して、皇統の無窮性を主張することになる。

もちろん、そのような皇統は努力なくして継承されるものではない。「御あやまりあれば、暦数もひさしからず」（一一二頁）と言われるように、政道の正しさが要求されるのであり、「本を本として正にかへり、元をはじめとして邪をすてられんことぞ祖神の御意にはかなはせ給べき」（一一二頁）と、その心得が説かれる。そのような中で、『愚管抄』で重視された「冥」の神仏のはたらきは、それほど大きな役割を果たさなくなる。とりわけ仏教に関しては、「国の主ともなり、輔政の人ともなりなば、諸教をすてず、機をももらさずして得益のひろからむことを思給べきなり」（一〇二頁）と、政道の中に吸収していく傾向が著しい。

このように、『愚管抄』の天皇論が冥顕構造を主として、冥の助力を要するのに対して、『神皇正統記』は神から連なる縦の系譜論へと重点を移して天皇の権威づけを図ろうとしている。しかし、神から直接に皇統へとつながるのであろうか。神から人への転換には、連続だけでなく、断絶があるのではないか。そのような点を含めてもう少し複雑な天皇論を展開したのが慈遍である。

慈遍の神道書

慈遍は吉田兼顕の子で、『徒然草』を書いた兼好の兄弟といわれるが、詳しい伝記は不明である。生誕は一二九〇年頃と考えられる。その著作と成立年代を挙げると、以下の通りである。なお、現存する著作はすべて『天台神道（上）』（神道大系・論説篇3）に収録している〔以下、末木〔一九九〇〕による〕。

一三三〇　『神懐論』三巻（欠）
一三三二　『旧事本紀玄義』十巻（現存五巻）、『旧事本紀文句』十巻（失）、
　　　　　『太宗秘府要文』六巻（失）、『神祇玄要図』三巻（失）、『神皇略文図』一巻（存）
　　　　　『古語類要集』五十巻（巻三〇、三一存）
一三三三　『天地神祇審鎮要記』三巻（存）
一三四〇　『豊葦原神風和記』三巻（存）
年代不明　『密法相承審論要集』（存。『渓嵐拾葉集』一〇二）

このように、主要な著作は一三三二年前後頃に集中している。後醍醐の討幕運動から新政権が成立した頃で、北畠親房の著作活動よりも時期的に多少早い。主著とされるのは、『旧事本紀玄義』『豊葦原神風和記』『天地神祇審鎮要記』であるが、前二者が伊勢神道の立場に立つのに対して、最後のものはそれを前提としながらも、山王神道の理論を展開している。

『旧事本紀玄義』（『旧事玄義』）は、現存しない『旧事本紀文句』とともに『旧事本紀』の注釈書の形をとっている。『玄義』と『文句』をセットにするのは、天台の『法華玄義』と『法華文句』に倣ったもので、『文句』のほうが本文に即した注釈であるのに対して、『玄義』は総論的な論である。現存する写本は少なくないが、すべて巻一、三、四、五、九のみであり、その他の巻は知られない。現存する巻のうち、巻四、五、九は最秘の巻とされていて、それに加えて、巻一は序論・総論に当たる短い巻、巻三は巻四の前提となる巻であるから、最秘の巻が中心に残存していることになる。巻四は天皇について論ずるところであり、巻九は三種の神器を含む神宝論であるから、全体として、現存するのは天皇に関するところが中心であるといえる。現存する部分から分かる全体の構成は以下のようなものである。カッコ内は、巻五末に述べられる全体の構成である。

巻一　　　　　　　　　　（明一成二）
巻二（欠）　　　　　　　（明二成三）
巻三　四、分弁変化源流　（明三成万物）
　　1、冥顕限界

2、海陸閉途
3、始終表穢
4、本末通浄
5、天皇領国　（於中明一人徳）
巻四
巻五　6、料簡詮議　（於後料簡上意、仍得来由詮議）
巻六　（欠）　（明神仏同体）
巻七　（欠）　（　同　）
巻八　（欠）　（明本誓同異）
巻九　四、神宝出現　（正明神宝出現）
巻十　（欠）　（明記事霊応）
（巻三と巻九がともに「四」となっているが、その関係は不明）

ここから、散逸したのは主として神仏関係を論じた部分であることが分かる。それに対して、さいわいに『豊葦原神風和記』（『神風和記』）は全巻残っており、慈遍の神道理論の体系をうかがうことができる。本書は「国母」、即ち後村上天皇の母である新待賢門院（阿野廉子）の命で書いたもので、カタカナ書きの神道概論である。その構成は次のようになっている。

巻上――神道大意・天地開闢・天神七代

巻中——地神五代・両宮鎮座・祖神大分・神態忌物・尊神霊験
巻下——仏神同異・仏神誓別

即ち、本書によって『旧事玄義』に欠けている天神論や神仏関係論の概略が分かる。『天地神祇審鎮要記』は、巻上から巻中の途中まで神道の大趣を述べ、巻中の途中から巻下には山王のことを論じている。それ故、本書は神仏関係がもっとも大きな主題となり、とりわけ山王の本地垂迹説が取り上げられている。

本節では以下、『旧事玄義』と『神風和記』を中心にして、慈遍の神・仏・天皇論を見ることにしたい。(9)

慈遍における神・仏・天皇

（1）神道の根幹

慈遍の神道説の肝要は、『神風和記』冒頭の「神道大意」の章に最も簡潔に述べられている。そこでは、『御鎮座本記』を引いて、アマテラスから天孫降臨へ、そして天皇へという系譜を明らかにしている。その上で、「皇」を「大」と定義し、大なる「天地ニカナフ人」である天皇を「一人」と呼んでいる。「一人」というのは、「大」という漢字を「一」と「人」に分けたものである。「天地一大ノ人ナル故ニ一人トハ申ナリ。少モ他ヲワスレテ私ヲカヘリミレハ、更ニ一人ニアラス、是皆民ノ心ナルベシ」（神道大系本、一六七頁）と言われるように、天皇が「一人」と呼ばれるためには、私心を捨てて天地の徳をそのまま実践することが要請される。本書が、「国母ノ詔」で書かれたという事情もあるが、本書で説かれる「神道」は、まったく

「一人」である天皇による支配の心得を説くものであり、一般の民衆とは関わらない。

神道之行義ハミタリカハシキ万ノ言ノ雑説ヲ指置キ、一心ノ本無ヲシリ定メ、善ク其心地ニ成得テ、ミタリニ道ニ迷ヒ、ヲロカニ徳ヲワスレタル諸ノ民ヲ化スヘキ也。（神道大系本、一六七頁。以下、頁数のみ記す）

ここで言われる「一心ノ本無」は仏教に由来するものではあるが、誰にでも到達できるものではなく、あくまで天皇の支配の要諦である。天皇は単に人の支配者というだけではない。「天地人ノ三才ヲ一心ニツカサトルヲ以王ト名ツケ奉ル」（一六七頁）と言われるように、天地人のすべてにわたる統率者である。この点で、親房以上に天皇の絶対性を強く主張することになる。

（2）神統譜

それでは、神代から天皇へとどのようにつながるのであろうか。その際まず注意されるのは、神統譜に関しても特徴のある説を立てていることである。これも『旧事玄義』の該当箇所が欠けているため、『神風和記』によることになるが、それによると、天神七代・地神五代に先立つ神として、最初天祖神である「天譲日天狭霧地禅月地狭霧神」（天を日に譲る天の狭霧、地を月に禅《ゆず》る地の狭霧の神）が立てられている。この神は『旧事本紀』に出るもので、慈遍が『旧事本紀』を重視したことの表われであるが、あえて『日本書紀』に出ない神を立てるのは、当時中心的な神として立てられていたクニノトコタチとアメノミナカヌシを統一しようという意図と思われる。

クニノトコタチとアメノミナカヌシに関して、慈遍は、「国常立尊ヲハ一向ニ帝王ノ元祖トシ、天御中主尊ヲハ人臣ノ祖トシテ、君臣ノ両祖トシ給ヘリ」（一七三頁）と、両神を分けている。慈遍はこの説を『旧事本紀』の説とするが、『旧事本紀』自体には見えない。ただ、『旧事本紀』は、ニニギの天孫降臨に先立って、その兄ニギハヤヒの降臨を詳しく記し、ニニギが天皇家の祖であるのに対して、ニギハヤヒは物部氏に連なるとしている。慈遍はニギハヤヒにはあまり言及しないが、クニノトコタチとアメノミナカヌシを君臣に振り分けることによって、別の形で二つの系譜を分けることを試みている。そこから、天神七代にも、クニノトコタチを継ぐ「皇帝ノ祖神」と、アメノミナカヌシを継ぐ「人民ノ祖神」の、二つの流れを立てるという独特の説を展開することになる。[10]

ただし、クニノトコタチとアメノミナカヌシとの関係は、もう少し違うようにも捉えられている。即ち、皇孫ニニギはアマテラスを通してクニノトコタチの系統を受けるとともに、アメノミナカヌシの子のタカミムスビの娘タクハタチチヒメを母とすることによって、アメノミナカヌシの系統をも受けている。[11] 即ち、「国常立と天御中とは、分ちて王臣たりて、元祖を論ずと雖も、天御中は双びに両祖を兼ぬ」（『旧事玄義』四、三六頁）[12]といわれることになる。天皇は両系統を受けることにより、その絶対性を獲得することになる。天譲日天狭霧地禅月地狭霧神以後、二つに分かれた神々の系譜は、皇孫で再び統合され、それが天皇に受け継がれるのである。これは、天皇の系譜をアマテラスの一系統のみから引き出す親房と違うところである。また、このことは、伊勢の内宮（アマテラス）と外宮（アメノミナカヌシ＝トヨウケ）の両宮が、天皇によって統合されることでもあり、外宮と内宮の位置づけをめぐって議論されてきた伊勢神道の流れに対して、ここで両者を統合する道が示されることになったと言うこともできる。

（3）断絶と継承

親房では天皇は神代から断絶なしにつながっていたが、その点慈遍ではどうであろうか。慈遍は親房のように単純な連続性ではなく、神と人との断絶を重視しており、彼の思想の特徴のひとつはここにある。「神代に於ては皆是れ神なり、……人世に至っては悉く是れ人なり」（『旧事玄義』四、四一頁）といわれるように、両者の間にははっきりとした断絶がある。

『旧事玄義』三では、神代から人世への変化を、1「冥顕、堺《さかい》を限る」、2「海陸、途《みち》を閉ざす」、3「始終、穢《けがれ》を表す」の三点から論じている。そもそも天神七代のクニノトコタチ、アメノミナカヌシに続く五代は、五行（木・火・土・金・水）と五大（地・水・火・風・空）に対応し、第七代目のイザナギ・イザナミ（クニノトコタチ系）とツハヤムスビ（アメノミナカヌシ系）に至ってはじめて、「五行已ニ備リ、六根トモニアラハレリ。端厳美麗ノ姿ニテ飛行自在ノ神達ナリ」（『神風和記』、一七七頁）とされる。そのような理想状態が壊れるのが人世である。両者は次のように対比される。

古は欲念未だ起こらず、その心互いに通じ、身に光明を帯び、他の映を仮ることなし。故に天地清浄、寿命無量、飛行自在なること、魚の水に遊ぶが如し。然るに妄心漸く起り、浄身は光を失い、天下は闇に転じ、神明は国を照らす。（二一二頁）

あるいはまた、「精知神力未だ廃れず、之を神代と謂う。義、聖人に当る。霊徳の已に隠る、之を人世と謂う、即ち凡夫と称す」（二二一―二二三頁）とされるのである。このような転換が、三点から論じられることになる。

まず、「冥顕、堺を限る」というのは、「冥」と「顕」との区別がはっきりすることである。

神代には、天地の如きは未だ遠からず。神祇を論ずと雖も、亦た冥顕遥かにあらず。所以に人世には、天地、永く去り、清濁宛ら異なり、冥顕格別なり。謂く、陰陽本一なり、一気物に変ず、天地既に分かれ、分かれて冥顕ありと。（一五頁）

もともと神代には天地も冥顕もそれほど隔たったものではなかったのが、人世には両者ははっきりと分かれることになった。その所以を、陰陽一体の「一気」の変化に求めている。陰陽が分かれてはたらくところに、冥顕の別が生ずる。「冥は則ち死なり、陽を変じて陰に帰す。顕なる時は生なり、陰を化して陽を現ず」（一五頁）といわれるように、冥と顕の別は即ち死と生の別である。それぞれのカテゴリーは次のように図式化できる。

顕――陽――天――生――アマテラス
冥――陰――地――死――スサノオ

もっとも、これだと地は死の領域でスサノオの支配下になってしまう。「地は則ち顕たりと雖も、其の神、冥を掌り、天は則ち形なくして、其の孫、顕を治す」（一八頁）というズレを生ずることになる。

顕——陽——地————生——アマテラス
冥——陰——根の国——死——スサノオ

ただし、根の国がどこにあってどのような場所かは、必ずしも十分に論じられていない。神道の冥界論は平田篤胤まで持ち越されることになる。

冥顕の次に、「海陸、途を閉ざす」が論じられる。これは具体的には天孫降臨後で、地神五代の第四代であるホホデミの代のことになる。ホホデミは兄と争って海中に行き、トヨタマヒメを妻として陸に戻るが、妻の出産を覗き見したために、妻は海中に戻り、それによって海陸の途が閉ざされたというのである。「凡そ厥《そ》れ海途を閉ざし来たるは、神代既に訖《おわ》り、霊徳方《まさ》に隠れ、冥を隔つる故なり」（二四頁）と言われるように、海陸の分離は神代の終焉を意味する。「龍神は威用自在」（二四頁）であり、海陸が隔てられることは、このような自在の霊力、神力が失われることになり、そこに人世がはじまるのである。

さらに第三に、神代から人世への転換として「始終、穢を表す」が論じられる。「神の源は浄なりと雖も、人の流は穢なり」（二五頁）というように、神代と人世は浄穢という点でも対比される。「元気は浄なりと雖も、陰陽は穢を現わす。是を以て二尊始めて男女の形を顕わし、穢相を示す」（二八頁）と言われるように、具体的には「穢」は、イザナギ・イザナミによって男女の相が現われたことが相当する。

このように、理想的なユートピアである天界から隔てられ、穢れに満ちた現世としての人の世が展開することになる。一種の楽園追放である。こうして堕落した現世が始まることになるが、しかし、それは単純な堕落だけではない。「穢」へと堕落した中に一貫して「浄」を保つのが天皇ということになる。天皇が神代から継承するのは単なる血統だけでなく、まさしくこの「浄」なる本質であり、神代と断絶した人世にあって、神代の本性を継承維持し続ける役割を負うことになる。断絶と継承という二面を持つことによって、慈遍の天皇論は親房より遥かに複雑な様相を帯びることになる。

（4）天皇

『旧事玄義』巻三の「変化源流を分ち弁ず」の第四「本末、浄に通ず」は、このような天皇の「浄」なる一貫性を主張する。「惣じて清天を去り、漸く濁地に趣く。将に真寂に帰せんとし、悉く妄乱を導く。濁乱を化すと雖も、神霊何ぞ変ぜん」（二九頁）と言われるように、天皇は妄乱の民衆を導く救済者としての役割を果たすことになる。確かに人世に移り、天皇であっても神たることは認められない。しかし、神から由来する「浄」を保つことによって、天皇は一般の凡夫と異なる「一人」としての性格を保持し続ける。

天皇の一貫した清浄性はまた、「正直」の徳と結びついている。

天下の本、国家の因（または固）は、之を示すに正直をもってし、之に施すに清浄をもってす。云何が正直なる。化（他か）の為に曲げず。云何が清浄なる。自の為に用いず。（三一頁）

天皇は、天地の「無心」を体現することが要請される。

夫れ天は私なくして千品を覆う〈清浄なる心神〉。地は心なくして万像を調う〈正直なる色霊〉。天下の天下たり、一人の天下にあらず。万民は万民にあらず、一人の万民なり。（三一頁）

このような天皇の「浄」なる一貫性を受けて、巻四は、「変化源流を分ち弁ず」の第五「天皇、国を領す」で、具体的に天皇の支配を詳しく論ずる。それは八項目からなる。

一、「皇位、徳を継ぐ」
二、「人王、神を崇ぶ」
三、「特尊、敵を伏す」
四、「群民、恵に順う」
五、「法、能く世を治む」
六、「政、必ず費を禁ず」
七、「奉斎、国を持《たも》つ」
八、「神態《かみわざ》、元に任す」

第一では、三種の神器を論ずるが、最終的に「三種の徳、一空に在り」（三八頁）として、それが「空」

に帰することを説く。第二では、天皇が祀る神を論ずる。第三は、神武東征を取り上げ、「天、人に授くるに其の徳を与え武と称す、詮を取るに私なし」（四七―四八頁）と、武もまた私心なく天の与えた徳に従うものとする。第三が武を取り上げるのに対して、第四では文の立場から仁慈の政治に民が随うことをいう。

第五では、「法は礼なり」として、「各其の親を親とし、各其の子を子とす。君臣撙節す」と言うように、人倫の礼節が整うことである。ここで注目されるのは、「古は文字なき故、漢才を以て助けしむるか。今は則ち彼の道盛んにして、還って神の教えを壊する者なり。仍りて再び本誓を興し、宜しく人心を直ならしむるべし」（五〇頁）と、かつては儒教の道徳が必要であったが、今はかえってそれが神の教えを壊すことになっているので、再び神の教えに戻るべきことを主張している。

続いて、第六で政治の要諦として倹約を説き、第七で神を尊ぶ必要を論ずる。その上で、最後の第八で、「凡そ禁法多しと雖も、一を守るに如かず」（五二頁）と、その根本が示されている。そこでは神道の要諦として、一＝浄＝空なることを再説している。

（5）日本中心論と神仏関係

このように、天皇は神代を引き継ぐ唯一の存在としての「一人」であり、人の領域ばかりでなく、天地人すべてに関わる宇宙的絶対者とも言うべき存在に高められる。そうであれば、神から天皇へという系譜は、日本の枠の中に収まらないものになる。神道は普遍的なものである。[13]「若し遍《あまね》かざれば、此の神、限りあらん。未だ無常の計を免れざるなり」（六八頁）ということになるからである。

凡そ諸の有情皆な妄心に順がう。此の妄若し息まば、必ず真神に通ず。此の真神は天性の理なり。此の天性は日神と成る。若し顕現するにあらざれば、何ぞ益を蒙ることを得ん。是の応体を天照大神と名づく。その恵は普く六合の内を照らし、其の徳は永く百王の位を継ぐ。（六八頁）

このように、真神＝天性の理であり、それが顕現した姿がアマテラスである。このような日本の神道の普遍性の主張は、民族主義的な日本優越主義となる。「天の御量は独り本朝に在り。是れ徳の秀でたる所なり。……自余の百千世界は皆我が朝の為に広く大用を施す」（七一頁）と言われるように、日本以外の百千世界はすべて日本の為に役立つという役割を与えられることになる。イザナギ・イザナミがまず作ったオノコロ島は、じつは「通じて三界を指す」（七一頁）のであり、日本はその三界の中心としての位置を占めることになる。宇宙的規模での日本中心論ということができる。それ故、その神徳の恵みは、日本だけでなく、異国にまで及ぶことになる。

惣じて異域をして悉く本朝に帰せしむ。抑も和国は三界の根にして、余州を尋ぬれば、此の国の末なり。謂く、日本は則ち種子芽の如し。故に依正和し、人心幼し。春の草木の未だ成就するを得ざるに似たり。其の功用を論ずれば、本は神国に在り。唐は枝葉を掌り、梵は菓実を得。花落ちて根に帰る。（六九頁）

このように植物に喩えた日本中心説は根葉花実説と呼ばれ、後に吉田兼倶の唯一神道で発展させられるが、それを最初に唱えたのは慈遍である。ただし、ここで言われているように、日本は種子や芽のような状態であるから、「人心幼し」といわれるように未成熟の状態である。その点で、中国やインドのほうが大きく発展したことを認めざるを得ない。しかし、「花落ちて根に帰る」と言われるように、最終的には根本の日本に再び戻るものと考えられている。

　このような立場からは、当然、「神宣は西天の仏を指して以て応迹と為す」（六九頁）と言われるように、反本地垂迹説、神本仏迹説が出てくることになる。神仏関係に関しては、『旧事玄義』でもかなり詳しく論じられていたものと思われるが、その箇所は現存しない。ただ、さいわいに『神風和記』に整理されて論じられている。慈遍によれば、「仏神ノ内証同一ニシテ、而モ化儀格別ナリ」（二二三頁）と言われるように、根本のところは一致するが、その教化に関しては異なりがあるというのである。

　では、両者の教化はどこが異なるのであろうか。

> 所謂神道ハ一法未ダ起ラサル所ヲ守テ、起ル心ノ万ノ物ヲ皆穢悪也ト是ヲイメリ。仏法ハ二途既ニ別レテ後、諸ノ迷ヒアリ。此ノ迷ヲヽサヘテ実相也ト是ヲヽシフ。……夫神ハ必本ヲ守テ末ヲ忌給フ所ハ、其末ヲミチヒカン為也。仏ハ亦末ヲ導テ本ヲ示シタマフ心ハ基本ヲサトラシメンカ為也。（二二三頁）

神道は「一法未ダ起ラサル所」を守り、それに対して、仏法は「二途既ニ別レテ後」の迷いの中の真実を示す。ここで、先に挙げた神代から人世への転換を考え合わせると、神道は根源の神代の未分化状態へ遡る志向を持ち、他方、仏法は人世の分裂状態を救うことを意図する、ということができる。このように両者はそれぞれのはたらきを異にする。慈遍においては、仏法も単純に否定したり、親房のように政道のために利用するというだけでない、神道と対等の必然性が与えられることになる。

しかし、両者はそれぞれ異なる役割を与えられるものの、神代の根源的未分化に立脚する神道のほうが、より根本と考えられるのは当然である。「彼天地本無ノ源ヲ忌（忘カ）タルヨリ猥リナル万ノ心ハ起リ初ル処ニ、仏教ト云ル弥真偽（俗カ）ノ二ヲ立、迷悟ノ別ヲ論シ、仏見法見ヲ起シテ我相憍慢ヲ本トスル故ニ、殊更僧尼ヲ忌給者也」（二二六頁）とあるように、仏教の立場は批判的に見られる。とりわけ、次の箇所は、神道と仏教の対比が明瞭である。

神道ト云ルハ先天下ヲスナヲニシ、万ノ民ヲ楽ムヘキ処ニ、仏法ト云ルハ出世ノ道ト号シテ併世間ヲ忌ミ、国土ヲナイカシロニスヘキガ故ニ、僧尼ヲ忌給也。（二二六頁）

神道が天下のことをまず第一とするのに対して、仏法は世間を捨て、国土をないがしろにすると、批判的に見られている。このように、神道の優位を前提としながら、神代から断絶した人世における救済の役割を果たすものとして、仏教が考えられていると見ることができる。

結び

以上、本章ではまず、『愚管抄』によって中世初め（十三世紀前半）の仏教側からの歴史論、天皇論を見、次に伊勢神道の流れの中に、十四世紀の北畠親房の歴史論、天皇論を考察した。慈円が大きな劫論の枠組の中で、冥顕の構造で神仏のはたらきが現世を裏から動かしていると見たのに対して、親房は神代に由来する縦の系譜に天皇を位置づけ、万世一系論の先駆的な見方を示した。

こうした二つの天皇論に対して、もう少し複合的な神道論、天皇論を展開したのが慈遍であった。慈遍は神代から人世への転換に注目し、親房のように両者の単純な連続ではなく、断絶があることを明らかにした。その上で、神代の清浄を継承するのが天皇であるとして、断絶の中の連続として天皇を意味づけた。慈遍においては、このような世界論は単に日本という枠の中のことではなく、世界全体にわたるものとして捉えられ、それ故、天皇の支配は天地人の全領域に及ぶと考えられた。神道もまた、中国やインドの思想・文化の根源となるものとされた。しかし、分裂し、穢れた状態となった人世においては、神道の教化だけでは不十分であり、そこに仏教の役割が必要とされることになった。

このように、慈遍の神道論は、神道を普遍的な理論として提示しようとした壮大な試みとして、一方で神代と人世の関わりについての断絶と連続という洞察など注目すべき点を持ちながら、他方で大胆な日本中心主義や天皇絶対主義のような問題を孕むことになった。親房と関連しながら、それといささか異なる中世神道論の射程を開くものとして、今後さらなる検討を要するものである。

天皇が世俗的な存在か宗教的な存在かという問題に戻るならば、慈遍における神代との断絶と連続という観点は、この問題を考える際に注目されるところである。即ち、神代と断絶している限りにおいてはあくまで人世の領域に属するものであり、その点では凡夫と変わらない。しかし、その中で神代から連続する清浄性を維持する「一人」である点からすれば、そこには凡夫と異なる神性が認められることになる。中世における天皇の位置を考える際に、この重層性はひとつのヒントを与えてくれることと思われる。ただし、慈遍においては、天皇は神的というよりは、儒教の聖人に比せられているところもあり、本章では立ち入れなかったが、その面からの考察も不可欠である。
慈遍の著作は江戸時代に垂加神道の系統で多少の再評価がなされたようであるが[14]、長く忘れられた思想家として今日に至っている。親房や慈遍のような天皇論を含む中世神道論が、どのように近世につながるのか、その検討は今後の課題である。

註

（1）このような観点からの通史として、吉田〔二〇〇六〕。
（2）水林彪は、「天皇制の本質はたとえば宗教問題の次元にあるのではない」〔水林、二〇〇六、二三頁〕として、「天皇制の本質は終始一貫、権力秩序を法的に正当化する装置という意味での政治性にあったのではないか」〔同、二八三頁〕と結論する。
（3）神々の約諾の思想は、『扶桑略記』に原型が見えるが、慈円によって完成されたものという〔石田、二〇〇〇、一三九頁〕。
（4）この箇所はいささか分かりにくい。現代語訳「いまここに百帖の紙を用意しておいて、しだいに使っていくうちに、残りがあと一、二帖になったとする。そこで紙を加えるときに、九十帖を補充して使っていき、またそれが一、二帖になった時には八十帖を足すという具合にしていくとしよう。あるいはあまりに衰えてしまったあとで、またおこすという場合には、たとえば一帖だけになってしまって、その一帖もあと十枚ばかりというところで、九十四、五帖を補充するとすれば、それは行くところまで衰えてしまったあと、特によく復興したというようなことにたとえられるであろう。」〔大隅訳、一九八三、一五二―一五三頁〕。
（5）慈円は、現在は住劫の第九の減劫に属すると見ていた〔石田、二〇〇〇、五九頁〕。この点から見ると、大隅和雄が、「仏教的な世界観や歴史思想が、緊密な『愚管抄』の構想に、入り込む隙を見出せなかった」〔大隅、一九九九、一五四頁〕というのは、再検討が必要である。
（6）『大和葛城宝山記』には、「天神七代の神は、則ち天の七星なり。地神五代は、則ち他の五行の来るなり」〔大隅編、一九七七、六一頁〕と言われており、七と五という数字が、七星と五行に結び付けられている。

（7）著述年代の推定は、平田〔一九九一〕による。
（8）ただし、親房においても、一方では日本辺土説が受容されており、完全な日本優越とはいえない面が残っている〔佐藤、二〇〇六〕。
（9）この点に関する従来の研究としては、玉懸〔一九九八〕所収の関連論文から示唆されるところが多かった。
（10）この点に関し、従来普及していた『続群書類従』本の『神風和記』の図表は天神七代の相互の関係が分かりにくい。また、『神道大系』本でも、翻刻に用いた書陵部本（一七五―一七六頁）もやはり分かりにくく、写真収録した天理図書館ひらがな本（二五〇―二五一頁）の図表のように線を加えると、はじめて理解できる。これが本来の形と考えられる。
（11）『神皇略文図』では、こちらの系譜を採用している。
（12）『旧事玄義』の引用に当たっては、漢文を書き下しに改める。また、『神道大系』のテキストを適宜校注に従って改めるが、一々注記しない。
（13）この点に関しては、玉懸〔一九九八〕所収論文「中世神道における国家と宗教」が適切に論じている。
（14）例えば、『旧事玄義』の抜粋注釈本が垂加神道の系統で作られている。末木〔一九九〇〕三二一―三二三頁参照。

参考文献

石田一良〔二〇〇〇〕『愚管抄の研究』（ぺりかん社）
大隅和雄編〔一九七七〕『中世神道論』（日本思想大系19、岩波書店）
同　訳〔一九八三〕「愚管抄」（日本の名著9、永原慶二編『慈円・北畠親房』、中央公論社）
同　〔一九九九〕『愚管抄を読む』（講談社学術文庫、初版一九八六）
菅野覚明〔二〇〇一〕『神道の逆襲』（講談社現代新書）
河内祥助〔二〇〇三〕『中世の天皇観』（山川出版社）
小峯和明〔二〇〇三〕『「野馬台詩」の謎』（岩波書店）
同　〔二〇〇七〕『中世日本の予言書』（岩波新書）
佐々木馨〔二〇〇六〕『日蓮と神祇』（法藏館）

佐藤弘夫〔二〇〇六〕『神国日本』（ちくま新書）
定方　晟〔一九七三〕『須弥山と極楽』（講談社現代新書）
末木文美士〔一九九〇〕「解題」（『天台神道（上）』、神道大系・論説篇3、神道大系編纂会）
玉懸博之〔一九九八〕『日本中世思想史研究』（ぺりかん社）
平田俊春〔一九九一〕「解題」（『北畠親房（上）』、神道大系・論説編18、神道大系編纂会）
水林　彪〔二〇〇六〕『天皇制史論』（岩波書店）
吉田　孝〔二〇〇六〕『歴史の中の天皇』（岩波新書）

結章　中世から捉え返す思想史

いわゆる鎌倉新仏教中心史観（新仏教中心論）が批判されるようになって三十年経った。その間、中世宗教をめぐる研究動向は大きく動き、中世の豊かな精神世界が明らかになりつつある。各地の寺院経蔵の調査が進み、新資料が多数発見されると同時に、それまで否定的にしか見られなかった神仏習合や密教、あるいは諸宗兼学などのあり方が、さまざまな可能性を含むものとして再評価されるようになってきている。また、従来は縦割りの研究分野がそれぞれ相互に無関係に研究を進めていたのが、それでは済まなくなって、分野横断的な協力が不可欠となりつつある。

変転する時代状況を背景に、社寺をセンターとして、思想・儀礼・文学・芸能・美術など、さまざまな分野が相互に交錯しながら総合的な世界を作り上げ、さらにそのネットワークが縦横に広がっていくさまからは、きわめて躍動的、かつ重層的な中世文化の魅力が伝わってくる。鎌倉新仏教中心史観を批判し、その後の研究をリードした顕密体制論は、その提出者である黒田俊雄の図式を超えて、新たな方向を指示し、いわば顕密文化論ともいうべきものへと発展しつつあるように見られる。また、禅律のように、顕密の枠で捉えきれない中世仏教の豊かな展開も明らかになりつつある。

ただここで注意すべきは、鎌倉新仏教中心史観は、単に客観的な歴史研究の理論としてでてきたものではなく、明治以後の近代化の中で、どのように日本の仏教を再構築するかという課題に対応する、きわめて実践的な意義を有するものであったということである。そこで、新仏教の合理的な面がクローズアップされることになったのである。それ故、その崩壊はそのまま近代化の行き詰まりと、次の段階への模索と対応するものとなる。もちろん、合理的な近代主義が行き詰まったからといって、そのアンチテーゼとして前近代の非合理主義を持ち出すだけでは、単に懐古的な反動にしかならないであろう。中世的な発想の特徴を明らかにしていくことは、単にそれだけを孤立的に取り出して賛美することではなく、それを思想史の流れの中にもう一度戻して、思想史全体の捉え直しに向かうことでなければならない。

ここでは例として、中世神話がどのように思想史の中に位置づけられるかを見ることにしよう。『大和葛城宝山記』の巻頭の宇宙形成神話は、仏典に基づく中世神話のひとつの典型を示すものとしてよく知られている。

> 蓋し聞く、天地の成意、水気変じて天地と為ると。十方の風至りて相対し、相触れて能く大水を持つ。水上に神聖《かみ》化生して、千の頭二千の手足有り。常住慈悲神王と名づけて、違細《いさい》と為す。是の人神の臍の中に、千葉金色の妙宝蓮華を出す。其の光、大いに明らかにして、万月の倶に照らすが如し。花の中に人神有りて結跏趺坐す。此の人神、復无量の光明有り。名づけて梵天王と曰ふ。此の梵天王の心より、八子を生ず。八子、天地人民を生ずる也。此を名づけて天神と曰ふ。亦天帝の祖神と称す。（『日本思想

大系19・中世神道論』の訓読に拠る。ただし、片仮名は平仮名に統一した）

これはすでに知られているように、『雑譬喩経』第三十一話（大正蔵四・五二九中）によっており[1]、そのもととなる神話は『バーガヴァダ・プラーナ』などに見える（上村勝彦『インド神話』、ちくま文庫、二〇三、二五八―二六一頁）。それ故、神仏習合というよりも、仏典を通してのインド神話の発見とも言うべきものである。土着の神祇信仰を神道として理論化する過程で、インドの土着宗教であるヒンドゥー神話に着目したのは、中世神道が他方で中国の道教や五行思想に注目していることと考え合わせて、納得のいくことである。それ故、単純な神仏習合とはいえないのである。

ところで、『雑譬喩経』と較べて見ると、無視できない相違がある。『雑譬喩経』の冒頭は、以下の通りである。

> 劫尽き焼くる時、一切皆空なり。衆生の福徳因縁力の故に、十方の風至り、風風相次ぎて能く大水を持つ。水上に一千頭の人、二千の手足なる有り、名づけて違細あり。

即ち、宇宙的な大水の中で違細（ヴィシュヌ）神の営為が始まるのである。それに対して、『宝山記』の冒頭は「天地の成意、水気変じて天地と為る」とあり、天地生成から始まっている。これは明らかに『日本書紀』の天地生成を念頭に置いている。『書紀』本文の冒頭は、以下のようになっている。

古《いにしへ》に天地《あめつち》未だ剖《わか》れず、陰陽《めを》分れざりしとき混沌《まろか》れたること鶏子《とりのこ》の如くして、溟涬《ほのか》にして牙《きざし》を含《ふふ》めり。其れ清陽《すみあきらか》なるものは、薄靡《たなび》きて天《あめ》と為り、重濁《おもくにご》れるものは、淹滞《つつ》ゐて地《つち》と為るに及びて、精妙《くはしくたへ》なるが合へるは摶《むらが》り易く、重濁れるが凝りたるは竭《かたま》り難し。故《かれ》、天先ず成りて地後に定る。然して後に、神聖《かみ》、其の中に生れます。（岩波文庫『日本書紀』一の訓読に拠る）

『書紀』が『古事記』と相違するのは、『古事記』が「天地初めて発《ひら》けしとき、高天の原に成りませる神の名は、天之御中主神」云々と、天地生成を前提として高天原から始まるのに対して、『書紀』本文は天地生成から始まっていることである。『宝山記』は明らかに『書紀』を継承している。中世には『古事記』がほとんど読まれず、『書紀』が重視されたことを考えれば、これは当然のことである。『書紀』の冒頭が『淮南子』などに拠っていることを考えると、中世神話が仏典に拠り所を求めたとしてもそれほどおかしいことではない。『書紀』に較べると『宝山記』の冒頭はやや雑駁であるが、だからと言ってそれほど非合理的で、わけのわからないものとは言えない。神話は古代で完成したものではなく、中世へと継承され、発展し続けたと考えるべきであろう。

　口伝や秘儀を通して発展し続けた中世的な思惟は、近世の文献主義によって批判され、終焉を迎えたとされる。近世の文献主義というと、ただちに荻生徂徠や本居宣長が思い浮かべられるが、仏教でも、天台における安楽派や、華厳の鳳潭《ほうたん》らによって文献批判の口火が切られ、むしろ徂徠らに先立つともいえる。しかし、神話の展開から言えば、何と言っても宣長による『古事記』研究が大きな画期をなすものであった。文献は公開のものとして検証可能であり、その解釈を通して客観的に古代の発想を明らかにしようという宣長の方法は、中国における考証学や西洋の文献学と軌を一にするものであり、そのまま近代の歴史学・文学研究に継承される。

それでは、中世まで継承された神話の創造は消滅してしまったのであろうか。宣長の方法自体が独断の強いものであることは今日すでに明らかとなっているが、より顕著な神話の創造は、宣長を継承したとされる平田篤胤において見られる。篤胤は『霊能真柱《たまのみはしら》』や『古史伝』において独自の神話を創造する。例えば、『霊能真柱』では図を用いて世界と神々の生成の過程を十段階にわたって述べ、天・地・泉の三層構造と、神々の支配体制を明らかにしている。その第一段階は次のように述べられる。

古の伝に曰く、古天地未だ生らざりし時、天御虚空に成りませる神の御名は、天之御中主神、次に高皇産霊神、次に神皇産霊神、此三柱の神は、並独神なりまして、御身を隠したまひき。（岩波文庫版『霊の真柱』による）

これは一見『古事記』の冒頭に似ているが、『古事記』では、「天地初発之時」の高天原から始まっているのに対して、ここでは「天地未だ生らざりし時」であり、「天御虚空」に神々が生まれる。『書紀』でも『宝山記』でも天地がまずできて神々が生まれるのに対して、天地以前の神々の生誕を語る点で、特異である。

この「古の伝」について、篤胤は、「こゝに、古の伝に曰くとて挙たるは、予諸古典《いにしえぶみ》に見えたる伝どもを通考《あわせかんが》へて、新たに撰びたる古史の文なり」と述べており、実際にある古典ではなく、さまざまな古典をもとに篤胤自身が再構成したものであると知られる。しかし、それを果たして「古の伝」と称することができるであろうか。宣長から出発して篤胤の研究へと進んだ子安宣邦は、「『霊能真柱』などの篤胤の著作類に初めてまともに接した私は、彼のテクストが見せる異貌と、彼の抱く関心の異様さにまず驚かざるを得なかった」（『平田篤胤の世界』、ぺりかん社、二〇〇一、六頁）と告白し、「宣長の『古事記伝』を前提にして国学の注釈学を考えていた私にとって当初、篤胤の『霊能真柱』や『古史伝』は紛い物とみなされる異様なテクストに見えたのである」（同、七頁）とさえ言っている。

確かに宣長から篤胤へという流れで見るならば、篤胤の「古の伝」は「紛い物」と見られてもおかしくないかもしれない。しかし、中世神話の流れが明らかになった今日の目で見れば、神話の創造は決して「異様」でも「紛い物」でもない。中世神話は、伝承と新たな創造とが分かちがたく一体となっているところに成り立っていたのである。そうとすれば、篤胤の神話への立ち向かい方は、ある意味で中世的な発想を継承したものと言うことができる。宣長が知識人好みでもてはやされたのに対して、篤胤がより草の根的なレベルに浸透したのは、ひとつにはこのように中世から継承した発想が、深層にまで届くものを持っていたからではなかっただろうか。

明治以後、宣長的な『古事記』を変容させた神話が国家神話として採用され、教科書を通して国民に強制された。それに対して、自由な神話の創造は新宗教などの異端の世界において生き続けた。国家神話と正面から衝突して弾圧を蒙った大本神話や、また、竹内文書などの偽書に見られる超古代史など、近代の合理主義や国家の強制によっても駆逐されることのない、しぶとい伝統が受け継がれている。

このように、中世神話的な発想は決して消えてしまったのではなく、近代のもっとも深いところで今日まで我々を規定している。中世を古代や近代と切り離されて閉じたものと見るのではなく、むしろ中世を起点として古代や近代の思想を捉え返すような視点が、今日必要とされている。

註

（1）『思想大系』本の頭注に従ったが、それに対して彌永信美氏から、『大智度論』巻八（大正二五・一一六上）の方が出典として適切であるというご指摘を頂いた。それについては、彌永氏による十分な論証が発表されることを俟ちたい。ここでは、いずれを出典と見ても論旨に大きな相違はないので、初出のままとしておく。

あとがき

『鎌倉仏教形成論』（法藏館、一九九八）を刊行してから、早いものでもう十年になってしまった。その間、まったく怠惰にしていたというわけでもないが、一つのテーマに集中することができず、近代の仏教思想や現代の哲学・宗教の問題に深入りして、もともとの専門であった古代・中世の日本仏教思想史からは、やや遠ざかることになってしまった。十年間でこれ一冊だけというのは、あまりに成果に乏しく、恥ずかしい思いもあるが、それでも多少は前著より進んだところもあるのではないかと考え、あえて上梓することにした。

前著出版の際に大きな刺激となった日本仏教研究会は二〇〇一年に終了し、その後、特に中心的に調査や研究の組織を作って活動するということはなかったが、阿部泰郎氏を中心とする真福寺の調査に関わらせていただいたり、また、海外の研究者との交流から得たものは大きい。高山寺典籍文書綜合調査団の調査には継続して加わらせていただき、年に一回刊行される『高山寺典籍文書綜合調査団研究報告論集』には、『釈迦五百大願』や明恵著作などの翻刻研究を発表してきているが、それらは別にまとめるほうがよいと考え、本書には収録しなかった。

本書の編集・出版は、『明治思想家論』『近代日本と仏教』（二〇〇四）以来お世話になっているトランスビューの中嶋廣氏にお任せした。引用のチェックは和田有希子氏（東北大学大学院文学研究科専門研究員）にお願いした。

旧臘、父末木剛博を失った。私を学問へと導いた恩人でもあり、またあえて言えば、最大のライバルでもあった。私自身、一生の残りの年数で、どれだけの仕事ができるのか、そろそろ計算しながら進まなければならない年齢となってきた。これからの大きな課題は、中世から近世へと転回していく思想史の流れの中で、仏教がどのような役割を果たしてきたかという問題である。中世後期から近世へかけての仏教思想の研究はきわめて遅れているが、その解明は近代の日本思想につながる大きな意味を持つものである。若い頃のように、片っ端から資料を当たるような研究はもはや不可能であるが、それでももう少し新しい分野に挑んでみたいという気力は、まだいささかは残っているようだ。

二〇〇八年一月

著　者

初出一覧

序　章
書き下ろし

第一章
『印度哲学仏教学』二二（北海道印度哲学仏教学会、二〇〇七）

第二章
五味文彦編『日本の時代史8・京・鎌倉の王権』（吉川弘文館、二〇〇三）。原題「鎌倉仏教の特質」

第三章
1　立川武蔵・頼富本宏編『シリーズ密教4・日本密教』（春秋社、二〇〇〇）
2　第一回中日仏学会議にて発表（北京・中国人民大学、二〇〇四）

第四章
1　前近代日本の史料遺産プロジェクト第二回国際研究集会にて発表（東京大学史料編纂所、二〇〇一）
2　中井真孝編『日本の名僧7・念仏の聖者法然』（吉川弘文館、二〇〇四）

第五章
1　『国文学解釈と鑑賞』八二三（至文堂、一九九九）。原題「栄西――入宋の先師」
2　小島毅編『義経から一豊へ』（勉誠出版、二〇〇六）

第六章
勝呂信静編『法華経の思想と展開』（平楽寺書店、二〇〇一）

第七章
頼瑜僧正七百年御遠忌記念論集『新義真言教学の研究』（大蔵出版、二〇〇二）。原題「頼瑜の諸宗観」

第八章
1　『松ヶ岡文庫研究年報』一六（二〇〇二）。原題「『聖財集』に見る無住一円の実践仏教」
2　『禅文化研究所紀要』二六（二〇〇二）。原題「無住一円『聖財集』における四句の体系」

第九章
木村清孝博士還暦記念論集『東アジア仏教――その成立と展開』（春秋社、二〇〇二）

第十章
中世神道シンポジウムにて発表（コロンビア大学、二〇〇七）。原題「中世神道理論における神・仏・天皇」

結　章
中世文学会編『中世文学は日本文化を解明できるか』（笠間書院、二〇〇六）。原題「神話創造の系譜――中世から捉え返す視点」。

人名索引

ア 行

カ 行

サ　行

タ　行

ナ　行

ハ　行

マ　行

ヤ　行

ラ　行

ワ　行

書名索引

ア　行

カ　行

サ　行

タ　行

ナ　行

ハ 行

マ 行

ヤ 行

ラ 行

末木文美士（すえき ふみひこ）

1949年、山梨県甲府市に生まれる。1978年、東京大学大学院人文科学研究科博士課程単位取得。現在、東京大学大学院人文社会系研究科教授。専攻、仏教学、日本思想史。仏教を生きた思想として再構築すると同時に、仏教を含めた総合的な日本思想史・日本宗教史の解明をめざす。その基盤の上に、現代の哲学や倫理学の問題への新しいアプローチを摸索している。

著書

『日本仏教史——思想史としてのアプローチ』（新潮社 1992.7、新潮文庫 1996.9）
『日本仏教思想史論考』（大蔵出版 1993.4）
『平安初期仏教思想の研究——安然の思想形成を中心として』（春秋社 1995.2）
『仏教——言葉の思想史』（岩波書店 1996.7）
『仏教思想』（放送大学教育振興会 1997.3、改訂版 2001.3）
『鎌倉仏教形成論——思想史の立場から』（法藏館 1998.5）
『「碧巌録」を読む』（岩波書店 1998.7）
『解体する言葉と世界——仏教からの挑戦』（岩波書店 1998.10）
『日蓮入門』（ちくま新書 2000.7）
『中世の神と仏』（山川出版社「日本史リブレット32」 2003.6）
『明治思想家論——近代日本の思想・再考Ｉ』（トランスビュー 2004.6）
『近代日本と仏教——近代日本の思想・再考II』（トランスビュー 2004.6）
『仏教vs.倫理』（ちくま新書 2006.2）
『日本宗教史』（岩波新書 2006.4）
『思想としての仏教入門』（トランスビュー 2006.6）
『日本仏教の可能性』（春秋社 2006.10）
『他者／死者／私』（岩波書店 2007.5）

上記の他に原典の現代語訳・共著・編著書が多数ある。

鎌倉仏教展開論

二〇〇八年四月五日　初版第一刷発行

著　者　末木文美士
発行者　中嶋　廣
発行所　株式会社トランスビュー
東京都中央区日本橋浜町二-一〇-一
郵便番号一〇三-〇〇〇七
電話〇三（三六六四）七三三四
URL http://www.transview.co.jp
振替〇〇一五〇-三-四一一二七

印刷・製本　中央精版印刷

ISBN978-4-901510-59-2　C3015